MW01229006

TRANSFORMAÇÃO
DIGITAL
DISRUPTIVA

Criando um novo mindset

1ª Edição

Editora Areia
Joinville-SC
2020

Coordenação editorial
Jura Arruda

Projeto gráfico e diagramação
Michelline Móes

Revisão
Cláudia Morriesen

Dados Internacionais de Catalogação na Publicação (CIP)

M491t	Medke, Roger
	Transformação Digital Disruptiva: criando um novo mindset / Roger Medke. – Joinville, SC: Areia, 2019.
	332 p.

ISBN 978-85-68703-72-4.

1. Tecnologia 2. Ciências aplicadas. I. Título.

CDD 607

---

www.editoraareia.com.br

O que estão falando sobre
Transformação Digital

"A economia é cíclica. E quem não aderir à transformação digital agora, ficará fora do mercado" - Ricardo Amorim | Economista.

"É preciso agarrar as oportunidades que surgirem nesse mundo exponencial que vivemos. Senão, o seu concorrente fará a disrupção e você ficará para trás" - Guga Stocco | Head de Inovação.

"Para estar no topo do mercado é preciso redefinir a maneira de fazer negócios e criar uma companhia pronta para a era digital" - Jeff Immelt | Presidente e CEO global da GE.

"Na transformação digital, você fala diretamente com o cliente" - Adrian Cockcroft | Vice-presidente da Amazon Web Services.

"A transformação digital é, definitivamente, sobre pessoas. A tecnologia é um meio para que você faça mais rápido, mas o processo tem a ver com a cultura da empresa" - Paula Cardoso | CEO do Carrefour eBusiness.

"Na transformação digital ter um pilar de cultura é indiscutível. É preciso ter uma área dedicada à transformação digital. A companhia pode desenvolver iniciativas, mas precisa ir além disso" - Carolina Sevciuc | Diretora de Transformação Digital da Nestlé.

"Transformação Digital é a destruição criativa, em rede, dos modelos de negócios tradicionais provocada pela maturidade das plataformas digitais" - Silvio Meira | Fundador do Porto Digital

"Quando o CEO é quem entende a importância da transformação digital, o processo flui de forma mais fácil. Quando outra pessoa ocupa esse lugar, ela deve atuar como um influenciador pela mudança" - Ricardo Guerra | CIO do Itaú.

Dedico este livro a todos os aspirantes a empreender,
a todos os empreendedores, a todos os líderes de
empresas, a geração dos "millennials", principalmente
a geração Z, além dos que estão entrando neste século
entusiasmados e com determinação na era pós-digital
engajados na causa por um mundo melhor.

Agradecimentos

Este livro demorou quatro vezes mais tempo para ser escrito do que eu esperava e durante grande parte deste tempo eu senti como se um piano de cauda longa estivesse suspenso sobre a minha cabeça onde quer que eu fosse, porém o meu sentimento de propósito sempre prevaleceu, e portanto ele foi o combustível que me inspirou a levar essa mensagem para o maior número de pessoas.

Sou grato e muito feliz por ter uma certa capacidade e habilidade em assimilar o conhecimento e sabedoria com facilidade, e então codificar essas ideias conectando esses fragmentos de conhecimento afim de construir novos modelos excepcionais para compreender o mundo.

Agradeço a todo o time da Editora Areia, pela dedicação e paciência pelas revisões que pareciam intermináveis.

Agradeço a Deus e por todas as coisas boas que vivi durante essa jornada, porque sei que o bem apenas dele é que veio.

Finalmente, eu gostaria de agradecer os devotos, a todos com quem compartilhei o sentimento sobre estar escrevendo este livro e da forma como procurei expor o conteúdo para que possa ajudá-lo (leitor) a obter o mais valioso entendimento sobre o fenômeno da transformação digital disruptiva, e de como poder utilizar-se das ferramentas para ajudar em suas tomadas de decisões, seja em sua carreia, seja em seu negócio ou seja até para encorajá-lo a empreender. Agradeço pela amizade, pelos insights e compreensão de todos, da minha família, dos meus amigos e colegas da jornada empreendedora, sem a ajuda de muitas pessoas, eu não teria sido capaz de terminá-lo sem perder a sanidade.

Índice

PREFÁCIO

Apesar de, à primeira vista, parecer um conceito futurista sem previsão para acontecer, a transformação digital é um tema bem atual, e já está acontecendo agora, neste exato momento, enquanto você está fazendo esta leitura, seja na versão impressa ou digital. As tecnologias digitais nos rodeiam a ponto de não percebermos mais sua importância, ao mesmo tempo em que não nos vemos mais vivendo sem ela.

Todas as revoluções industriais que a humanidade viveu em sua história aconteceram em momentos-chave em que determinadas invenções impulsionaram grandes mudanças na sociedade, enquanto as anteriores redefiniram os conceitos de transportar, produzir e modernizar a indústria. Portanto, essa nova era em que estamos vivendo está provando ser a mais desafiadora de todas, porque o mundo passou a ser um organismo vivo.

Apesar de parecer um conceito novo, a transformação digital já vem acontecendo ao longo dos últimos anos, em alguns estágios, como a "Digitização", pode parecer uma palavra com a grafia errada, mas o nome do estágio é esse mesmo: foi o primeiro contato do homem com a tecnologia dos computadores. Neste período, começamos a construção de nossa base de dados, iniciando o processo de inserir no meio digital todos os nossos dados analógicos. Depois veio a "Digitalização", momento marcado pelo movimento de digitalização dos documentos físicos, além de mudanças reais e visíveis nas empresas por conta das novas tecnologias; e a "Transformação digital", momento para o qual estamos nos preparando agora para a fusão dos mundos físico, digital e biológico provocado pela *confluência* das tecnologias, que estará cada vez mais presente no nosso cotidiano e, principalmente, impulsionando os novos modelos de negócios disruptivos.

É da natureza humana o fato de se deparar com algo novo e vermos isso como uma potencial ameaça, porém, eu sugiro familiarizar-se com as novas tecnologias exponenciais, as quais farão parte do nosso dia a dia muito em breve, termos como economia da inteligência artificial, capitalismo circular, design biológico, internet das coisas, computação quântica, cloud computing, machine learning, nanotecnologia, bioimpressão, drones, realidade virtual, realidade aumentada, blockchain, criptomoedas, data-driven, manufatura aditiva, manufatura descentralizada, impressão 3D/4D, design molecular, medicina personalizada, tecnologia neuromórfica, materiais thermoset e robótica.

Ao usarmos qualquer das tecnologias, estamos, direta ou indiretamente, sendo influenciados pela transformação digital, e para termos noção do impacto dessa mudança, basta pensarmos na nossa vida antes dos *smartphones*, há cerca de 12 anos. Com a democratização da internet e o advento dos aplicativos, a quantidade de serviços e produtos aos quais antes só tínhamos acesso por meio de outras vias, o dia a dia tornou-se muito mais produtivo – claro, para quem faz o seu uso de forma correta e equilibrada. A tecnologia quando usada com inteligência pode acelerar o progresso humano. Usá-la sabiamente melhora a vida, o conhecimento e diminui as distâncias desse mundo maravilhoso. Porém, ao passo que otimizamos cada vez mais nosso tempo, também estamos cada vez mais distraídos com o volume de informações que recebemos e mais ansiosos com o *"fear of missing out"*[1], como é conhecido o medo de estar deixando de saber algo de importante que está acontecendo no mundo, o famoso "rolar tela". A solução para isso? Mais tecnologia. Aplicativos com métodos para auxiliar no relaxamento, meditação, vídeos no Youtube de técnicas para aproveitar melhor o "aqui e agora", estratégias de produtividades, além de bons livros que podem ser baixados na velocidade da nossa vontade. A transformação digital de alguma forma ou de outra está inserida em nosso dia a dia e sequer podemos imaginar a vida sem nenhum desses recursos na ponta dos dedos. Veremos ao longo da leitura, por exemplo, como a transformação digital impacta o comportamento do consumidor criando tendências de auto-serviço e novos modelos de negócios, sem falar nas compras online, que estão cada vez mais buscando melhorar a experiência do cliente.

Importante termos claro que a transformação digital não é um mito, justamente por ser um tema que parece distante e, por isso mesmo, desconhecido por muitos. Por isso, vou desmistificar alguns desses pensamentos que insistem em nos confundir ao pensarmos na transformação digital.

Como nos preparamos para a transformação digital? Essa é uma pergunta que sua resposta pode ser encontrada nesse livro. Muitos profissionais encaram a transformação migrando para áreas técnicas, mas a questão é que, apesar da temida inteligência artificial, ainda serão ne-

---

1 https://en.wikipedia.org/wiki/Fear_of_missing_out: Acesso em 05 de jul. 2019

cessários profissionais capacitados nas demais áreas das empresas, como marketing, RH, tecnologia da informação, financeiro, além de profissões em que a máquina não poderá substituir o ser humano, pelo menos não muito cedo. Na verdade, todos nós precisamos nos reinventar nesse novo século, e aqui entra uma mudança do nosso mindset, e diria que um dos principais paradigmas para a transformação digital, de pessoas, negócios e da sociedade.

A grande mudança é que nós, como pessoas ou profissionais, seremos auxiliados em nosso dia a dia por soluções que vão aumentar nossa produtividade e ajudar a tomar decisões mais assertivas. Por isso, um passo importante é alcançar um bom domínio das novas habilidades do futuro, das novas ferramentas e das novas tecnologias para desenvolver um novo mindset e um trabalho que de fato utilize os dados que as soluções conseguem gerar a favor de uma vida mais tranquila e prazerosa. Não há motivo para gerar dados se não há pessoas para interpretá-los.

Além disso, manter-se informado a respeito das novidades do mercado no que tange a conhecimento e ferramentas úteis que podem alavancar seu aprendizado e rendimento podem oferecer uma grande vantagem competitiva, e o resultado é invariavelmente um caminho ascendente na carreira para o sucesso e uma vida com mais propósito.

Outro ponto importante, falando aqui sobre negócios, é que um dos protagonistas nessa transformação digital é o cliente/consumidor, que está cada vez mais exigente e informado. Segundo um estudo da CEI Survey, publicado na Forbes em abril de 2018[2], até 2020 86% dos compradores pagariam mais para terem uma melhor experiência. Por isso, ganha o profissional e as empresas que souberem orientar suas ações e tiverem a sensibilidade de entender o que o cliente busca.

Trabalhar em equipe e saber manter uma boa comunicação com seus pares, assim como demais departamentos da empresa, é outro ponto importantíssimo nessa nova era de transformação digital. Isso porque, cada vez mais, as soluções envolvem equipes multidisciplinares para que os processos se tornem mais ágeis e a produtividade aumente.

Segundo dados levantados em parceria pelo Hootsuite e pelo We Are Social, publicado em janeiro de 2019[3], mais de 5.1 bilhões de pessoas utilizam algum tipo de dispositivo móvel no mundo atualmente, porção correspondente a 67% da população mundial. Se a frieza dos números

---

2 https://www.forbes.com/sites/danielnewman/2018/04/10/want-better: Acesso em 01 de jun. 2019
3 https://wearesocial.com/blog/2019/01/digital-2019-global-internet-use-accelerates: Acesso em 01 de jun. 2019

não é o suficiente para denotar a penetração dos dispositvos mobiles, talvez um comparativo ajude. Indiscutivelmente, nós já estamos vivendo o mundo digital, os números mostram isso, dos 7.7 bilhões de habitantes, cerca de 4.5 bilhões já estão conectados à internet, ou seja, apenas 57% desse total têm acesso à internet. Comparando, temos no mundo hoje mais usuários de telefones celulares do que de internet. Outro dado curioso é que, do montante de 5.1 bilhões de pessoas com dispositivos móveis, mais de 80% utilizam *smartphones*.

Além disso, outro fato que podemos considerar, e que não é segredo nenhum, nos próximos dez anos, acredito, teremos mais uns 3 bilhões de habitantes conectados, por meio dos satélites de baixa órbita, como o projeto Loon do Google, que pretende lançar em torno de 180 balões (satélites); a SpaceX, que anunciou lançar 12.000 satélites de baixa órbita (projeto Starlink); e a OneWeb, com seus mais de 650 satélites iniciais (projeto WorldVue), além de outros que surgirão. Bem, a partir dessa rede de satélites teremos praticamente todos os habitantes do planeta conectados nessa pele digital que cobre o planeta, que é a internet.

E o que nós fazemos nesse mundo eletrônico é indiscutivelmente impressionante, nós interagimos o tempo todo, buscamos o Uber, o Airbnb, fazemos transações eletrônicas, temos números absolutamente fantásticos que mostram o que acontece na internet em apenas um único minuto. Um gráfico publicado pela Visual Capitalist, feito em 13 de março de 2019, mostra o que acontece em apenas 60 segundos na internet.[4] Por exemplo, são realizadas quase 4.5 milhões de buscas no Google, 1 milhão de logins no Facebook, cerca de 390 mil downloads de aplicativos, mais de 188 milhões de e-mails enviados, quase U$ 1 bilhão de dólares em transações financeiras online, cerca de 4,5 milhões de vídeos assistidos no YouTube, mais de 46.200 novos posts no Instagram, um montante de cerca de 694 mil horas assistidas no Netflix, e assim por diante. Tudo isso acontece no mesmo minuto, e no minuto seguinte, esse número aumenta. Então, indiscutivelmente, já estamos vivendo no mundo digital.

Eu diria que a grande data que marcou tudo isso foi o ano de 2007, o ano que mudou as nossas vidas, o computador veio parar no nosso bolso. Foi quando surgiu o iPhone e, a partir daí, os *Smartphones*, e isso permitiu que nós tivéssemos negócios absolutamente inovadores. Reparem como as coisas acontecem rápido: isso surgiu em 2007, pouco mais de 12 anos antes da publicação deste livro, e hoje eu diria que faz parte do nosso corpo humano, ninguém vive sem *smartphone*. Portanto, as coi-

---

4   https://www.visualcapitalist.com/what-happens-in-an-internet-minute-in-2019/: Acesso em 01 de jun. 2019

sas estão acontecendo em velocidade tão acelerada quando falamos por exemplo da Apple Store, a biblioteca de aplicativos da Apple que surgiu em 2008. E o curioso é que em 2018[5], ela ultrapassou a receita global da indústria cinematográfica americana de Hollywood, quer dizer, um negócio que existe há cerca de uma década gera mais dinheiro que toda a indústria centenária de Hollywood. É algo extremamente significativo, e não para por aí. Quando observarmos outra variável muito curiosa, uma tecnologia mais recente, a do Apple Watch, que no último quarter de 2017 vendeu mais do que toda a indústria relojoeira suíça. O Apple Watch foi anunciado pela Apple em setembro de 2014 e lançado em abril de 2015, ou seja, é um negócio que tem menos de cinco anos contra um país que detinha o monopólio das vendas de relógios com alto valor agregado desde o século 19. Então, o mundo está mudando de uma forma muito rápida, em velocidade exponencial, e nós temos que estar antenados com todas essas mudanças, na medida em que a tecnologia digital evolui, e evolui exponencialmente, principalmente impulsionada pelo software, que é talvez a coisa mais fluida que o ser humano já inventou.

Ainda, negócios absolutamente impensáveis algum tempo atrás como a indústria aero espacial, ao ver que a tecnologia digital já permite que o foguete lance um satélite e retorne ao mesmo ponto de partida, o que é um ganho significativo, um salto quântico, pelo menos dez vezes mais barato do que era algum tempo atrás, e isso vai continuar acontecendo. Em fevereiro de 2018, a SpaceX, que pertence ao Elon Musk, colocou em órbita um Roadstar – carro esportivo da Tesla – a bordo do Falcon Heavy, e o foguete retornou.[6] Foi muito curioso, porque as pessoas ficaram entusiasmadas, eu mesmo acompanhei ao vivo a transmissão, mas o que está por trás disso é muito mais interessante. Após a conclusão desta experiência em que o foguete lançou um satélite e voltou à Terra, é possível reutilizá-lo, coisa que antes era impossível, isso torna imensamente mais barato o custo de lançamento de satélites, o que permitiu então criar novos modelos de negócio. A própria SpaceX anunciou colocar mais de 12.000 satélites em baixa órbita, um projeto batizado de Starlink, e isso vai criar uma rede de telecomunicações baratíssima de 1 GigaByte, sem contar outras redes similares com a OneWeb e o projeto Loon do Google, vão possibilitar que toda humanidade esteja conectada, e isso vai impactar um setor que hoje é extremamente sólido, o setor de telecomunicações. O papel das empresas de telecomunicações vai mudar

5   https://www.tecmundo.com.br/software/126136-faturamento-app-store-hollywood Aces-so em 01 de jun. 2019
6   https://www.spacex.com/: Acesso em 05 de jun. 2019

radicalmente e talvez nem todas sobrevivam, até mesmo empresas de nomes conhecidos. Interessante ao vermos um setor de telecomunicações ser afetado por alguém que veio de uma indústria aero espacial, que na verdade veio de uma indústria de veículos elétricos, e entrou nesse negócio. E perceba uma coisa interessante, as inovações que nós estamos acostumados a utilizar não vieram de dentro das indústrias pelas quais elas estão sofrendo a disrupção, vieram completamente de fora. Por exemplo o Iphone não veio da indústria de telecom; o Airbnb não surgiu da rede hoteleira; o Uber também não veio de nenhuma convenção de taxistas; o Skype não surgiu da indústria de telecomunicações; e a SpaceX não tem nada ver com telecom, mas pode dar uma rasteira radical na indústria de telecomunicação da mesma forma que os outros citados fizeram com a indústria tradicional.

E tem mais, não será barato, mas seus futuros planos de férias podem incluir uma viagem até a borda da atmosfera da Terra ou além. Empresas como a Blue Origin, de Jeff Bezos; Virgin Galactic de Richard Branson; Astrium, Boeing, Bigelow Aerospace, Excalibur Almaz, SpaceX, Space Adventures, Space Island Group e a Zero2Infinity têm trabalhado em soluções semelhantes para colocar pessoas em órbita em um futuro breve. Isso não é futurologia, está acontecendo agora, por exemplo, em 2019 era possível, – embora a um custo muito alto, por cerca de 100 mil dólares, dar um passeio no espaço, mas imagino que daqui a dez ou quinze anos, talvez seja tão barato quanto fazer um voo São Paulo/ Nova York.

Podemos ver também que os veículos elétricos, autônomos e aéreos como os projetos do Uber, são bastante sólidos ao notarmos que a Embraer, que é uma empresa brasileira, está trabalhando nesse projeto. Podemos falar em drones, não sei se vocês viram uma capa da revista Times de junho de 2018 muito interessante: ela foi feita através de 1.000 drones em formação. Os 1.000 drones montaram a imagem que se transformou na capa da edição, e isso mostra claramente como as coisas avançam de uma forma muito veloz. A gigante do comércio eletrônico na China a JD.COM[7], anunciando a confecção de drones com capacidade de carga de 1 tonelada, sem contar os mais de 10 mil aeroportos que estão sendo feitos na China para atender a rede de entrega via drones, e aí veremos outro setor como o da logística ser impactada.

Precisamos falar ainda de análise genética de DNA, que em 2000 custava US $ 3 bilhões e hoje custa em torno de US $ 150. Impressoras

---

7 https://fortune.com/2017/05/23/china-jd-drone/: Acesso em 5 de jul. 2019

3D estão imprimindo órgãos humanos, já imprime-se clavículas, imprime-se vértebras, imprime-se pedaços de pele, e, quem sabe, no futuro não haverão mais pessoas em longas filas à espera de um transplante. Ou seja, há todo um modelo de negócio que hoje nós chamamos de Indústria de Transplantes que irá mudar radicalmente nos próximos anos. Então, essas coisas estão acontecendo e vão continuar acontecendo e, talvez, não tenha mais sentido falar em ficção científica, talvez a palavra correta seja antecipação científica. Não é mais uma questão "se" alguma coisa vai ser inventada, mas "quando" vai ser. No fundo, tente montar em sua imaginação uma figura futurista com drones, trens de alta velocidade "hyperloop", veículos autônomos e voadores pousando em prédios inteligentes, vamos ver que praticamente tudo isso já existe hoje. Não juntos, como nós os imaginamos em nossa imagem mental, mas já existem. E a mudança será muito rápida agora, e isso é só uma questão de tempo, pois todas essas tecnologias já estão em desenvolvimento.

E porque muitas vezes não percebemos essas mudanças? Será porque estamos tão distraídos, talvez até mesmo mergulhados nesse mundo da tecnologia, e não conseguimos olhar para a superfície, ficamos focado no dia a dia? Nós, seres humanos, temos uma característica interessante em relação ao olhar o futuro, nossa programação mental ainda é pensar de forma linear, nós intuímos o futuro baseado na nossa experiência recente, imaginamos que o futuro seja uma cópia de uma visão linear do que nós aprendemos, e essa é a dificuldade de lidar com o mundo da exponencialidade, momento em que estamos vivenciando o fenômeno das últimas três ondas de inovação operando juntas. Li em um livro uma frase de Albert Bartlett, um físico americano, dizendo que "a maior deficiência da raça humana é a sua incapacidade de compreender a função exponencial".

As mudanças realmente estão acontecendo em velocidade muito alta, podemos reparar em nossos dias que passam ao piscar de olhos. Porém, fazendo uma analogia simples, ao dar, por exemplo, 30 passos, e se considerarmos que cada passo tem cerca de um metro, no trigésimo passo teremos percorrido 30 metros. Vamos pensar um futuro baseado na linearidade da nossa maneira de pensar e, no futuro, talvez seja ampliado, 60 passos, 60 metros. Mas o mundo está mudando exponencialmente, estamos na era digital, e ela impõe um ritmo exponencial de mudança. Mas, o que vem a ser o mundo exponencial? Bem, ao pegarmos os mesmos 30 passos, no mundo exponencial, o primeiro equivale a um metro, o segundo já são dois, depois são quatro, depois são oito, depois 16, depois 32, e no trigésimo passo não são 30 metros, o trigésimo passo terá sido uma trajetória de 26 voltas ao redor da Terra. Essa é a diferença entre o pensar linear e o pensar exponencial, e o mundo está mudando de forma exponencial.

Outro ponto que precisamos nos dar conta é que os modelos de negócios, as profissões e os modelos organizacionais que conhecemos, estão sendo corroídos neste século muito rapidamente. Alguns já chamam de velha economia, aquela estrutura organizacional, hierarquias e modelos de planejamento que nós estamos acostumados a fazer. Os próprios "gurus" de administração, estão ficando obsoletos e, agora, estamos vendo outros modelos organizacionais surgirem e se consolidarem. Nós estamos no momento de transição e esse momento é complicado porque a transição significa que o que eu tenho hoje não vai ser mais verdade no futuro, mas o que vai ser esse futuro próximo eu não tenho muita certeza. Tenho algumas ideias, algumas perspectivas, algumas experiências a fazer, então é um desconhecido, e o que é desconhecido sempre assusta. Mas de uma coisa eu tenho certeza: nós estamos caminhando para um momento de mudanças muito intensas.

O bacana é que estamos participando desse processo e podemos falar de algumas coisas que são certezas. Talvez a primeira é que tudo o que puder ser automatizado será automatizado, isso é uma certeza indiscutível. Quando tivermos toda a população do planeta conectada, estaremos fazendo praticamente todas as coisas de forma automática, e essa é uma realidade que nós temos que reconhecer.

A segunda é que as tecnologias que estão por trás disso já existem, a computação em nuvem é com certeza a base para fazer tudo isso acontecer. O potencial que eu carrego no computador de bolso que é o meu *smartphone* não está nele, está no ambiente de nuvem na retaguarda. Quando eu faço uma busca no Google – as quase 4,5 milhões de buscas por minuto – é um ambiente de nuvem na retaguarda que permite isso. Então, a computação em nuvem vai permitir que essas mudanças aconteçam, e esse é um dos grandes conceitos criados nos últimos anos, o que permite que toda essa nova tecnologia que nós estamos vendo surgir, esses avanços tecnológicos, existam, como, por exemplo, o Uber, o Airbnb, o Netflix e o Spotify. Tudo isso acontece porque temos um ambiente computacional na retaguarda.

Mas, ao olharmos um pouco mais à frente, veremos que temos algumas tecnologias absolutamente essenciais que vão se tornar *mainstream*. Eu diria que isso ocorrerá por volta de 2025. Para os próximos anos, posso falar na realidade mista, realidade virtual, realidade aumentada, computação quântica, blockchain e tudo isso de alguma forma vai estar conectado em um ambiente de nuvem. E aí, principalmente, falaremos da inteligência artificial. Pelos estudos e pelos conceitos, protótipos, projetos e aplicações já vistas em operação, tenho plena consciência de que isso é o que vai acontecer. A inteligência artificial vai mudar a nossa sociedade como a eletricidade mudou a sociedade que vivemos hoje. Se olharmos há 100 anos, quando não havia eletricidade e a luz era gerada no lampião, as cidades eram completamente diferentes, a sociedade era completamente diferente. Os próximos 150 anos serão transformados nos próximos 30 anos, e no mundo exponencial, quando projetamos um futuro 30 anos à frente, não é similar ao que foi há 50 anos. Estamos em 2019, se colocarmos 20 anos a frente (2039) não vai ser igual a 50 anos atrás. No mundo exponencional 2039 vai valer como se estivéssemos em 1808, no reinado de Dom João VI. Imagine o mundo em 1808 com o de hoje, não tem nada a ver, é uma outra sociedade, é uma outra civilização. E o que vai acontecer nessas mudanças nos próximos 20 anos é que nós estamos fazendo parte disso, e essas mudanças estão, sim, afetando todos os negócios.

Quando eu pesquisava sobre os fenômenos da transformação digital, acabei conhecendo o IMD - Instituto Internacional para o Desenvolvimento Gerencial, uma escola de negócios em Lausanne, na Suíça, responsável por elaborar o vórtice digital,[8] no qual são representados setores da indústria e, quanto mais próximos estão do centro, mais intenso é seu processo de mudança, de transformação e disrupção naquele setor de indústria. Ao comparar 2015 e 2017, é possível ver claramente que alguns outros setores que não estavam em 2015 surgiram no vórtice, como, por exemplo, a indústria da construção civil, que também vem passando por uma mudança significativa. Quando observamos o vórtice, há três fenômenos nos quais precisamos prestar atenção: o primeiro fenômeno é que, à medida que um objeto, um setor de indústria, se aproxima do centro do vórtice, a velocidade de atração com que o processo de disrupção acontece acelera de maneira exponencial. Isso nos mostra como as mudanças não são mais lineares, elas são exponenciais e, ao analisar novamente ao gráfico, podemos notar que em apenas dois anos houve uma concentração muito rápida de alguns setores no vórtice. O segundo ponto que devemos considerar é que os setores industriais podem colidir quando estão no redemoinho, se transformando em outro ou se consolidando. Vamos pegar, por exemplo, o veículo autônomo, o veículo elétrico que são tendências inevitáveis da sociedade – as indústrias automotivas

---

8   https://www.imd.org/research-knowledge/articles/digital-vortex-in-2017/: Acesso em 01 de jun. 2019

dizem que nos próximos 20 anos vão parar de produzir veículos de combustão interna, será tudo veículo elétrico – e, ao pegarmos esse conceito, nós veremos o impacto que isso tem em todas as indústrias. Qual será a diferença entre a VW, a FIAT, o Uber e uma locadora? Nenhuma, eu diria, vamos passar a alugar um carro sem a necessidade de comprar um. São setores que vão deixar de existir e tornar-se um só. Talvez eu não precise de seguro, talvez eu não precise de estacionamento, não tenha mais multas de infração de trânsito, ou seja, a indústria como um todo ou todas as indústrias serão afetados, e o terceiro fenômeno é caótico: um setor industrial pode estar em um determinado ponto na extremidade do vórtice, e de repente, ir para o centro. Por exemplo, a indústria de petróleo. Estamos vendo, com o surgimento de novas tecnologias de energias alternativas, países como os Emirados Árabes Unidos, sabe que tem muito petróleo, mas já criando em 2017 o Ministério da Inteligência Artificial[9], como estratégia de governo, porque sabe que o petróleo não vai acabar por falta de petróleo, mas por falta de demanda.

Então, as mudanças são muito rápidas, e tudo isso nos leva a uma concepção: precisamos estar antenados no que está acontecendo, no mundo de hoje e ter um olho no amanhã, porque o amanhã chega muito rápido.

Neste século, é preciso mudar nosso modelo mental sobre a forma de pensar, que até então era local e linear, para um pensamento global e exponencial, algo bem diferente daquele que nosso cérebro evoluiu para entender. Ao pegarmos a extensão dos dados com que agora nos deparamos, uma semana do New York Times contém mais informações do que um cidadão comum do século XVII encontrava em toda a vida, e esse volume vem crescendo exponencialmente. Com isso, as regras de negócios mudaram. Em todos os setores de atividade, a difusão de novas tecnologias digitais e o surgimento de novas ameaças disruptivas estão transformando modelos e processos de negócios. A revolução digital está virando de cabeça para baixo o velho guia de negócios, os longos planos de negócios. Empresas constituídas antes do surgimento da internet enfrentam um grande desafio. Muitas regras e pressupostos fundamentais que governavam e orientavam a atuação e o progresso dos negócios na era pré-digital não mais se aplicam nos dias de hoje. A boa notícia é que uma mudança é possível. Temos ainda, eu diria, até 2025, no máximo, para fazer as transformações digitais em nosso país, e diria que as empresas podem transformar-se e prosperar na era digital.

---

9   https://ai.gov.ae/: Acesso em 05 de jul. 2019

A transformação digital traz inúmeros benefícios. Exemplo disso, trago um estudo realizado pela Sysorex[10], onde os dados revelaram que, na rede mundial composta de 7 bilhões de aparelhos mobiles, são gastos diariamente cerca de US $ 3,7 trilhões de dólares por dia em transações bancárias realizadas via internet. Só no Brasil, divulgação feita pela Forbes[11] em 12 de setembro de 2018, a Ipsos, estimou que o número total de compras online aumentou 21% entre 2016 e 2017, saltando de R$ 137,4 bilhões para R$ 166,2 bilhões, e ainda, as compras online via *smartphone* no mesmo período sofreram um aumento estimado em mais de 60%, saindo de R$ 26 bilhões para R$ 41,8 bilhões. A estimativa é um crescimento do mercado online de 17% em 2020, quando deve atingir cerca de R$ 272 bilhões. Já as compras via *smartphone* devem chegar em cerca de 34% em 2020, batendo R$ 103 bilhões.

Muitas empresas ainda resistem ao processo por não enxergarem como poderiam ganhar com a transformação digital. Porém, o risco de serem engolidas é grande.

A transformação digital tem a ver com estratégia e novas maneiras de pensar. Transformar-se para a era digital exige que o negócio atualize sua mentalidade estratégica, muito mais que sua infraestrutura de TI. Essa verdade fica evidente na mudança de papéis do Líder de tecnologia nas empresas. A função emergente do executivo-chefe de atividades digitais é muito mais estratégica, focada no uso da tecnologia, para reimaginar e reinventar o core business da empresa/negócio.

E, para dominar a competição na era digital, os negócios precisam aprender a enfrentar desafios, que estão embaralhando os papéis da competição e da cooperação em todos os setores de atividades.

A Quarta Revolução Industrial já está acontecendo e, como a história já nos ensinou, quem achar que essa mudança ou que o fenômeno da revolução digital não irá impactá-lo, está mais do que enganado. Esse modelo de pensamento enfrentará fortes ventos contrários, e por si só correm sérios riscos de se tornarem obsoletos, ou, até mesmo, podem ver seus negócios sendo extintos pelos modelos de negócios digitais.

O propósito desse livro é trazer três mensagens: a primeira é que a Transformação Digital é uma transformação contínua, e o digital é apenas o meio da transformação dos negócios. Os modelos de negócios, as profissões, as carreiras, os modelos organizacionais que nós estamos

---

10   https://www.senior.com.br/solucoes/transformacao-digital/: Acesso em 01 de jun. 2019
11   https://forbes.uol.com.br/colunas/2018/09/compras-online-somaram-r-1662-bi-no-brasil/: Acesso em 01 de jun. 2019

acostumados não vão sobreviver nos próximos anos, serão substituídos. Não temos ideia muito clara ainda de como serão, mas serão diferentes, e a grande vantagem é que nós fazemos parte desse processo, nós estamos engajados nisso; a segunda é fomentar a inovação no Brasil, trazendo exemplos de estudos de casos de empresas ao redor do mundo que fizeram seus processos de transformação digital para encorajar seus primeiros passos nesta Quarta Revolução Industrial, apresentando uma visão de futuro de quatro a cinco anos à frente e, baseado nisso, tomar decisões que o ajude acelerar a transformação digital, adquirindo um novo mindset digital para aplicá-los em seus modelos de negócios, tornando-os mais competitivos e sustentáveis; a terceira é, não se preocupe, não é o fim do mundo. Temos tempo hábil para nos prepararmos e surfarmos essa onda, porém desde que começemos agora. Hoje existem ferramentas e métodos que estão criando um espaço aberto onde as experiências de colaboradores e clientes são o foco, onde as pessoas são mais importantes, onde a mudança é planejada e a inovação toma o centro do palco. Embora a mudança de cultura seja criticamente importante para transformação, é difícil e demorado alcançar isso, portanto, adquirir um novo mindset e construir uma nova cultura organizacional é imprescindível para a jornada de transformação digital.

Portanto, abrace a transformação digital e tire o máximo de proveito que puder. Nos próximos capítulos, será possível encontrar lado a lado ideias clássicas e inovadoras sobre os mais variados temas ligados aos negócios, da comunicação à necessidade de mudança, da criatividade à tecnologia, da visão a estratégia, da ética à contratação de pessoal, e da reinvenção de si mesmo.

Desejo a você uma ótima leitura!
Roger Medke

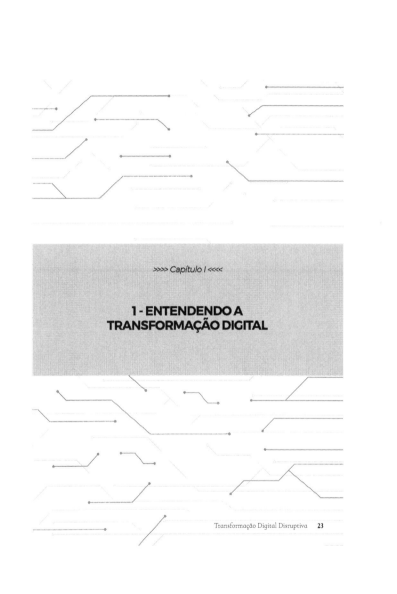

>>>> Capítulo I <<<<

1 - ENTENDENDO A TRANSFORMAÇÃO DIGITAL

Anotações

Uma onda está em curso, e é importante prestarmos atenção porque ela fará mudar radicalmente o mundo da maneira como o conhecemos. Aliás, já estamos sentindo os efeitos dessas mudanças. Praticamente todos os setores sofrerão disrupções. Não é somente uma mudança tecnológica, mas é, principalmente, uma mudança de cultura, de mindset, e por isso é de extrema importância entendermos que a reprogramação do nosso mindset é necessária para compreender este novo século, como ele vem se moldando e, principalmente, para onde no futuro isso está tendenciando.

Esse primeiro capítulo irá estabelecer rapidamente um amplo entendimento sobre transformação digital e, a partir disso, formar uma visão, pensar em uma estratégia, criar uma estrutura tecnológica e definir a execução do programa de transformação digital para acompanhar essa evolução. Quero ajudá-lo a entender e evoluir para extrair o máximo valor, tanto dos estudos de casos como das tecnologias exponenciais e dos novos modelos de negócios, fazendo com que seja possível adquirir as habilidades necessárias para traçar o seu roteiro de estratégia digital, permitindo então colocá-la em prática, seja em seu negócio, empresa ou, até mesmo, incentivando-o a empreender e criar seu próprio negócio.

Para entendermos a transformação digital, precisamos falar sobre *inovação disruptiva*. O termo *inovação disruptiva*, segundo Clayton M. Christensen, é uma inovação que cria uma nova rede de mercado e valor e, por fim, interrompe uma rede de valor e mercado existentes, deslocando empresas, produtos e alianças líderes de mercado. Ou seja, é o rompimento de um modelo de negócio tradicional sendo executado de forma diferente, criando assim uma rede ao redor desse novo negócio.

Ao compararmos, por exemplo, os primeiros minicomputadores, eram disruptivos não apenas porque eram de baixo custo, e nem por serem superiores aos mainframes em muitos mercados. Eles foram disruptivos em virtude do caminho que eles seguiram. A maioria das inovações – disruptivas ou não – começam a vida como um experimento de pequena escala, mais conhecido como protótipo. Ao trazemos esse conceito para o mundo das *startups*, nada mais é do que o famoso MVP, ou seja, um protótipo é um MVP, que, em tradução livre, pode ser entendido como a criação de um produto mínimo viável. Portanto, esses disruptores tendem a se concentrar em obter um modelo de negócio, e não apenas um produto, simplesmente. Quando são bem-sucedidos, seus movimentos corroem primeiro a participação de mercado dos operadores tradicionais e, depois, sua lucratividade. Esse processo pode levar tempo e os responsáveis podem ser bastante criativos na defesa de suas empresas estabelecidas. O fato de que a disrupção pode levar tempo ajuda a explicar porque os negócios tradicionais muitas vezes ignoram os disruptores, as chamadas *startups*. Por exemplo, quando a Netflix foi lançada, em 1997, seu serviço inicial não era atraente para a maioria dos clientes da Blockbuster, que alugavam filmes por impulso. A Netflix tinha uma interface exclusivamente on-line e um grande estoque de filmes, mas a entrega pelo correio dos EUA significava que as seleções levavam vários dias para chegar. O serviço atraiu apenas alguns grupos de clientes, os fãs de cinema que não se importavam com os novos lançamentos, os que adotavam precocemente os aparelhos de DVD e os compradores on-line. Se a Netflix não tivesse eventualmente começado a atender um segmento mais amplo do mercado, a decisão da Blockbuster de ignorar esse concorrente não teria sido um erro estratégico. Neste caso, as duas empresas preenchiam necessidades muito diferentes para seus diferentes clientes.

No entanto, como as novas tecnologias permitiram que a Netflix mudasse seu modelo de negócio para streaming de vídeo pela Internet, ou seja, ela passou a digitalizar seus filmes do formato físico, tornando-se atraente para os principais clientes da Blockbuster, oferecendo uma seleção mais ampla de conteúdo com tudo o que você pode assistir, sob demanda, preços baixos, alta qualidade e abordagem altamente conveniente, chegando através de um caminho classicamente disruptivo. Se a Netflix – como a Uber – tivesse começado lançando um serviço voltado para o mercado principal de um concorrente maior, a resposta da Blockbuster provavelmente teria sido um contra-ataque rigoroso e talvez bem-sucedido. Mas, não respondendo efetivamente à trajetória em que a Netflix estava, a Blockbuster acabou por entrar em colapso. Portanto, os disruptores frequentemente criam modelos de negócios que são muito diferentes dos modelos tradicionais.

Outro exemplo de alto perfil do uso de um modelo de negócios inovador para causar uma disrupção foi o caso do iPhone da Apple. O produto que a Apple estreou em 2007 foi uma inovação sustentada no mercado de telefones. Ele visava os mesmos clientes cobiçados pelos atuais fabricantes, na época como Nokia e Blackberry, e seu sucesso inicial é provavelmente explicado pela superioridade do produto. O crescimento subsequente do iPhone pode ser melhor explicado pela disrupção – não de outros telefones, mas do laptop como o principal ponto de acesso à Internet. Isto foi possível não apenas através de melhorias no produto, mas também através da introdução de um novo modelo de negócio. Ao construir uma rede facilitada conectando desenvolvedores de aplicativos a usuários de *smartphones*, a Apple mudou o jogo. O iPhone criou um novo mercado para o acesso à Internet e, eventualmente, conseguiu desafiar os laptops como o dispositivo preferido dos usuários para se conectar.

Mas algumas inovações disruptivas são bem sucedidas e outras não. Um erro comum é focar nos resultados obtidos – afirmar que uma empresa é prejudicial em virtude de seu sucesso. Mas o sucesso não está embutido na definição de ruptura, nem todo caminho disruptivo leva a um triunfo, e nem todo recém-chegado triunfante segue um caminho disruptivo.

Por exemplo, qualquer varejista baseado na Internet seguiu caminhos disruptivos no final dos anos 1990, mas apenas um pequeno número deles prosperou. As falhas não são evidência das deficiências da teoria da *inovação disruptiva*, eles são simplesmente marcadores de limite para a aplicação da teoria. A teoria diz muito pouco sobre como ganhar no mercado de base, além de jogar com as probabilidades e evitar a concorrência frontal com os operadores com melhores recursos.

Se chamarmos o sucesso de todos os negócios de *disrupção*, as empresas que chegarem ao topo de maneiras muito diferentes serão vistas como fontes de insights sobre uma estratégia comum para o sucesso. Isso pode criar um perigo, gestores podem misturar e combinar comportamentos que provavelmente são inconsistentes entre si e, portanto, dificilmente produzirão o resultado esperado.

Na prática, tanto o Uber quanto o iPhone devem seu sucesso a um modelo baseado em plataforma. O Uber conecta motoristas com passageiros. O iPhone conecta desenvolvedores de aplicativos a usuários de *smartphone*. Mas a Uber, fiel à sua natureza como uma inovação sustentável, concentrou-se em expandir sua rede e funcionalidade de forma a torná-la melhor do que os táxis tradicionais. A Apple, por outro lado, seguiu um caminho disruptivo construindo seu ecossistema de desenvolvedores de aplicativos para tornar o iPhone mais parecido com um computador pessoal.

Existe uma máxima que o mercado tem falado muito: "interromper ou ser interrompido". Isso pode parecer, em um primeiro momento, um tanto forte, mas é um feito que tem se tornado comum entre jovens de espírito que estão dispostos a mudar o *status quo*.

As empresas ameaçadas precisam responder às disrupções, mas não devem reagir exageradamente ao descontinuar um negócio, ainda que esteja lucrativo. Em vez disso, elas devem continuar a fortalecer os relacionamentos com os principais clientes, investindo na sustentação de inovações, para não serem pegas de surpresa. Além disso, elas podem criar uma nova divisão focada unicamente nas oportunidades de crescimento que surgem da disrupção – pelo menos é o que tenho visto algumas empresas fazendo e, inclusive, se dando muito bem; mas o número de empresas dispostas a fazer isso ainda é muito baixo comparado a outros países desenvolvidos. Na minha opinião, o sucesso desse novo empreendimento dentro de uma empresa tradicional depende, em grande parte, de mantê-lo separado do negócio principal em sua fase inicial até que ganhe corpo, ou seja, como alguns especialistas chamam, a estratégia de inovação de borda. Isso significa que, por algum tempo, os gestores podem estar gerenciando duas operações muito diferentes. É claro que, à medida que o negócio autônomo disruptivo cresce, ele pode eventualmente roubar clientes do núcleo principal, ou seja, a inovação de borda pode ser entendida como criar um nova estrutura para matar o negócio principal. Pelo menos, é isso que algumas empresas tem feito, antes que outra o faça. Isso pode parecer suicídio, mas as empresas que não a encorajarem correm sérios riscos de sofrerem a disrupção em seus mercados. Tenha certeza de uma coisa, que em algum lugar do planeta tem alguém mirando no seu mercado e procurando fazê-lo de maneira mais rápida, melhor e mais barata.

Para concluir o tema sobre *inovação disruptiva*, a teoria da disrupção ainda prevê que, quando um participante enfrenta frontalmente seus concorrentes, oferecendo melhores produtos ou serviços, os participantes acelerarão suas inovações para defender seus negócios. Ou eles rebatem o participante oferecendo serviços ou produtos ainda melhores a preços comparáveis, ou um deles vai adquirir o outro. Modelos de negócios tradicionais que buscam uma estratégia de sustentação sem inovar no seu modelo atual, enfrentarão grandes dificuldades.

E, como exemplo para esse último tópico, o forte desempenho do Uber, por exemplo, justifica a explicação. De acordo com a teoria da *disrupção,* o Uber é um caso atípico, e não temos uma maneira universal de explicar tais resultados. No caso do Uber, acredito que a natureza regulada do negócio de táxi é uma grande parte da resposta. A entrada no mercado e os preços são controlados de perto em muitas jurisdições. Consequentemente, as empresas de táxi raramente inovam e motoristas individuais têm poucas maneiras de inovar, exceto em zarpar para o próprio Uber. Assim, o Uber está em uma situação única em relação aos táxis, ele pode oferecer melhor qualidade e a concorrência terá dificuldade em responder, pelo menos a curto prazo.

Até o momento, abordei apenas se o Uber é ou não prejudicial para as empresas de táxi. Porém, o serviço de limusine ou o negócio do "carro preto" é uma história diferente, e aqui é muito mais provável que o Uber esteja em um caminho disruptivo. A opção UberSELECT da empresa oferece carros mais luxuosos e normalmente é mais cara do que o serviço padrão, mas normalmente é mais barata do que contratar uma limusine nos meios convencionais. O preço mais baixo impõe alguns compromissos, uma vez que o UberSELECT atualmente não inclui uma característica definidora dos principais operadores neste mercado, como aceitação de reservas antecipadas. Consequentemente, esta oferta da Uber apela para o segmento de baixo nível do mercado de serviços de limusine, com clientes dispostos a sacrificar uma medida de conveniência por economias monetárias.

Sobre os efeitos dos exemplos em *inovação disruptiva*, trago modelos de negócios disruptivos que contêm números financeiros para verificarmos os efeitos da evolução da disrupção que esses disruptores estão provocando e irão provocar em um futuro breve. Efeitos esses que acabam criando novos modelos de negócios e de receitas, além das ameaças e oportunidades ao novo que se aproxima.

Em menos de três anos, o Uber mudou a matriz de mobilidade urbana no mundo. Foi um movimento disruptivo rápido e transformador que mudou hábitos e conquistou um grande número de usuários. No início de 2016, o Uber estava avaliado – em valor de mercado – em mais de 40 bilhões de dólares, valendo mais que a veterana General Motors, porém sem ser dona de nenhum veículo. Em 2018, cerca de 95 milhões de pessoas usaram o aplicativo da Uber mensalmente. O Uber é um dos aplicativos de compartilhamento de viagens mais populares do mundo. Com sede em São Francisco, na Califórnia, sua receita líquida global foi de 11,3 bilhões de dólares (2018), e cerca de 5,23 bilhões de viagens foram entregues pelo aplicativo no mesmo ano. No quarto trimestre de 2018, a Uber gerou quase 14,2 bilhões de dólares em receitas brutas em todo o mundo[12]. Em 10 de maio de 2019, a Uber Technologies Inc. fez sua oferta pública de ações na bolsa de Nova York avaliada em 82 bilhões de dólares[13]. Mesmo com números impressionantes, há boatos de que o

___

12 https://www.statista.com/statistics/833743/us-users-ride-sharing-services/: Acesso em 02 de jun. 2019
13 https://www1.folha.uol.com.br/mercado/2019/05/uber-chega: Acesso em 02 de jun.

Uber esteja operando no prejuízo, e alguns dizem ainda que nunca será lucrativo, porém só saberemos no futuro.

A imensa base de clientes do WhatsApp no final de 2015 havia chegado a 900 milhões de usuários ativos por mês, mais que qualquer operadora de telefonia móvel do mundo. Em fevereiro de 2018, o número de usuários ativos passou à marca de 1,5 bilhão de usuários, gerando mais de 29 milhões de mensagens enviadas por minuto. Mais de 2 bilhões de minutos de chamadas de voz e vídeo são feitas no WhatsApp diariamente (2019). O WhatsApp foi adquirido pelo Facebook em 19 de fevereiro de 2014, quando a empresa desembolsou cerca de US $ 19 bilhões para comprar o aplicativo de mensagens, fazendo sua maior compra até o momento. Estima-se que o WhatsApp esteja gerando receitas em torno de US $ 112,5 milhões por ano[14] (2019).

A Tesla tem enfrentado períodos turbulentos mas, mesmo assim, quer queira ou não, ela está mudando o setor elétrico, e não somente fazendo um carro autônomo. Chegando a valer, em agosto de 2018, 65,7[15] bilhões de dólares, atuando em 0,1% da indústria automotiva, valendo até então mais do que a centenária Ford e a GM. A Tesla, com seu modelo, passou a influenciar outras montadoras ao redor do mundo, criando um novo campo de batalha entre montadoras e empresas do Vale do Silício. Mas muito mais vai acontecer. Em cinco anos, o motor à combustão interna será antieconômico. Hoje não temos mais problemas em fazer as coisas, tudo pode ser feito. O limite hoje é imaginar o que pode ser feito.

O Google é outro disruptor que vem evoluindo de um mundo em que o mobile ocupa o primeiro plano e onde a inteligência artificial vem antes de tudo. O carro autônomo do Google pode ainda não ser visto como uma ameaça à indústria de seguros de automóveis, e a possibilidade de se colocar sensores em objetos permite transformar uma indústria de vendas de equipamentos em prestação de serviço de locação e manutenção. Não obstante, em dezembro de 2018, o Google recebeu autorização para virar fintech e competir com bancos na Europa, depois de ter investido em mais de 18 fintechs, e logo eu vejo que estará presente em outros países operando no setor financeiro, assim com o WeChat fez na China, transacionando hoje (2019) seis vezes mais dinheiro do que todos os bancos juntos.

A era dos robôs está chegando. É fato que as máquinas destruirão milhões de empregos no futuro. Uma publicação em 9 de março de 2018

2019
14   https://99firms.com/blog/whatsapp-statistics/: Acesso em 15 de jun 2019
15   https://ycharts.com/companies/TSLA/market_cap: Acesso em 15 de jun 2019

na Thrive Global[16] dizia que cerca de 47% dos empregos nos Estados Unidos estavam ameaçados. Outra publicação feita pela FOURSales em 25 de março de 2019[17] revelou, segundo o World Economic Forum, que, em 2020, cerca de 1,4 milhões de novos empregos serão criados e que cerca de 65% das crianças que têm idade escolar hoje (em 2019) irão trabalhar em empregos que nem existem ainda quando tornarem-se adultos. Já a PwC[18] sugere que cerca de 30% dos empregos estejam ameaçados pela automação, sendo os principais na indústria (46%), em armazenamento e transporte (56%) e no varejo (44%). Outro estudo mostra, após analisar mais de 200.000 empregos em 29 países para explorar os benefícios econômicos e os potenciais desafios colocados pela automação, que cerca de US $ 15 trilhões seria o potencial para o PIB global provocado pela Inteligência Artificial até 2030, e que 3% de empregos tem risco potencial de automação até o início do ano 2020, 30% de empregos com risco potencial de automação em meados da década de 2030 e 44% de trabalhadores com baixa escolaridade em risco de automação em meados da década de 2030. A Mckinsey[19] define no seu estudo que 400 a 800 milhões de empregos poderão ser automatizados até 2030. A tecnologia irá substituir grande parte de funções, até mesmo as tarefas executivas começam a sofrer risco.

Uma máxima diz que "contra fatos não há argumentos", não é novidade nenhuma que já estamos vivenciando uma revolução industrial, e talvez seja útil fazermos uma simples analogia, entre o que foi e o que está sendo.

Durante a primeira onda da revolução industrial, as fábricas dependiam de fontes fixas de energia: primeiro, da energia hidráulica produzida pelas rodas d'água localizadas ao longo dos rios e, mais tarde, da energia à vapor, oriunda de máquinas que queimavam carvão. Embora essas fontes de energia tivessem possibilitado o surgimento da produção em massa, elas também enfrentavam graves limitações. No início, a regra da localização das instalações limitavam a capacidade de produção. Além disso, as rodas d'água e as máquinas à vapor exigiam que todos os equipamentos da fábrica fossem ligados a um eixo de transmissão central, um único motor extenso que impulsionava todas as máquinas. Essas

---

16 https://thriveglobal.com/stories/how-technology-and-robots-will-affect-the-job-market/: Acesso em 15 de jun 2019
17 http://www.foursales.com.br/carreira/futuro-do-trabalho-como-sera/: Acesso em 15 de jun 2019
18 https://www.pwc.co.uk/services/economics-policy/insights Acesso em 15 de jun. 2019
19 https://www.mckinsey.com/featured-insights/future-of-work/jobs-lost-jobs: Acesso em 15 jun. 2019

fontes de energia também ditavam o projeto das fábricas e os métodos de trabalho. Mas, com a eletrificação das fábricas no fim do século XIX, tudo isso mudou, a energia elétrica eliminou todas as limitações que até então haviam definido as características das fábricas. Agora, as máquinas podiam ser posicionadas na ordem do fluxo de trabalho, sem restrições de centenas de anos que prevaleceram aos projetos das fábricas, que simplesmente não conseguiam ver a possibilidade diante de seus olhos.

Coube às novas empresas geradoras de energia elétrica, as *"startups"* da era da eletrificação, pregar a inovação na manufatura. Essas novas empresas emprestavam motores elétricos de graça às fábricas apenas para que experimentassem a nova tecnologia. Já na década de 1920, um novo ecossistema de fábricas, trabalhadores, engenheiros, produtos e negócios já tinha tomado forma, tudo em torno da energia elétrica.

Hoje, nossas nativas digitais – Google, Amazon, Tencent, Alibaba, Baidu e Facebook – são as geradoras de energia elétrica no começo da era da eletrificação. Então, se a eletricidade foi a roda motriz da transformação no século XIX ao transformar todo um modelo de negócio da época, o impacto da transformação digital será exponencialmente maior e mais veloz nesta década. Como já vimos no início desse capítulo, as tecnologias estão mudando a forma como nos relacionamos como humanos, como empresas, como clientes, como consumidores e com o advento dessa nova cultura digital que se aproxima, as relações e interações agora são em via dupla.

1.1. A onda perfeita

A confluência das tecnologias elimina as linhas divisórias entre os mundos físico, digital e biológico. Essa afirmação foi feita pelo engenheiro e economista Klaus Schwab durante o Fórum Mundial de Davos (2016)[20]: "unindo mudanças socioeconômicas e demográficas, haverá impactos nos modelos e formas de fazer negócios, e também no mercado de trabalho. Afetará exponencialmente todos os setores da economia e todas as regiões do mundo, porém, nessa acirrada batalha, haverão ganhadores e perdedores".

Podemos perceber que as mudanças serão profundas, porque neste século voltamos a colocar o ser humano no centro de tudo, e isso

---

20 https://www.weforum.org/agenda/2016/01/davos-2016-in-numbers/: Acesso em 12 mai. 2019

terá consequências culturais disruptivas, além, é claro, que desde o trabalho mais convencional e inclusive o intelectual estão sob ameaça de serem substituídos pela robotização e a inteligência artificial.

Os fenômenos para tais consequências estão sendo provocados por meio da transformação digital marcada pela velocidade, o alcance e o impacto da rede, resultado das últimas três ondas de inovação que estão acontecendo ao mesmo tempo, uma combinação de hardware, software, rede e sistemas em redes que hoje estão impactando praticamente todos os mercados. Esses são os motores da transformação digital, é aqui que estamos vivendo, a mudança da plataforma base para praticamente tudo, desde educação, fabricação, varejo, indústria, supermercado, agronegócio e o que mais você imaginar.

A velocidade das descobertas atuais não tem sequer precedentes históricos, acontece agora em ritmo exponencial e não mais linear. A amplitude e profundidade dessas mudanças anunciam a transformação de sistemas inteiros de produção, gestão e governança, por um simples motivo: a mudança de cultura.

É, sim, muito preocupante em um primeiro momento vermos tais eventos e previsões de inúmeros especialistas que falam sobre o tema, porém eu vejo que muitas dessas previsões já vem se confirmando e creio que muitas mudanças estão por vir realmente. Os impactos atuais em nosso cotidiano já estão demostrando isso, e estamos em fase de transição e de absolutas incertezas. Eu vejo como sendo umas das mais assustadoras, no ponto de vista em que estamos sendo bombardeados de tanta informação, que não temos capacidade para discernir, como humanos, qual caminho devemos tomar.

É anunciado por inúmeros especialistas e gurus que ninguém passará imune à Quarta Revolução Industrial e os pontos que se destacam são realmente apocalípticos do ponto de vista da humanidade, pois vemos "o software literalmente devorando o mundo" – frase dita por Marc Andreessen fundador do Nestcape, um dos primeiros navegadores de internet, em 2011. Cerca de quatro anos, uma em cada quatro vagas abertas nos Estados Unidos são de engenharia de software, tendência que vem se confirmando até hoje. Digo isso porque a demanda por desenvolvedores é enorme, em todos os lugares sobram vagas para esse tipo de profissional, tanto que o próprio berço da inovação, o Vale do Silício, está recrutando profissionais no mundo todo, e grandes polos de inovação, como Israel, também estão passando por esse apagão de profissionais.

Embora esteja sendo estimado que, na próxima década, cerca de metade das vagas de trabalho terão desaparecido, pelo uso de softwares e algoritmos sofisticados, como promete também a inteligência artificial e a robótica de forma combinada. São trabalhos como operadores de telemarketing, corretores, carteiros, jornalistas, advogados, contadores, e muitas outras.

Ao observarmos o mercado de Robôs, como apontava estatísticas preliminares do World Robotics Report[21] em abril de 2019, mostrando um novo recorde de 384 mil unidades que foram enviadas globalmente em 2018, um aumento de um por cento em comparação com o ano anterior. Isso significa que o volume anual de vendas de robôs industriais aumentou pela sexta vez consecutiva (considerando o período 2013-2018).

A rápida difusão das inovações fazem com que empresas de base tecnológica completem ciclos produtivos de produtos de bens de consumo em um décimo do tempo de uma empresa tradicional. Com o surgimento de plataformas e a queda exponencial dos custos marginais de produção que permitem ganhos em escalas, onde *startups* já são capazes de projetar e construir drones com praticamente 98% das funcionalidades do Predator, usado pelas Forças Armadas norte-americanas. Para construir o Predator é necessário cerca de US $ 4 milhões, o Drone Reaper MQ9 da General Atomic custa cerca de US $ 1.300.

Já o avanço da biotecnologia, ao realizar o sequenciamento genético por menos de US $ 150, realizado pela 23andMe, mostram as confluências e a Lei de Moore em pleno andamento. Portanto, não pense que isso é futurismo e apenas boato, isso já está acontecendo agora, nesse exato momento.

1.2. As tecnologias disruptivas

As tecnologias emergentes, incluindo a mobilidade de conexões, os veículos autônomos, o avanço da engenharia genética, a internet das coisas, a computação em nuvem, a inteligência artificial e o avanço da robótica, sem dúvida terão potencial para redefinir esse novo século. Muitos governos e até líderes de muitas empresas ao redor do planeta estão preocupados, alguns inclusive investindo bilhões de dólares em pesquisas e colocando suas estratégias em prática para não ficarem parados e serem

---

21   https://ifr.org/: Acesso em 5 de jul. 2019

pegos de surpresa pelos impactos da onda tecnológica que se aproxima em velocidade exponencial.

Muitas são as previsões, como já ressaltei. Porém, ao avaliar as mais de 20 tecnologias disruptivas, cerca de metade delas apresentam um potencial de impacto econômico gigantesco, com cifras exorbitantes, entre US $ 14 trilhões e US $ 33 trilhões por ano, em 2025, números com base em uma análise profunda das aplicações e do valor que elas poderiam criar de várias maneiras, em dados apresentados por um relatório do McKinsey Global Institute[22].

A grande questão não são as tecnologias isoladas, mas a combinação delas é que potencializam a disrupção, e criam novos modelos de negócios, e que em breve se tornarão *mainstream* e estarão acessíveis por meio dos nossos *smartphones.*

Posso afirmar que o uso das tecnologias de internet móvel já estão bem difundidos, com mais de 4 bilhões de usuários acessando a internet por meio de dispositivos móveis ao redor do planeta. No Brasil, já temos mais dispositivos móveis conectados do que pessoas: são cerca de 220 milhões de celulares ativos, contra 210 milhões de habitantes, tornando-se o segundo país do mundo a ficar mais tempo conectado à internet, ficando atrás apenas das Filipinas, de acordo com relatórios da GlobalWebIndex, GSMA Intelligence, Statista, Locowise, App Annie e SimilarWeb, no primeiro trimestre de 2019[23]. A rápida adoção desses dispositivos demonstra que a tecnologia de internet móvel é muito mais do que apenas uma outra maneira de navegar online. Equipados com dispositivos e aplicativos de computação móvel com acesso à Internet para praticamente qualquer tarefa, as pessoas usam cada vez mais para entender, perceber e interagir com o mundo em suas rotinas diárias. Em um tempo notavelmente curto, a capacidade da internet móvel tornou-se uma característica na vida de bilhões de pessoas, que desenvolveram um apego mais forte aos seus *smartphones* do que a qualquer outra tecnologia de computação anterior. No entanto, todo o potencial da internet ainda está para ser realizado. Eu creio que na, próxima década, poderá provocar transformações e disrupções mais significativas ainda, a partir do momento em que tivermos toda população do planeta conectada.

Os novos softwares e aplicativos móveis oferecem uma ampla gama de funcionalidades, e aqui cabem alguns números interessantes para termos ideia da magnitude desse mercado. A Apple Store possui

22   https://www.mckinsey.com/business-functions/digital-mckinsey Acesso em 20 de jun. 2019
23   https://wearesocial.com/global-digital-report-2019: Acesso em 20 de jun. 2019

cerca de 2,2 milhões de aplicativos disponíveis para download. A Google Play Store possui cerca de 2,8 milhões, mercado esse com estimativa de chegar em 2020 com receita de US $ 189 bilhões. Mais interessante ainda é que cerca de 21% dos Millennials abrem cerca de 50 vezes por dia e 49% das pessoas abrem uma aplicação cerca de 11 vezes ao dia. 57% de todo o uso de mídia digital vem de aplicativos móveis e um proprietário de *smartphone* usa cerca de 30 aplicativos por mês. Toda essa infinidade de aplicativos colocando os recursos de uma variedade de *gadgets* em um pacote móvel que fornece chamadas de voz, acesso à internet, navegação, jogos, monitoramento da saúde, processamento de pagamento e acesso à nuvem. Estimativas apontam que as aplicações da internet móvel poderão gerar um impacto econômico anual de US $ 3 trilhões à US $ 10 trilhões globalmente até 2025. Esse valor vindo de três principais fontes: a) melhor prestação de serviços; b) aumento da produtividade em trabalhos selecionados por categorias; e c) o valor do uso da internet para os novos usuários da internet que serão provavelmente adicionados em 2025.

Automação do conhecimento do trabalho é também uma das confluências que estão avançando em velocidade exponencial. O aprendizado de máquina e interfaces de usuários trouxeram a computação a um estágio importante, onde os computadores estão tornando-se capazes de fazer trabalhos que antes eram apenas feitos por humanos. Os computadores, por exemplo, agora podem atuar em comandos "não-estruturados", respondendo a uma pergunta feita em linguagem simples, e até mesmo fazendo julgamentos consistentes. Eles podem filtrar grandes quantidades de informação e diferenciar padrões e relacionamentos. Eles podem literalmente aprender regras e conceitos baseados em exemplos ou simplesmente acessando grandes volumes de dados, os chamados Big Data. E, ainda, com interfaces avançadas e softwares de inteligência artificial, eles podem entender e interpretar a fala humana, ações e até mesmo intenções de comandos indeterminados. Em suma, os computadores podem cada vez mais fazer muitas das tarefas atualmente realizadas pelos trabalhadores que detêm o conhecimento de como fazer cada atividade.

No entanto, ferramentas e sistemas autômatos podem assumir tarefas que seriam iguais à produção equivalente entre 110 a 140 milhões de trabalhadores em tempo integral. No geral, a estimativa do impacto econômico potencial de ferramentas de automação do conhecimento podem chegar a US $ 6 trilhões por ano até 2025, devido a maior produção por trabalhador. Por consequência, há grandes chances de aumento dos salários dos trabalhadores. Em países que possuem economias mais desenvolvidas, estima-se que o salário anual do trabalhador seja cerca de

US $ 60 mil, comparado com US $ 25 mil em países em desenvolvimento. Portanto, automatizar processos e atividades repetitivas podem, sim, gerar ganhos adicionais à economia de um país.

Já a Internet das Coisas, também considerada uma das tecnologias disruptivas por permitir a conectividade de objetos físicos, como máquinas, infraestruturas e dispositivos que podem ser equipados com sensores e atuadores que permitem monitorar seu ambiente, informar seu status, receber instruções e até tomar medidas com base nas informações que recebem. Nesse contexto, até mesmo pessoas podem ser equipadas com dispositivos habilitados por sensores, os *wearables*, que possuem capacidades para rastrear seu estado de saúde. Por exemplo, eu mesmo utilizo um dispositivo no qual fico surpreso, às vezes, com o tanto de informações sobre meu desempenho durante uma atividade física ou até mesmo durante o sono. Estima-se que mais de 15 bilhões de dispositivos em todo o mundo estão atualmente conectados à internet (2019), incluindo computadores e *smartphones*. Espera-se que esse número aumente dramaticamente nos próximos anos, podendo chegar a um trilhão de dispositivos.

O potencial de criar impacto econômico com Internet das Coisas poderá chegar a US $ 6 trilhões anuais até 2025. Alguns dos usos mais promissores estão nos cuidados de saúde, infraestrutura e serviços públicos, ajudando a sociedade a lidar e resolver os maiores desafios e problemas da humanidade. O monitoramento remoto, por exemplo, tem o potencial de fazer enorme diferença na vida das pessoas com doenças crônicas, enquanto simultaneamente esses vem utilizando fontes significativas de aumento dos custos com saúde em diversos países. Já a capacidade de monitorar e controlar redes elétricas e sistemas de água podem ter grandes impactos na conservação de energia, emissões de gases de efeito estufa e perdas de água, elementos que impactam em sustentabilidade. Usando sensores embarcados para coletar informações que podem agilizar as operações e funções do setor público, como a coleta de lixo, que pode se tornar muito mais produtiva. No capítulo IV do livro faço uma abordagem mais completa sobre esse tema.

A tecnologia da computação em nuvem vem se tornando comum nos últimos anos e, com boa razão. Todos nós consumimos serviços através de nossos *smartphones* e até mesmo de nossas casas e isso tudo graças a computação em nuvem. A nuvem já cria um enorme valor para os consumidores e empresas, tornando o mundo digital mais simples, mais rápido, mais poderoso e mais eficiente. Além de oferecer serviços valiosos e aplicativos baseados na internet, a nuvem pode fornecer uma maneira mais produtiva e flexível para as empresas gerenciarem sua infraestrutura de TIC. A tecnologia de nuvem tem o potencial de disrupção de modelos de negócios inteiros, dando origem a novas abordagens que são móveis e flexíveis. Ela permite a entrega de potencialmente todos os aplicativos de computadores e serviços através de redes ou da Internet. Com recursos de nuvem, o volume de trabalho computacional pode ser feito remotamente e entregue on-line, potencialmente reduzindo a necessidade de armazenamento e processamento de energia em computadores locais e também nos dispositivos móveis.

Os serviços de internet mais usados atualmente já são entregues através da nuvem, incluindo pesquisas on-line, redes sociais e streaming como *Netflix* e *Spotify*. A nuvem também permite modelos *pay-as-you-go* para consumir TI, exemplificado pela frase *"software como serviço"*, e a tendência é que, até 2025, a maioria dos aplicativos e serviços de TI e da Web serão entregues ou habilitadas para a nuvem, e a maioria das empresas poderão estar usando serviços para seus recursos de computação. Como os aplicativos geralmente dependem de recursos de nuvem, é esperada para ser um dos principais impulsionadores do uso de *smartphones*. O impacto econômico total da nuvem poderá chegar a US $ 6,2 trilhões anuais em 2025. A maior parte na forma de superávit adicional gerado a partir da entrega em nuvem de serviços e aplicativos para usuários da internet, enquanto o resto poderia resultar do uso de tecnologia de nuvem para melhorar operações das empresas.

A robótica avançada, com a qual, durante as últimas décadas, os robôs industriais passaram a assumir uma variedade de tarefas de fabricação – geralmente aquelas que são difíceis, perigosas ou impraticáveis para humanos, como soldagem, pintura com spray ou manuseio de materiais pesados, por exemplo. Porém, a robótica nessa década está tendo grandes avanços, com a inclusão em massa de robôs em linhas de produção, substituindo máquinas para realizar trabalhos repetitivos em aplicações de fabricação e, principalmente, em usos extremamente valiosos, como em cirurgia robótica. Avanços em inteligência artificial, visão mecânica, sensores, motores e hidráulica – mesmo em materiais que imitam sensação de toque, estão tornando isso possível. Isso mostra que os robôs não estão apenas se tornando capazes de assumir tarefas mais delicadas e complexas, como escolher e empacotar, ou manipular pequenos componentes eletrônicos, mas eles também são mais adaptáveis e capazes de operar em condições caóticas e ainda trabalhar ao lado de humanos. Já se vê muitos robôs colaborativos trabalhando ao lado de humanos. Eu já pude experienciar um teste na prática com o Kuka, um robô colaborativo.

A adoção em massa de robôs está sendo impulsionada pela Lei de Moore, uma vez que o custo dos robôs está diminuindo drasticamente e, com isso, a robótica avançada promete um mundo com necessidade limitada de trabalho físico em que trabalhadores robóticos e aumento robótico humano podem elevar muito a produtividade e até mesmo prolongar vidas humanas. Os ganhos serão imensos, pois muitos bens e serviços podem se tornar mais baratos e abundantes devido aos avanços exponenciais. Até os deficientes físicos e os idosos podem levar uma vida mais saudável e menos restrita usando próteses robóticas e exoesqueletos que se prendem como aparelhos e auxiliam na locomoção.

Estima-se que a aplicação de robótica avançada em toda a saúde, fabricação e serviços podem gerar um impacto econômico potencial em cerca de US $ 4,5 trilhões por ano até 2025, sendo cerca de US $ 2,6 trilhões em valor de usos em cuidados de saúde. Esse impacto resultaria em salvar e prolongar vidas, transformando a maneira em que muitos produtos são construídos e muitos serviços são entregues.

1.3. Confluências tecnológicas

Eu percebo que a humanidade está pensando muito no passado, pouco no presente e pouquíssimo no futuro, e isso terá consequências profundas. Gurus da tecnologia afirmam que em 2025 muita coisa vai mudar. Mas, por que 2025? Na verdade, são dois ciclos de três anos: escrevo este livro em 2019, e a cada três anos um ciclo tecnológico se atualiza, então, até 2025, serão dois ciclos. As empresas irão mudar os seus modelos de mercados, os próprios modelos de negócios irão mudar e você precisará pensar na sua educação para se reinventar para esse novo mundo.

Venho estudando muito sobre inovação e com mais intensidade nos últimos três anos, algo que vem dentro de mim desde 2008, quando comecei a graduação em sistemas de informação, então sempre foi algo que eu gostei muito. Tive oportunidade de trabalhar no mercado de tecnologia desde 2010, e de fundar uma startup em 2017, mas desde muito cedo eu já tinha resolvido empreender, muito antes dos meus 15 anos. E foi mesmo em 2014 que constitui a minha primeira empresa, diante de muitos desafios, muito trabalho e estudo e, ao mesmo tempo, procurando sempre entender e aprender. Durante minha trajetória, tive muitas vitórias e conquistas, mas também inúmeras derrotas que me deram grandes aprendizados. Percebo a cada momento que ainda tenho muito a aprender, e esse apetite de aprender sempre tem vibrado muito forte em mim.

Ao ver a integração acontecendo entre o mundo off-line com o mundo on-line, vejo que a inovação disruptiva tem tudo a ver com isso, tem a ver com a confluência de tecnologias, que criam novos modelos de negócios completamente diferentes dos convencionais e desafiam o *status quo.* Ao longo dos últimos três anos, tenho estudado com afinco esses novos modelos de negócios por meio de muito benchmarking, buscando entender o fenômeno de empresas com poucos anos de vida e poucos funcionários que passaram a valer bilhões de dólares. Tentando entender como tudo isso vem acontecendo, eu acabei por tirar algumas conclusões e, baseado nisso tudo, resolvi escrever esse livro sobre transformação digital disruptiva, sobre como realmente as coisas estão mudando, o que é preciso fazer para continuar competitivo nesse novo cenário e porquê isso está mudando tão rápido.

O fator mais interessante destas pesquisas foi um estudo apresentado pela McKinsey, realizado em parceria com o evento Brazil at Silicon Valley, que apontou o Brasil como um país de empreendedores. Porém, fatores como a burocracia e alta taxa tributária, impedem que consigamos subir no ranking de empreendedorismo, por exemplo, permanecendo na posição 98 no ranking mundial apresentado pelo Global Entrepreneurship Index - GEI,[24] dos 137 países que pertencem ao índice. Estamos ainda na posição 109 no ranking em facilidade de abrir novos negócios e ocupamos a posição 64[25] no ranking de inovação, do total de 126 países que compõem o índice, ficando atrás dos países da América Latina como Chile, que ocupa a primeira posição, seguida de Costa Rica em segundo, México na terceira, Uruguai ocupando a quarta posição, Colômbia a quinta, com o Brasil ficando apenas em sexto.

Está havendo um distanciamento muito grande entre as tecnologias, o indivíduo, os negócios e as políticas públicas, o que me preocupa muito, ainda mais pela situação econômica em que o Brasil se encontra e com os índices que vimos. Baseado nisso, fui buscar o entendimento de porque é tão difícil fazer inovação.

Dito tudo isso, eu mesmo tenho me reinventado ao longo dos últimos cinco anos, e a própria *startup* que fundamos em 2017 é fruto dessa mudança. Hoje, através da tecnologia que disponibilizamos para empresas, acabamos por levar essa inovação por meio de uma plataforma como forma de empresas encurtarem sua jornada e acelerarem as suas

---

24   https://thegedi.org/: Acesso em 06 de jul. 2019
25   https://www.globalinnovationindex.org/gii-2018-report: Acesso em 06 de jul. 2019

aplicações para conectarem seus negócios na era digital. Mas não basta apenas isso, é preciso que as empresas inovem em suas mentalidades organizacionais, que possam rever os seus modelos de negócios, ajustar suas visões para o futuro, soltarem suas amarras da revolução industrial e engrenarem na era digital.

E, para começar a entender mais de perto porque 2025 é a grande virada, e porque 2025 muda tudo o que a entendemos como negócio, cultura, modelos organizacionais e tecnologia, precisamos entender como as coisas estão acontecendo rápido e muito rápido, e trago novamente o exemplo do Uber: ele ter entrado em São Paulo e, depois de apenas três anos, São Paulo foi, e continua a ser, o maior mercado em número de corridas do Uber no mundo. Tudo isso aconteceu em apenas três anos. Quanto tempo leva para concluirmos uma faculdade? Cerca de quatro ou cinco anos. Então, imagine se você estivesse fazendo uma faculdade para ser motorista de táxi e, no meio do curso, a profissão de taxista deixasse de existir. Porém, esse fenômeno não está acontecendo só com os taxistas, está acontecendo em todas as profissões, umas mais rápido, outras nem tanto e, quando começamos a falar da inteligência artificial, passamos a entrar mais profundamente e entender o que é o *machine learning* e *deep learning,* e tudo aquilo que existe em volta dessa grande ciência.

Vendo tudo isso, passamos a entender, na verdade, que todo o trabalho repetitivo está sendo automatizado. Essa é uma verdade que precisamos reconhecer. A própria palavra *machine learning* diz: é uma máquina que aprende. Ela aprende aquelas tarefas que você a ensina fazer, só que ela tem um poder computacional enorme, ou de armazenamento muito grande e, por isso, ela consegue analisar históricos de dados infinitos e trazer uma solução.

Pense por um momento. Vamos pegar a biologia e a ciência da computação. O que acontece quando essas duas matérias se cruzam? Surge a engenharia genética, que é muito mais poderosa do que a biologia e a própria ciência da computação sozinha. O impacto na sociedade que uma engenharia genética traz é enorme e, ao olharmos para 2025, teremos uma confluência de tecnologias muito grande, teremos um grande volume de acesso a dados em velocidade 5G, isso se misturando, por exemplo, com realidade virtual, realidade aumentada. E quando temos dados e realidade virtual e aumentada, que tipo de tecnologia será possível criar? Eu ainda não sei, mas, com certeza, alguma nova tecnologia irá surgir. Então, conforme vamos unindo essas tecnologias, começam a nascer cada vez mais novas tecnologias e novos modelos de negócios, e aqui está um motivo do porque hoje é muito mais difícil prever o futuro. Porque, para prever o futuro, é necessário prevê-lo com base nas consequências da confluência das tecnologias e dos impactos gerados por elas, e não do que ela é hoje, não do que você conhece hoje. Então isso impacta tudo, até porque o biólogo não vai ser um engenheiro genético e o programador que fez ciência da computação também não vai ser um engenheiro genético, mas o engenheiro genético vai ter que saber biologia e ciência da computação. Portanto, por meio desses fenômenos nascem as profissões do futuro, sobre as quais vou falar no Capítulo VIII.

1.4. Futuro exponencial

Estamos em outro ponto de virada na história da humanidade, um momento de mudanças constantes, provocadas pelas confluências das novas infraestruturas digitais que estão se acelerando. Enquanto a adoção do telefone levou cerca de 100 anos, o celular exigiu apenas 20 anos. Perceba que o primeiro *smartphone* surgiu em 2007, e hoje já faz parte do nosso corpo, ninguém praticamente vive sem um *smartphone*. Isso, e a liberalização da política econômica, que significa diminuição do movimento de pessoas, produtos, dinheiro e idéias, é que tornam o futuro exponencial.

E o mais interessante é, o que torna esta revolução diferente das demais é que essa está cada vez mais difícil acompanhar. Se você continuar se adaptando, no entanto, pode aproveitar essa revolução e transformar ameaças em oportunidades. Porém, isso requer desaprender o velho modelo industrial e exige um novo mindset, e eis aqui o maior desafio da humanidade. Alvin Tofler (1928 - 2016) disse "O analfabeto do século XXI não será aquele que não consegue ler e escrever, mas aquele que não consegue aprender, desaprender, e reaprender. Em vez de viver em um mundo de escassez, onde tudo parece ser finito, estamos começando a viver em um mundo de abundância. É um mundo novo que se aproxima, porém, com novas regras.

A mídia nem sempre informa sobre coisas positivas – ao contrário, muitas carregam um viés negativo, apelando para nossas emoções, destacando as mudanças mais negativas e apelativas, ao invés de se concentrarem em todas as grandes coisas que estão sendo realizadas, como, por exemplo, nos EUA os empregos gerados em energia limpa já ultrapassam os de perfuração de petróleo (2018). Portugal, por exemplo, teve em 2017 sua energia suprida por energia renovável durante quatro dias. A CNN estimou que o terrorismo global tenha diminuído para um fator de três. E tem mais, estimativas apontam que estamos subindo lentamente na Pirâmide de Maslow.

No futuro, cidades inteiras serão re-imaginadas, co-criadas. Não há mais a necessidade de nos aglomerarmos em algumas cidades quando podemos viver e trabalhar de qualquer lugar. Ao mesmo tempo, há muitas pessoas que estão com medo das mudanças tecnológicas que estão redefinindo o mundo. O *status quo* está muito apegado ao velho mundo. Salim Ismail, no livro Organizações Exponenciais (2014), diz que, quando você tenta mudar grandes organizações, o sistema imunológico entra em vigor, o que dificulta a mudança e a inovação. O sistema imunológico a que ele se refere é o velho jeito apegado de fazer.

Nossa capacidade de experimentar coisas aumentou enormemente, e por isso precisamos de uma nova narrativa que abra este novo mundo para todos neste planeta. Precisamos criar um diálogo que destaque essas tecnologias exponenciais e nos ajude a re-imaginar o mundo, um mundo com mais justiça, um mundo mais inclusivo, um mundo realmente mais inteligente, humano e sustentável.

Estamos vivendo realmente tempos complexos e acelerados, mas também tempos incríveis. Da robótica à biotecnologia, tecnologias antes disponíveis apenas para grandes organizações e governos hoje estão tornando-se mais acessíveis em virtude não só da digitalização, mas da confluências das tecnologias das quais já falei. Há pouco mais de 20 anos, as empresas tinham por meta criar um produto ou serviço que as pessoas necessitavam e encontrar uma maneira de produzi-lo com maior qualidade a um custo mais baixo do que os concorrentes. Era um processo complexo que envolvia contratar milhares de funcionários, comprar ou alugar um grande espaço físico para acomodá-los e, por fim, trabalhar duro durante anos para que o produto deslanchasse no mercado.

Hoje, em virtude das tecnologias digitais, empresas que surgem em garagens empreendidas por jovens ao redor do mundo todo, que ao invés de milhares de funcionários e grandes plantas físicas, essas empresas modernas estão executando suas atividades sob a forma de pequenas organizações, chamadas *startups*, que são empresas de base tecnológica, com modelo de negócio enxuto e altamente flexível com um produto/serviço altamente escalável. Essas novas empresas estão desmaterializando o que já foi físico um dia, e criando novos produtos e fluxos de receitas em meses – às vezes, até mesmo em semanas. Já não é mais necessário ser o dono de uma grande corporação para causar um enorme impacto. A tecnologia tem transformado radicalmente processos industriais tradicionais, trazendo inúmeras oportunidades. O potencial para causar a disrupção em mercados milenares nunca foi tão grande como está sendo hoje. De acordo com o GEM[26] - monitor de empreendedorismo global, a cada ano surgem cerca de 100 milhões de *startups* de tecnologia.

Mas o que está por trás disso tudo é muito interessante, tecnologias emergentes estão sendo desenvolvidas e quando combinadas criam novas tecnologias. Isso tudo acaba gerando mais velocidade.

E para ilustrar esse entendimento, olhamos para a figura a seguir, onde a linha reta linear e contínua está diante de uma revolução, uma mudança significativa que pode nos causar surpresa, um sentimento de caos, e esse é o ponto da mudança, no qual nos encontramos nesse século. É nesse momento que necessitamos ver por meio de uma nova lente, novas formas de pensar, e nos abrirmos às novas possibilidades.

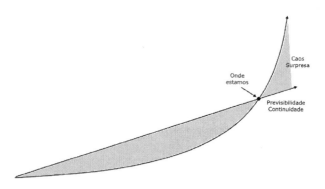

Os próximos 20 anos serão fantásticos. O telefone que você carrega não terá 20 vezes mais capacidade de processamento, mas segundo a Lei de Moore, terá cerca de 524.288 vezes mais poder de processamento, podendo superar a capacidade de processamento do nosso cérebro.

A Apollo 11, que levou o homem à Lua, era muito menos potente do que um iPhone. Há exatos 49 anos, em 1969, a Apollo 11 era lançada a partir do Cabo Canaveral, na Flórida, levando Neil Armstrong, Buzz Aldrin e Michael Collins à Lua. Este feito representou uma das maiores conquistas da história da humanidade e, por si só, já garante uma história interessantíssima. Mas a coisa fica quase inacreditável quando comparamos o hardware que existia à disposição da Nasa naquela época com o que existe hoje à disposição de quase todos no mundo.

---

26   https://www.gemconsortium.org/report: Acesso em 07 de jul. 2019

Você deve imaginar que para lançar um foguete de quase 3 mil toneladas, carregando uma aeronave de 46 toneladas, tripulada por três seres humanos a fim de fazê-los viajar através do espaço por uma distância de pouco mais de 384 mil quilômetros, dar 30 voltas em torno da Lua e, em seguida, alunissar em segurança, para alguns dias depois trazê-los de volta para a Terra sãos e salvos, não foi uma tarefa nada fácil. Mas você já parou para pensar no tipo de equipamento que a Nasa tinha à disposição na época para fazer esta missão dar certo?

Estamos acostumados a ver as centrais de controle e comunicação de missões da Nasa cheias de computadores, monitores e engenheiros acompanhando atentamente cada segundo de uma missão. Mas, e o equipamento que de fato levou o primeiro homem à Lua? Quais eram as especificações do módulo lunar que levou os três astronautas ao nosso satélite natural? O quadro comparativo a seguir mostra as especificações do módulo de navegação lunar comparado com o iPhone 5s, é quase inacreditável.

	COMPUTADOR DA APOLLO 11 (1969)	IPHONE 5S (2013)
VELOCIDADE	1,024 Megahertz	1,3 Gigahertz Dual Core (1.270 vezes mais rápido)
MEMÓRIA RAM	4 Kilobytes	1 Gigabyte (250.000 vezes mais rápido)
CAPACIDADE	32 Kilobytes	64 Gigabytes (2.000.000 vezes mais capacidade)
PESO	32 Kg	112 gramas (286 vezes mais leve)

Fonte: Nasa, Apple e Anand Tech

Mas o que acontece quando alguma coisa permanece dobrando, triplicando ou quadruplicando ao longo do tempo? O que explica esse fenômeno do pensamento exponencial é a *Lei de Moore*, que resulta de uma observação feita pelo cofundador da Intel, Gordon Moore,[27] em 1965, que ajudou a tornar os dispositivos menores e mais rápidos. Define que a densidade de transistores deve dobrar a cada dois anos, enquanto o custo de produção dos chips cai. Todos os anos, computadores e dispositivos móveis que são significativamente mais rápidos podem ser comprados com a mesma quantidade de dinheiro, graças, em parte, ao que estipula a *Lei*

27 https://cio.com.br/fim-da-lei-de-moore-e-o-que-melhor-pode: Acesso em 15 de jun. 2019

de Moore. Até meados de 1965, não havia nenhuma previsão real sobre o futuro do hardware quando Gordon Moore fez sua profecia, na qual o número de transistores dos chips teria um aumento de 100% pelo mesmo custo, a cada período de dois anos. Em 1975, houve uma revisão desta lei, quando *Moore* redefiniu o período em que o número de transistores dobraria de dois anos para 18 meses. E ela tem se mostrado muito acertiva até os dias atuais. Essa profecia tornou-se realidade e acabou ganhando o nome de *Lei de Moore*. Ela serve de parâmetro para uma elevada gama de dispositivos digitais, além das CPUs. Na verdade, qualquer chip está ligado à *Lei de Moore*, até mesmo câmeras fotográficas digitais, sensores, unidades de memória, os softwares, os sistemas de rede, ou seja, a maioria das tecnologias. Esse padrão continua a se manter, e não se espera que pare até no mínimo, 2021.

Se considerarmos um microchip de primeira geração da Intel lançado em 1971, o 4004 ao lado do mais recente chip colocado no mercado pela empresa, veremos que o último chip oferece uma performance 3.500 vezes melhor, é 90 mil vezes mais eficiente em termos de gasto de energia e é 60 mil vezes mais barato. Para passar essa ideia de modo mais expressivo, os engenheiros da Intel fizeram um cálculo aproximado do que aconteceria se um fusca da Volkswagen fosse aperfeiçoado na mesma medida do microchip sob o efeito da *Lei de Moore*. O fusca seria capaz de andar 480 mil quilômetros por hora, rodaria mais de 3 milhões de quilômetros com quase quatro litros de gasolina e custaria apenas quatro centavos de dólar.

Já na opinião do cientista Stanley Williams, abandonar a *Lei de Moore* é uma necessidade. Vai forçar os fabricantes de processadores a inovarem, e talvez seja a melhor coisa para a evolução dos computadores, porque deverá acelerar o distanciamento de uma arquitetura envelhecida, desde que entrava a inovação no hardware. Williams é membro do Hewlett Packard Labs que, em 2008, teve papel fundamental na criação do *memristor*, o "resistor com memória". Mas as previsões ligadas à ele estão a cada dia mais próximas do limite, na exata medida em que a produção de chips em proporções menores fica mais difícil. Esse é um desafio que enfrentam todos os principais fabricantes de chips, incluindo a própria Intel, que vem mudando a maneira como interpreta a *Lei de Moore* enquanto se mantém apegada a ela. Até recentemente, a companhia lançava chips a cada dois anos. Mas fazê-los cada vez menores tem se tornado um desafio não só tecnológico quanto econômico.

Williams é só o mais recente a juntar-se a um grupo crescente de cientistas que anteveem a morte da *Lei de Moore*. "Pode ser a melhor coisa para a computação em décadas", escreveu em um *paper* publicado em uma edição da IEEE Computing in Science and Engineering, pela IDGNow, em abril de 2017. Na opinião de Williams, o colapso da *Lei de Moore* vai trazer maior criatividade para o desenho de chips e de computadores, além de ajudar engenheiros e pesquisadores a pensarem fora da caixa. Ela restringiu a inovação na concepção de computadores, e no futuro, segundo Williams, haverá computadores com uma série de processadores e componentes de aceleração de computação funcionando de forma conjugada, surgindo as primeiras formas de computadores mais velozes.

Ray Kurzweil, em seu livro The Singularity is Near: When Humans Transcend Biology (2011), que, em tradução livre, quer dizer "a singularidade está perto: quando os seres humanos transcendem a biologia", Kurzweil identificou uma propriedade muito importante e fundamental da tecnologia, que quando você muda para um ambiente baseado em informação, o ritmo de desenvolvimento entra em uma trajetória de crescimento exponencial e a relação preço/desempenho dobra a cada um ou dois anos. Nesse caso, Kurzweil expandiu ainda mais a *Lei de Moore,* notando que cada paradigma baseado em informação opera da mesma maneira, algo que chamou de lei dos retornos acelerados *(LOAR - Law of Accelerating Returns).*[28]

Em um crescente reconhecimento de que o termo de mudança visto na computação está ocorrendo em outras tecnologias e com o mesmo efeito, por exemplo, o primeiro genoma humano foi sequenciado em 2000 a um custo de cerca de US $ 3 bilhões. Devido às acelerações subjacentes na computação, sensores e novas técnicas de medição, o custo do sequenciamento do DNA diminuiu em um ritmo cinco vezes maior do que a *Lei de Moore.* Em 2011, o Dr. Moore teve seu próprio genoma sequenciado por US $ 100 mil. Em 2015, o valor era de aproximadamente US $ 1.000. Em 2019, o valor do sequenciamento genômico custa menos de US $ 150, que é oferecido pela 23andME,[29] uma *startup* californiana.

Outro exemplo é o custo de armazenamento de dados quando comparamos um micro SD Card que em 2005 ele possuía 128 MB, em 2014 esse mesmo micro SD Card armazena 128 GB, ou seja, cerca de 128.000 vezes mais. Em 1980, 1 GB custava em torno de US $ 193 mil, em 2018 esse mesmo 1 GB custa cerca de US $ 0,07.

Outro exemplo é o custo dos módulos solares. Eu nasci em 1984, portanto, ao longo dos últimos 30 anos, a energia solar passou de mais

---

28 https://www.kurzweilai.net/the-law-of-accelerating-returns: Acesso em 26 jun. 2019
29 https://www.23andme.com/: Acesso em 20 de jun. 2019

de US $ 16 por watt (em dólares constantes de 2012) para cerca de US $ 1 por watt em 2018 e, de acordo com a *Lei de Moore* para microeletrônica, essa tendência continua. Na verdade, esse fenômeno da energia solar realmente acelerou nos últimos dez anos – em boa parte devido aos enormes investimentos solares na China e, em seguida, a energia solar vai vencer os custos das energias fósseis e se tornar *commoditie*. No Brasil muitos investimentos em energia solar já vem sendo feitos, claro que em menor proporção a outros países como os Emirados Árabes e a própria China e alguns países da Europa.

E ainda, o custo da impressão 3D que em 2007 custava em torno de US $ 40 mil foi para US $ 100 em 2014, para uma funcionalidade similar, cerca de 400 vezes menos em sete anos. Outro exemplo é o dos drones, que em 2007 custavam cerca de US $ 100 mil e baixaram para US $ 700 em 2013, cerca de 142 vezes menos em seis anos.

Os exemplos em que a *Lei de Moore* está presente são inúmeros. Você pode estar pensando: mas o que a *Lei de Moore* tem a ver com transformação digital? Pois bem, a *Lei de Moore* tem efeito exponencial, e não linear. Nos negócios, existem muitas relações fortemente não lineares, e precisamos identificá-las. Isso vale tanto para generalistas como para especialistas, porque mesmo os experts que sabem da existência da não linearidade em suas áreas, e não conseguem levá-la em consideração, a omitem em vez de confiar em seus instintos. Mas, quando isso acontece, as pessoas geralmente acabam tomando decisões erradas. Esse é mais um fato que mostra o quanto precisamos entender o efeito exponencial, principalmente ao sabermos que o mundo está mudando exponencialmente.

>>>> *Capítulo II* <<<<

2 - CRIANDO UMA VISÃO

Anotações

_____

_____

_____

_____

_____

_____

_____

_____

_____

_____

_____

Imagino que até aqui foi possível entender o quão importante é nos prepararmos para essa onda de transformação digital que está em curso, sobretudo pelas tendências, a confluência das tecnologias disruptivas e a velocidade exponencial com que tudo isso vem acontecendo diante dos nossos olhos. Também procurei evidenciar o quanto é necessário buscar a preparação, novas habilidades e mudança de mindset, principalmente para nossas empresas estabelecidas no Brasil que precisam se transformar digitalmente para permanecerem competitivas na era digital. O primeiro passo dessa jornada de transformação digital é criar uma visão clara de como a empresa e as pessoas se envolverão melhor com seus clientes para manterem seus negócios relevantes, vencendo os desafios de um mundo que agora passa a ser vivo, onde muda tudo o tempo todo e o futuro passa a ser de muitas incertezas.

No entanto, realmente é um grande desafio principalmente para a maioria das empresas e dos indivíduos, porque é latente a necessidade de desapegar da era industrial e migrar para a era digital, e isso envolve mudança de cultura, tanto a cultura social quanto empresarial, e sem uma visão digital clara, as empresas não podem projetar uma estratégia de negócios coerente e executável, muito menos encorajar seus indivíduos para tal engajamento e alinhamento para embarcar nessa jornada.

Um estudo foi iniciado em 2015 pelo Centro Global de Transformação de Negócios Digitais - DBT Center,[30] que é uma iniciativa conjunta da escola de negócios IMD da Suíça, e da Cisco, no qual produziram um relatório muito interessante chamado *Digital Vortex,*[31] em que colocava setores como bancos e telecomunicação bem próximos ao centro do vortex – imagine um vortex como sendo um furacão. As conclusões do acompanhamento do processo, apresentadas em junho de 2017, confirmaram que o vortex está realmente acelerando, e claramente, ao vermos o estudo, é possível perceber que todas as indústrias têm variações bem distintas no processo de aceleração, e as indústrias que estão mais próximas do centro do vortex são as que enfrentam a maior perturbação,

---

30 https://www.imd.org/research-knowledge/articles/digital-vortex-in-2017/: Acesso em 04 de jun. 2019
31 http://digitalvortex.imd.org/wp-content/uploads/2016/06/Digital-Vortex-Excerpt.pdf: Acesso em 06 de jul. 2019

enquanto os efeitos ainda são leves nas bordas externas, uma vez que os modelos de negócios e as cadeias de valor são digitalizados o máximo possível dentro desse estudo.

Na medida que um setor da indústria se aproxima do centro, o processo de disrupção, de transformação naquele setor, é exponencial, e não mais linear como estamos acostumados a ver tais fenômenos. Ainda no relatório é possível ver que apenas dois anos após o início do estudo, todas os setores da indústria acabaram se aproximando do centro do vortex, se concretizando no mundo real e físico, como vimos no capítulo I, exemplo disso é a indústria da mídia e entretenimento, que teve seus produtos e serviços digitalizados ao máximo ofertando-os como streaming – na música, o Spotify; em vídeos, o Netflix.

Várias podem ser as reflexões ao vermos esse cenário se concretizando, e uma delas é que a disrupção provocada pela transformação digital afetará de forma mais intensa e bem mais rápida todos os setores da indústria, criando novos modelos de negócios. Porém, muitas indústrias ainda estão relutantes em reconhecer esse cenário.

Muitos executivos consideram que, como seus setores são retardatários na adoção de novas tecnologias, os chamados *Late Adopters*,[32] estarão a salvo, e que as transformações só virão quando eles já estiverem aposentados. Ao olharem para seus concorrentes, percebem que eles também estão aparentemente estagnados. Porém, esse é um perigo que eu não gostaria de correr, pois esses são sintomas de uma falsa sensação de segurança, o que consolida seus pensamentos de que "essa tal transformação digital não os afetará tão cedo". Sinto dizer, mas estão completamente equivocados em sua percepção, ao vermos por exemplo o setor hoteleiro ser balançado por uma *startup* como o *Airbnb*, assim como o Uber, que mudou toda uma indústria de táxis que imperava há décadas em apenas três anos.

Ainda para entender esse fenômeno, é preciso um alto nível de agilidade. Para sobreviver nesse mundo que é vivo, ao vermos quando a mídia e o entretenimento estão à frente da tecnologia. Praticamente todos os tipos de mídia sofreram grandes disrupções, principalmente nos últimos dois anos. Essas mudanças vêm se desenvolvendo tecnologicamente, com transformações nas preferências dos consumidores e fortes pressões de novos concorrentes no mercado, e diga-se de passagem, concorrentes digitalmente ágeis.

---

32 https://dictionary.cambridge.org/dictionary/english/late-adopter: Acesso em 04 de jun. 2019

Um exemplo é o próprio Netflix, que demonstra agilidade e disposição digital para ser um autodestrutor do seu setor no centro do vortex. Fundada em 1997, não é uma empresa nova – mas é bem mais recente do que uma MGM, que tem mais de 90 anos – e desenvolveu rapidamente seus produtos, serviços e mercados ao longo de 20 anos de história. Mas a Netflix começou fornecendo aluguel de DVDs, com um modelo de negócio por assinatura que se assimilava a outros provedores, no momento, assim como a própria Blockbuster. A empresa expandiu para o streaming de mídia em 2007, paralelamente à expansão geográfica. Algoritmos sofisticados de recomendação de vídeo ajudam a manter os clientes entretidos. A produção de conteúdo foi adicionada em 2013, um sucesso que continua a crescer. Essencialmente, à medida que o vortex ganha velocidade, o Netflix se mantém à frente, promovendo sua auto-disrupção cada vez mais rápido, ou seja, inovando a todo momento, pois, se ele não fizer isso, outro competidor no mesmo setor o fará. E não para por aí, a Netflix ainda transformou a maneira como consumimos essas mídias, porque adicionou um sentimento de "compulsão em assistir", mudando o cenário competitivo no mercado de entretenimento. Eu imagino que todos devem se lembrar da Blockbuster e o seu destino, e o mais interessante é que eles recusaram uma oferta para comprar a Netflix em 2000. Se a tivessem feito, teriam sobrevivido, mas o destino foi exatamente o contrário.

A pesquisa do IMD, feita com quase 1.000 CEOs das principais empresas do mundo, apontou que, na opinião destes CEOs, pelo menos quatro em cada dez destas empresas perderão relevância em *market share* nos próximos cinco anos, em consequência das disrupções causadas pela transformação digital. Portanto, a estratégia de "esperar para ver no que vai dar" pode ser fatal, e setores de indústrias inteiros correm o risco de desaparecer em sua maneira tradicional de operar.

Como ressaltei inicialmente, a transformação digital tem duas características que a distinguem de outras mudanças que ocorreram no passado. Uma é a velocidade, e a outra é amplitude da mudança.

O WhatsApp, por exemplo, em poucos anos, destruiu o mercado bilionário das mensagens de texto SMS das operadoras de telefonia móvel. O fato de o WhatsApp e, anteriormente, o Skype, não surgirem dentro das operadoras, que se acomodaram em seus modelos de negócio, custou às empresas em todo o mundo nada menos do que cerca de US$ 400 bilhões de dólares. Isso reforça que é preciso sim estar atento a outros mercados que podem vir a ameaçar e, muitas vezes, até destruir o seu modelo de negócio atual. Outro exemplo dessa visão cega foi da Blackberry, ao ignorar a chegada do Iphone. Quando vemos hoje que, se tivessem, naquela época, retirado o BBM (programa de mensagem da Blackberry) e colocado na Apple Store, ele poderia estar valendo hoje cerca de US $ 80 bilhões de dólares. Porém, a resposta ao surgir o Iphone foi de ignorar totalmente, dizendo que ninguém jamais usaria um telefone sem teclado, e aí fica clara a visão apegada ao velho jeito de fazer, mostrando que é sim preciso inovar e muito, o tempo todo, para se manter vivo.

Mas o fenômeno do vortex tem outras características que não deixam confortáveis nem mesmo os setores mais distantes, e é importante termos em mente três fatores:

• Primeiro, à medida que um setor da indústria se aproxima do centro do vortex, a velocidade da mudança aumenta exponencialmente. Portanto, o processo, de novo, não é linear, mas sim exponencial.

• Segundo, os setores no vortex podem colidir ou se unirem com outros, criando novos negócios, diferentes dos atuais. Ao observarmos o mercado de fusões e aquisições, é isso que vem acontecendo todos os dias: grandes empresas adquirindo *startups*.

• Terceiro, os movimentos em direção ao centro são caóticos, ou seja, um setor mais distante pode bruscamente ser sugado diretamente para o centro do vortex.

Dito isso, o novo consumidor está cada vez mais empoderado, e o que irá determinar o sucesso e a continuidade dos negócios é que as empresas necessitam se empoderar juntamente para atender a essas expectativas. Os clientes valorizam custos/pagamentos por uso. Eu sou um exemplo desse novo perfil de consumidor, que preza por experiências como o autoatendimento, a automação e a personalização, as plataformas como *marketplaces*, e os modelos de economia compartilhada. Estes são apenas alguns dos movimentos aos quais as empresas tradicionais precisam estar atentas.

Posso afirmar, com extrema segurança, que tudo o que puder ser digitalizado, será; o que puder ser compartilhado, será; e o que puder ser feito sem intermediários, será. Tendo em mente que esse último está se acelerando cada vez mais, e os fatos já sendo comprovados em alguns setores, que estão tirando literalmente os intermediadores dos processos de venda, ou seja, algumas indústrias estão vendendo diretamente ao consumidor final por meio de canais digitais, gerando novas experiências e interações com base em dados.

Olhar somente para a concorrência não é mais suficiente. Ao avaliarmos um pouco mais de perto, podemos ver que as *inovações disruptivas* não estão vindo das indústrias pelas quais elas estão sofrendo a disrupção, elas estão vindo de outros setores, principalmente, das *startups*. Temos alguns exemplos que comprovam isso.

As *startups* são ameaças potenciais a todos os setores, elas são mais ágeis, flexíveis, inovadoras, correm mais riscos e ainda utilizam tecnologias exponenciais – o que, pelo menos até então, não vem acontecendo com a maioria das empresas, sejam elas pequenas, médias e grandes, que ainda possuem culturas corporativas tradicionais, são lentas e tem aversão a riscos.

Não dá para negociar com a disrupção digital, ela simplesmente vem e passa por cima de negócios solidamente estabelecidos há décadas. Cerca de 85% das empresas listadas na Global Fortune 500 (classificação das 500 maiores corporações do mundo) dos anos 1950 não estavam na lista em 2014. A idade média de um diferencial competitivo caiu de trinta anos em 1984 para cerca de cinco anos em 2014.

Nos próximos dez anos, não reconheceremos muitas das empresas atuais, e diversas delas simplesmente deixarão de existir. A cultura corporativista carrega um efeito colateral, e eu sei que é assustador ler isso, mas a realidade é essa: existe uma boa chance da sua empresa não mais existir em apenas 10 anos. Estamos na era do crescimento exponencial e o mercado respeita religiosamente a conclusão de Charles Darwin, descrita em sua obra-prima "A Origem das Espécies" – aqueles que sobrevivem não são os mais fortes ou os mais rápidos, e sim aqueles que detém maior capacidade de adaptação, portanto decidir daqui a dois ou três anos será tarde demais.

A transformação digital não tem a ver só com tecnologia, tem a ver com estratégia e novas maneiras de pensar. Reforço que a tecnologia é apenas um meio. Transformar-se para a era digital exige que o negócio atualize sua mentalidade estratégica e cultural, muito mais do que sua infraestrutura de TI.

Tudo está sendo habilitado pela informação, e um ambiente habilitado pela informação proporciona fundamentalmente, oportunidades disruptivas em um curto espaço de tempo.

2.1. Reprogramando seu mindset

O novo caminho para a liderança de sucesso e crescimento de negócios está atrelado ao mindset. A nova era da revolução digital está em curso e, irá superar, em muito, o impacto que a 1ª revolução industrial levou à sociedade. Um dos fatores importantes é que essa transformação digital não muda apenas aspectos externos dos indivíduos, mas também a mentalidade. A transformação vai muito além de qualquer experiência que o ser humano tenha vivido até hoje, por estar unindo sistemas digitais, físicos e biológicos, e transformando não só o que fazemos, mas a forma como fazemos e nos relacionamos como sociedade.

Reprogramar nosso mindset altera nossa relação com a vida, com o planeta, com o trabalho, cria um novo valor, um modelo de pensamento voltado para a maximização do bem-estar do indivíduo, e isso altera o modelo econômico, os negócios, a sociedade e as políticas públicas.

Nesse contexto, surge então a necessidade para que empresas entendam esse momento como oportunidade para criação de uma nova história para seus modelos de negócios, baseada na colaboração, criatividade e inovação pautada no ser humano, a fim de propor soluções para um mundo conectado em rede o tempo todo, com indivíduos acessando milhares de informações e decidindo suas escolhas de compra e consumo online.

No entanto, isso exige que as empresas se preparem para atuar com o foco no cliente/usuário, pois o mundo digital requer uma nova forma de abordagem que busque a construção de um relacionamento contínuo e efetivo, através de conteúdos de relevância, a conquista da sua preferência e na experiência do cliente, que a partir desse momento passarei a usar o termo *UX - user experience.* Para isso, a única forma de atender a esses anseios é realmente realizar a transformação em seu mindset empresarial, se abrindo para o novo, desapegando do velho modelo industrial, uma mudança bastante significativa em direção à transformação digital plena.

Nossos resultados dependem, quase que exclusivamente, da nossa maneira de pensar. Esta maneira de pensar é chamada de mindset, uma palavra que vem sendo muito usada na atualidade. Pesquisas indicam que existem dois tipos de mindset e que eles são determinantes na vida de qualquer pessoa. Desenvolver o hábito de ter um mindset crescente para potencializar seus resultados, tanto na vida pessoal, quanto na profissional e no empreendedorismo é um fator determinante para esse novo século.

Mas, afinal, o que é mindset? Mindset pode ser entendido como mentalidade ou programação mental, um conjunto de pensamentos e crenças que existe dentro da nossa mente e que determina como nos sentimos e nos comportamos.

O mindset é como nossa mente está programada para pensar sobre determinado assunto. Se nossa mente fosse um computador, o mindset seria o processador ou software que determina como ele vai funcionar. O mindset é formado por nossas crenças, aquilo em que realmente acreditamos.

Nossas crenças são definidas por nossas experiências do passado, o que vivenciamos, vimos e ouvimos, e que tomamos como verdade. Mas nem sempre temos consciência dessas crenças. Por exemplo, alguém que costumava ouvir que "é pecado deixar comida sobrar" pode ter dificuldades para controlar as quantidades na sua alimentação, e ter dificuldades para emagrecer, pois sua mentalidade aprendeu que o correto é comer tudo o que está disponível. Um outro exemplo é de alguém que presenciou algum familiar com dificuldades financeiras, esta pessoa pode ter um mindset que prioriza estabilidade profissional e evita correr riscos. Estes pensamentos podem ser muito úteis para algumas pessoas, mas podem ser limitantes para alguém que deseja abrir seu próprio negócio.

Perante esses dois simples exemplos, podemos perceber a importância do mindset. Aquilo em que acreditamos é responsável por gerar nossos pensamentos. Os pensamentos geram nossos sentimentos. Os nossos sentimentos geram as nossas ações. E as nossas ações geram os nossos resultados, acredite ou não, essa é a mais pura das verdades. A própria ciência que estuda esse tipo de comportamento a coloca desta forma.

Se você possui objetivos que deseja conquistar, precisa ter um mindset apropriado para estes objetivos. Se você deseja ter resultados diferentes em alguma área de sua vida, precisa mudar sua programação mental em relação a esta área.

Uma outra forma de entender as programações do mindset foi descrita por Carol Dweck no livro "Mindset, a Nova Psicologia do Sucesso" (2016). Carol é professora e pesquisadora da Universidade de Stanford, nos Estados Unidos, e suas pesquisas indicam dois tipos de mindset, o fixo e o crescente.

Pessoas com um mindset fixo acreditam que suas habilidades e características são inatas e constantes. Elas acreditam, por exemplo, que possuem um certo nível de inteligência, um nível de moral, uma personalidade, e que isso determina o que elas são ou não capazes de fazer. Isso faz com que todas as situações pelas quais estas pessoas passam sejam confirmações destas características. Se elas têm sucesso em uma atividade, isto comprova sua inteligência; se elas falham, isto demonstra que sua inteligência é inferior. Um mindset fixo te trás pensamentos como "isso significa que eu não sou capaz"; "isso significa que eu sou uma pessoa melhor que ele"; "isso significa que eu não sou disciplinado"; "isso significa que eu não sou um bom pai ou uma boa mãe". Imagine quais resultados cada um destes pensamentos pode gerar. Além disso, com um mindset fixo, você acredita que sempre precisa provar algo. Por exemplo, "se eu não conseguir emagrecer, vão achar que sou fraco(a)"; "se eu não ganhar bem o suficiente, vão pensar que sou burro(a)"; "se eu não conseguir fazer isso, vou mostrar que sou um fracasso". E são estes pensamentos que te fazem desistir e te impedem de recomeçar.

Já pessoas com mindset crescente veem suas qualidades como habilidades que podem ser desenvolvidas, de acordo com sua dedicação e esforço. Estas pessoas entendem que todos nós possuímos um potencial desconhecido, que pode ser desenvolvido com dedicação e aprendizado.

Pessoas com um mindset crescente não são mais inteligentes ou capazes. O que acontece é que elas acreditam que é possível evoluir e se desenvolver, e então se dedicam verdadeiramente a isso. Além disso, elas encaram as falhas como oportunidades de aprendizado, e não como comprovações de suas capacidades. Isto fortalece cada vez mais sua autoconfiança.

Já em um mindset crescente, os desafios não te mostram como você "é", mas sim como você "está". Você entende que, no momento, você possui certo nível de capacidade para buscar um objetivo, e se este nível não for o suficiente, você pode desenvolvê-lo.

O mindset crescente entende que pessoas de sucesso percorreram uma trajetória, e que você também pode construir a sua. Uma pessoa que aprendeu outro idioma provavelmente estudou mais quando se deparou com palavras que não conhecia, e usou sua falta de conhecimento como estímulo para se dedicar mais, e não como uma sentença que dizia que seria impossível aprender.

Mas não se preocupe, a boa notícia é que é possível modificar seu mindset. A pesquisa de Dweck indica que identificar pensamentos de um mindset fixo e substituí-los por pensamentos de um mindset crescente faz com que você desenvolva motivação e confiança para buscar os objetivos que você deseja. Pratique ouvir os pensamentos gerados por sua mente e identifique suas crenças. Pense nas suas experiências do passado e como elas podem estar influenciando suas atitudes do presente. Encare suas características como estados que podem ser desenvolvidos e crie, gradativamente, um mindset crescente que aumentará seus resultados.

2.2. Criando um mindset digital

Que a tecnologia invadiu nosso dia a dia é fato, mas, independentemente se você é um CEO, empresário, proprietário de empresa ou empreendedor de uma *startup*, abraçar o futuro dos negócios nunca será fácil.

Costuma-se dizer que os Gen-Xers (Geração X) estão predispostos a perguntar "o que" eles precisam fazer enquanto os Millennials estão predispostos a perguntar "por que" eles precisam fazer isso. A diversidade dessas gerações é um dos principais tópicos de discussão na força de trabalho moderna, devido à longa luta por poder e responsabilidade entre as duas gerações. Na era digital, ambos os grupos podem se encontrar em desvantagem, já que a questão-chave a ser perguntada a si mesmo é "como" devemos fazê-lo.

Warren Knight,[33] um dos top 100 especialistas em transformação digital após trabalhar com *startups* de tecnologia e ajudar grandes marcas globais a passar por uma transformação digital percebeu uma coisa em comum, o elemento humano de uma "mentalidade digital", onde todo mundo estava falando sobre o "por que você deve mudar sua mentalidade digital" ao invés do "como".

Existem vários estudos publicados sobre esse tema, e a mentalidade sobre a tecnologia no processo de transformação digital é tão importante quanto, (embora o lado da tecnologia seja a parte mais empolgante em que você consegue entender sobre inteligência artificial, robôs, aprendizado de máquina, internet das coisas), mas não é onde o real aprendizado e desenvolvimento acontece. Uma mudança de mentalidade é necessária, e nenhuma tecnologia transformará uma empresa em um sucesso sem passar por uma mudança significativa na mentalidade digital.

Adquirir um mindset digital tem a ver com trabalhar em modo colaborativo. Tem a ver com a cooperação, mente aberta e respeito dentro de um negócio. Todos terão um ponto de vista diferente, e é sobre juntar tudo isso para construir confiança online. Porém, é interessante porque nem todos os indivíduos querem abraçar as mudanças e então evitarão passar por qualquer tipo de mudança de mentalidade, e ao meu ver isso pode ser entendido como mentalidade fixa, como disse Dweck. O completo oposto disso é uma mentalidade de crescimento. Portanto, aproveitar todas as oportunidades, aprendendo, experimentando e superando desafios é o que pode ser esperado se você se adaptar a uma mentalidade

---

33   https://warren-knight.com/: Acesso em 06 de jul. 2019

de crescimento. Eu entendo que passar por uma mudança de mentalidade pode ser difícil, eu mesmo passei por isso. Quero compartilhar com você três coisas importantes que me ajudaram no processo de mudança de mindset a passar da minha mudança de "por que" para "como", pegando carona no que também afirma Knight.

O primeiro passo é construir novos hábitos para desenvolver uma mentalidade digital, e é necessário ter muita disciplina na construção de novos hábitos. Para conseguir algo novo, que vai impactar o modo como você faz negócios seguindo em frente, você precisa estabelecer metas, ser disciplinado e esquecer seus velhos hábitos.

O segundo passo é definir sua visão e suas paixões. Você vai ter que sair de sua zona de conforto ao desenvolver uma mentalidade digital e isso vai colocar em questão sua visão e paixões de negócios, vida pessoal e vida profissional. Por exemplo, com uma mentalidade digital, anote todas as suas visões de negócios e realmente observe como isso vai mudar a forma como você faz negócios.

E o terceiro é dar três pequenos passos todos os dias. Isso pode ser uma grande mudança, comece com ações simples para evitar sentir-se sobrecarregado ou sem saber por onde começar. O que você vai experimentar é algo completamente novo. Parte do "como" está desenvolvendo um novo você, e há qualidades que você vai querer abraçar para ajudá-lo nesse processo.

Aceitar as novas formas de trabalhar e adaptar-se à essa mudança serão dois aspectos chave de uma nova mudança de mentalidade. O cenário digital está em constante mudança e você precisará adaptar-se a essas mudanças. Haverá decisões a serem tomadas, independentemente se for uma empresa já consolidada, uma *startup* ou até uma pequena empresa. Você terá que estar aberto à ambiguidade e preencher as lacunas através do debate.

Nesse novo ambiente, a curiosidade fará parte do processo de transformação de mindset, indo além do papel que você definiu como trabalho. Será a chave para avançar, portanto, aproveite todas as oportunidades à sua frente, e permita-se que a curiosidade seja sua ferramenta que lhe possibilite explorar.

Para mim, a colaboração foi uma das partes mais importantes. Ter uma conversa aberta com equipes e permitir a colaboração no local de trabalho é uma maneira de trazer diferentes experiências e formas de ver uma determinada situação, mas não esqueça que toda colaboração deve ser inclusiva. É improvável que as pessoas que pensam da mesma forma ofereçam inovação dentro de um negócio. Portanto, diversifique e permita uma mentalidade digital para ir além de sua zona de conforto.

Para concluir sobre minha experiência, quero compartilhar algumas dicas que com certeza podem ajudá-lo a implementar sua mudança de mentalidade digital.

Os dados sempre foram vistos como algo caro, desajeitado e avassalador para muitas empresas, portanto, permita que eles tornem-se seu novo melhor amigo. Você passará por uma fase experimental com seu negócio ao adaptar uma nova mentalidade e sem analisar os dados por trás disso, você não saberá o que está funcionando bem. Muitas empresas agora estão investindo em produtos habilitados por dados, a fim de obter uma percepção mais profunda e mais oportunidades no futuro.

Você se lembra dos dias em que testar uma ideia era lento e caro? Com sua nova mentalidade, pense em como você pode continuar inovando, pense sempre em inovação. Você pode desenvolver o MVP criando um produto mínimo viável, mas certifique-se de estar de olho no cenário digital.

Valorize as necessidades de seus clientes, uma vez que no processo do MVP a parte mais importante é coletar feedback dos seus clientes e aperfeiçoar seu produto. Estamos em uma economia voltada para o cliente e o que o cliente quer é o que sua empresa precisa criar. Conforme suas necessidades de clientes mudam, o mesmo deve acontecer com sua empresa e produto. Não tenha medo de desenvolver uma mudança de mentalidade digital. Faça um plano e defina uma data. Saiba que sua motivação para fazer isso pode atingir alguns obstáculos durante o caminho, mas pense no seu negócio e dê a ele a chance de ser bem-sucedido na era digital.

Estudos de casos que mostram a importância da mentalidade digital

Jacob Morgan[34], palestrante, futurista e autor do livro "O Futuro do Trabalho" (2014), descreve claramente as várias mudanças que a organização do futuro vai passar, a importância de mudar, e muitas das quais já estão acontecendo hoje, por exemplo, ao vermos iniciativas de algumas empresas que são bem interessantes.

As organizações estão adotando cada vez mais a regra de duas pizzas de Jeff Bezos em suas estruturas de equipe. Segundo Bezos, o ideal

---

34 https://everipedia.org/wiki/lang_en/jacob-morgan/: Acesso em 06 de jul. 2019

é o "time das duas pizzas", se um time não pudesse ser alimentado com duas pizzas, era muito grande.

O ANZ Bank é pioneiro ao romper a estrutura de comando organizacional quando dividiu toda a força de trabalho em 150 *startups*, cada uma trabalhando para resolver um problema específico com autonomia para seguir suas próprias regras.

A Knolskape oferece soluções baseadas na nova era e em tecnologia experiencial em suas estratégias de desenvolvimento de funcionários, que permitem que os alunos vivenciem uma aprendizagem personalizada a qualquer hora e em qualquer lugar.

A gigante de softwares globais Wipro inaugurou em 2018 um centro de inovação em Detroit, nos Estados Unidos, para desenvolver novas tecnologias e soluções para fabricantes de automóveis e seus fornecedores, que fortalecerá o relacionamento com a comunidade automotiva de Detroit, desenvolverá e exibirá novas tecnologias e soluções para fabricantes de equipamentos originais (OEMs) automotivos, fornecedores de primeira linha, seguradoras, empresas de tecnologia e outros.

Índia e Israel se associaram para estabelecer um centro de inovação que proporcionará um ecossistema de apoio ao empreendedorismo, parceria com fornecedores, orientação e desenvolvimento comunitário não formal que auxiliará o crescimento das empresas em diferentes verticais e abrange negócios, tecnologia, investidores e clientes, e ainda permitindo laços mais fortes entre empresas dos dois países.

A Accenture abriu seu primeiro centro de inovação em 2017 na Índia, seguida por vários outros no Canadá, no Japão e nos EUA em 2018.

A Disney estabeleceu um centro de inovação para promover a tecnologia de produção de filmes, dentro do edifício de animação original do Walt Disney Studios onde os artistas uma vez desenharam "Dumbo" e "Cinderela" à mão, onde uma equipe de 15 pessoas inovadoras está tentando criar um Tomorrowland para a produção de filmes. O espaço, batizado de StudioLab,[35] é para usar a experimentação no estilo do Vale do Silício para ajudar os executivos e cineastas de estúdios a se manterem à frente dos rápidos avanços em tecnologia, desenvolvendo e apresentando novas idéias para fazer e comercializar filmes.

---

35 https://phys.org/news/2018-11-start-up-wakanda-disney-hub-aims.html: Acesso em 06 de jul. 2019

2.3. Desenvolvendo um mindset exponencial

O pensamento linear não serve para o futuro que nos aguarda. Como seres humanos, evoluímos ao longo dos últimos 200 mil anos em um ambiente linear e local. Peter Diamandis, no livro "Abundância" (2012), diz que a única coisa que afetava um ser humano das planícies da África era o que estava por vir em um dia de caminhada e de caça. Se algo estivesse acontecendo no outro lado do planeta, ninguém saberia.

A vida foi linear para nossos bisavós, avós e pais. Hoje, vivemos em um mundo que é exponencial e global. Se algo acontece na China ou na Síria, isso nos afeta aqui no Brasil, literalmente, minutos depois, seja nos preços das ações, nas notícias, nos temores, no que for. Hoje, encontramos um computador quatro vezes mais rápido pelo mesmo preço cobrado um ano atrás. Vivemos em tempos empolgantes, mas turbulentos e indecisos, onde a única coisa que sabemos ao certo é que as coisas estão mudando mais rápido a cada dia, provocadas por duas forças que estão causando esse ritmo acelerado de mudanças, as tecnologias exponenciais e o poder da rede – *comunidades* e *crowdsourcing*.

As tecnologias exponenciais dobram de poder a cada 12 a 18 meses, obedecendo a *Lei de Moore*. Computadores, inteligência artificial, robótica, impressão 3D, biologia sintética e a medicina digital, combinadas com o poder da rede, da coleta de dados, das comunidades, do financiamento coletivo e da criatividade coletiva, estão transformando todas as indústrias que conhecemos. A Kodak por exemplo ignorou a tecnologia exponencial, e a história final todos já conhecem.

Por mais que pareça difícil, é possível criarmos um mindset exponencial e, ao falar sobre esse tema, Mark Bonchek[36] afirma que, enquanto o pensamento incremental se concentra em fazer algo melhor, o exponencial busca dez vezes mais.

No século passado, os modelos de negócios baseados na revolução industrial eram definidos pelo uso das máquinas para criar retornos crescentes de escala, porém, os modelos de negócios digitais usam efeitos de rede para criar o que Ray Kurzweil, inventor e futurista americano, descreve como acelerar rendimentos de escala, não sendo a tecnologia digital o que define os modelos de negócios digitais, mas sim a sua capacidade de criar valor exponencial. Ou seja, as indústrias da música e do vídeo não foram redefinidas com a conversão do analógico para formatos digitais, mas para criar valor exponencial.

---

36   hbr.org/search/Mark%20Bonchek: Acesso em 01 jul. 2019

Para Bonchek, a mentalidade exponencial pode gerar novas formas de pensar sobre marketing, cultura e estratégia. Vamos entender e acompanhar como isso seria na prática do desenvolvimento de um negócio, desde o seu lançamento, a construção e o crescimento.

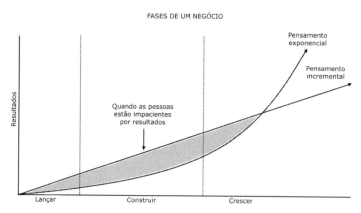

Fonte: Adaptado de Mark Bonchek

Na verdade, a maior parte do progresso acontece uma vez que a curva começa a dobrar, porém há um problema aparente neste gráfico, porque a linha da mentalidade incremental acontece de forma linear, e o pensamento exponencial cria o efeito exponencial da linha.

Na fase do lançamento de um negócio, a equipe está focada em desenvolver e aperfeiçoar o seu modelo. Podemos usar o exemplo do MVP como sendo essa etapa, onde fazer validações, testes e interações ou até o pivotamento da ideia original. Porém, segundo Bonchek, nessa fase você já precisa saber se pensa de forma incremental ou exponencial. Se você estiver desenhando uma linha reta partindo do presente para o futuro, você tem um mindset incremental, ou seja, você tem um bom plano de negócios, porém "incremental", que dá uma visão de como chegar do ponto A (presente) ao ponto B (futuro). Acontece que os modelos exponenciais não são linhas retas, eles são como uma curva na estrada que impede você de ver o que vem mais na frente. Eu uso esse exemplo realizando um estudo de viabilidade financeira, criando cenários futuros e gerando gráficos, e de acordo com os inputs iniciais alimentados na tabela a curva do gráfico se assemelha a de Bonchek.

Se o Google não tivesse tido uma mentalidade exponencial, jamais teria criado uma visão tão ambiciosa de como "organizar toda a informação que existe no mundo"; o Facebook nunca teria tido a ousadia de "tornar o mundo mais aberto e conectado"; e o AirBnb jamais teria "criado uma disruptura na hotelaria, conectando pessoas ao redor do mundo".

O que motiva a mentalidade exponencial dessas companhias é o seu propósito, é ele quem atrai profissionais em multidão para atuar como ingredientes dessa força exponencial. Simon Sinek[37] trás esse conceito ao denominá-lo como PTM - Propósito Transformador Massivo,[38] que vem substituir a antiga missão e visão das empresas, que por muitas vezes, estão estampadas em murais de recados das empresas nas quais muitas vezes nem nos damos conta e nem sabemos qual é o da nossa empresa. Agora, o PTM acaba se tornando o Driver dessas empresas.

Do ponto de vista de Sinek combinado com os Drivers de muitas das gigantes digitais e das *startups*, é possível ver que todas tem seus PTMs. Ter um PTM me parece ser um primeiro passo a ser dado ao lançar a visão e estratégia para a transformação digital, ou até mesmo na criação de um negócio novo, buscando responder o porquê de fazer esse trabalho e porque a organização existe. Vejamos alguns exemplos de PTM que movem algumas empresas:

• TED: "Ideias que merecem ser compartilhadas".
• X Prize Foundation: "Promover avanços radicais para o benefício da humanidade".
• Quirky: "Tornar a invenção acessível".
• Singularity University: "Impactar positivamente um bilhão de pessoas".
• Tesla: "Acelerar a transição para o transporte sustentável".
• Hampton Creek: "Coma carne e salve o planeta".

Existem muitas empresas que foram capazes de atravessar os desafios da fase de lançamento com uma mentalidade exponencial. Elas realmente conseguiram gerenciar a sua incerteza e começaram a sua jornada, apesar de não visualizarem o que vinha depois da curva.

Para Bonchek, o que pode ser um fator de motivação é o receio às disrupturas. Porém, nessa segunda fase, ele alerta que a coisa pode desandar. Dê uma olhada novamente no gráfico, na primeira parte, fase da construção, não vemos muita mudança, até chegarmos à segunda parte, quando a linha começa a dobrar. Isso é simplesmente a natureza da mudança exponencial se manifestando. As coisas acontecem muito lentamente antes que elas aconteçam muito rapidamente, (lembra no capítulo I, sobre o vortex?), o fenômeno é exponencial e não linear. No

---

37   https://simonsinek.com/: Acesso em 06 jun. 2019
38   https://singularityhub.com/2016/11/08/the-motivating-power Acesso em 06 de jul. 2019

entanto, o problema para Bonchek é que fomos criados com uma mentalidade incremental.

Peter Diamandis usou o que Albert Bartlett disse – "a maior deficiência da raça humana é a sua incapacidade de compreender a função exponencial" – ampliando o entendimento de que nossa mentalidade em relação a medir o progresso incremental seja linear. Comparando aos trinta passos que usei para ilustrar a diferença do pensamento linear e exponencial, e aos trinta passos lineares, é como considerarmos que 30% do tempo se passou assumindo termos caminhado 30%, no entanto, no modelo exponencial não funciona dessa maneira.

As empresas incorrem em um "gap das expectativas", onde a estratégia exponencial é o maior risco da mentalidade incremental. É lá onde muitas empresas abandonam o modelo exponencial de volta para o incremental.

Em sua jornada exponencial, preste atenção quando as pessoas ficarem impacientes por resultados. Esse é o ponto no gráfico onde há a maior diferença entre as trajetórias incrementais e exponenciais. Este "gap" representa um risco para a estratégia de qualquer negócio, porque a impaciência pode ser usada por adversários ou pessimistas para convencer você e os demais stakeholders a abandonarem a mentalidade exponencial para voltar ao incremental, portanto, a mentalidade exponencial ajuda você a ter a coragem de perseverar e a paciência para prosseguir.

Na terceira fase, você conseguiu gerenciar a incerteza da fase inicial, a impaciência da fase intermediária, agora segue firme na curva. O crescimento nessa fase acontece mais rápido do que podemos esperar. Neste ponto, a mentalidade incremental tenta manter as coisas sob controle, o que é um erro e, para dar uma base sustentável aos retornos da aceleração de *Raymond Kurzweil,* é preciso mudar a mentalidade sobre como mobilizar e gerenciar os recursos. Isso significa que a mentalidade incremental costuma assumir que é preciso mais "inputs" para produzir mais "outputs". À medida que o crescimento começa a acelerar, as equipes começam a procurar mais recursos na proporção do crescimento, só que colocar no processo mais pessoas ou recursos em excesso pode atrapalhar o motor do crescimento. É aqui que precisamos de uma mentalidade exponencial para descobrir como 1x de input adicional pode criar 10x de output adicional. A aplicação dessa mentalidade exponencial ajuda você a gerenciar os recursos que já tem. Já a gestão pela mentalidade incremental cria uma fila de dominós, onde tudo precisa estar coordenado e supervisionado para que a empresa possa progredir um passo de cada vez. Ao contrário do dominó, a mentalidade exponencial é como as coisas acontecem em paralelo e focadas nas interações entre os participantes, é onde entra o poder da rede – *Lei de Metcalfe.*

Bonchek acredita que há uma maneira de seguir a jornada sem perder o controle. Na mentalidade exponencial, os gestores substituem o controle de pessoas pelo controle de princípios. Isso ajuda a orientar a tomada de decisão, cria alinhamento, consistência e capacitação. A mentalidade exponencial ajuda a crescer o "output" mais rápido do que o "input", e capacita as equipes a alcançarem tanto o alinhamento quanto a autonomia.

Mas a maioria dos líderes está acostumada a tomar decisões em vez de capacitar decisões. A ansiedade pela perda do controle pode facilmente tirar as empresas da sua trajetória exponencial de volta para o caminho incremental.

Portanto, no início, é preciso visão e um salto de confiança para se comprometer com o desconhecido, unindo coragem e paciência para construir a base para o crescimento, mesmo quando os resultados ainda não são tão aparentes e quando chega a fase do crescimento, é preciso agilidade para capacitar equipes e prosseguir a trajetória sem perder o controle.

Em todas as fases, o desafio é abraçar o desconhecido e desaprender as formas tradicionais de pensar da mentalidade da revolução industrial. Apenas com uma mudança da mentalidade incremental para a exponencial vem a oportunidade para a verdadeira inovação.

2.4. Tendências da nova economia

Uma das grandes discussões que vem provando não ser apenas uma tendência, mas sim um modelo de negócio muito forte, é a economia compartilhada. No mundo de internet, existe um conceito denominado de have asset[39] e o light asset.[40] No *have asset* você precisa comprar alguma coisa para ter o benefício dela, ou seja, no passado tínhamos que comprar um CD para ouvir uma música, não era possível comprar apenas uma única música, era necessário comprar o CD completo para ouvir apenas uma ou duas músicas das quais gostávamos, e ainda colecionávamos esses CDs. Podemos pegar o exemplo de filmes, no qual

---

39 https://www.thebalancesmb.com/assets-definition-2947887: Acesso em 07 de jul. 2019
40 https://www.quora.com/What-is-an-asset-light-business-model-What: Acesso em 07 de jul. 2019

também costumava-se alugar porque era muito caro comprar um filme pra assistir. Tudo isso está relacionado ao *have asset*, comprar um carro, um apartamento, uma casa, todos os nossos bens.

Mas o que vem acontecendo hoje, se analisarmos os *Millennials*, na faixa dos 22 anos em 2019, eles terão que trabalhar por muitos anos até conseguirem comprar um bem – lembrando que eles sairão da faculdade como estagiários e começarão a acumular dinheiro durante pelo menos uns dez anos até poderem comprar um apartamento e um carro. Em tempos de mudanças rápidas, pode ser que acabem por mudar de emprego e tenham que mudar de cidade, e aí tenham que vender o apartamento, e precisem vender rápido, correndo o risco de perder dinheiro (assim como acontece com o carro que, ao tirar da concessionária, já perde valor). Pois bem, essa economia pautada no *have asset*, baseada na revolução industrial – ao mesmo tempo em que era preciso fabricar mais para vender mais e fazer a economia girar – não faz mais sentido no mundo de hoje. Aqui entra o *light asset*, em que, ao invés de eu comprar uma casa na praia, por exemplo, eu uso o Airbnb. Com o Airbnb, eu vou à praia, só que eu posso ir em qualquer praia do mundo, não preciso ir a uma única praia o resto da vida. E se, ao invés de comprar um carro, eu posso usar o Uber, porque é que eu teria um carro? Porque, ao colocar essa conta na ponta do lápis, teremos a seguinte situação: ao compararmos em ter um carro ou alugar um carro, por exemplo, ele se torna mais econômico, e esse fenômeno está começando acontecer em todos os setores da economia. É o que vemos no WeWork, que está fazendo um sucesso enorme – do qual vou falar mais à frente –, uma empresa que organiza todo o espaço, disponibiliza tudo que precisa e você paga um serviço para usar.

Essa economia tende a crescer muito, a ponto de, por exemplo, no futuro, fazer com que as pessoas não comprem mais imóveis, mas um serviço de moradia. Imagine um serviço de moradia que custe um valor x, um apartamento dentro de um prédio, em que os espaços já foram todos pensados e planejados da melhor forma possível em termos de ambiente e acomodação. Quando eu entro no apartamento, através do aplicativo, eu abro a porta e ele já sabe que sou eu, ativa minha conta do Netflix e liga a luz na intensidade que eu gosto, porque já está tudo integrado. Aí eu peço uma pizza pelo aplicativo e não preciso nem descer para pegar, porque ela já está no elevador, quentinha, e o aplicativo me avisa que a pizza chegou. Eu só abro a porta do armário e pego a pizza. No outro dia, eu saio para trabalhar e, pelo aplicativo, solicito um serviço de limpeza, e pelo próprio aplicativo já reservo uma bicicleta ou, se estiver chovendo, chamo o Uber, e todos os serviços acabam por ficarem conectados em uma plataforma. E tem mais, quem sabe certo dia você mude de emprego e tenha que ir morar em outra cidade ou na mesma cidade, porém mais distante, e aí poderia pegar pelo aplicativo e ver se, próximo à esse novo local, possui o serviço de moradia. Você entra no aplicativo e olha se tem um apartamento em um andar alto e, se tiver, você escolhe, paga apenas uma taxa de mudança e vai trabalhar. No final do dia, você vai para seu prédio novo e, ao abrir a porta (por meio do aplicativo), já está lá sua conta do Netflix e todas as suas coisas do jeito que você havia deixado no outro apartamento.

Um cenário como esse é muito claro que vai acontecer, e as empresas que criarem esses serviços vão se dar muito bem. E ainda, dentro dessa plataforma, podem ser oferecidos outros serviços conexos, como vemos no caso do WeWork.

Portanto, o modelo de negócio de *light asset* pode ser objetivo do sucesso para a maioria das *startups* deste século. Cerca de 80% dos novos negócios não falham por causa de uma má ideia, mas por causa da escolha do modelo de negócio errado. Eles começam com altos custos fixos e sem receita. Em uma reunião anual de acionistas da Berkshire Hathaway, realizada em abril de 2016, Warren Buffett comentou que os negócios baseados em *light asset* são as oportunidades ideais de investimento. Eles geraram fluxo de caixa significativo investindo em alguns negócios de *light asset* nos primeiros anos da empresa.

Quando olhamos as *startups* mais bem-sucedidas da atualidade, a economia do compartilhamento, que é uma das tendências de negócios que mais crescem na história, é fortalecida por investidores despejando mais de US $ 23 bilhões[41] em financiamento de capital de risco desde 2010 em *startups* operando com modelos baseados em *light asset.* Como muitas dessas empresas são privadas, é impossível saber o tamanho real da economia de compartilhamento, porém, existem vários indicadores que podem demonstrar os enormes impactos em nossa sociedade.

Em 2016, cerca de 44,8 milhões de adultos norte-americanos[42] usaram a economia de compartilhamento e espera-se que atinja 86,5 milhões de usuários nos EUA até 2021. A McKinsey[43] estima que apenas nos EUA e na Europa, 162 milhões de pessoas ou 20 a 30% da força de trabalho são provedores de plataformas de compartilhamento.

41   https://www.bcg.com/en-us/publications/2017/strategy-accelerating-growth-consumer Acesso em 07 de jul. 2019

42   https://www.statista.com/statistics/289856/number-sharing-economy-users-us/: Acesso em 07. de jul. 2019

43   https://www.mckinsey.com/featured-insights/employment-and-growth : Acesso em 07 de jul. 2019

No Brasil, quase 4 milhões de trabalhadores autônomos utilizam hoje as plataformas como fonte de renda. São mais de 600 mil motoristas cadastrados na plataforma da Uber,[44] por exemplo. Já no aplicativo de delivery iFood,[45] eram cerca de 120 mil entregadores trabalhando em 2018.

A economia compartilhada é um princípio econômico que está em constante evolução no mundo todo. Nos termos mais simples, como já vimos, pode ser entendida como o uso de tecnologia para facilitar o acesso de bens ou serviços entre duas ou mais partes, derivado da noção de que partes mútuas podem compartilhar valor de uma habilidade ou ativo subutilizado. Essa troca de valores ocorre por meio de um mercado compartilhado, plataforma colaborativa ou aplicativo *peer-to-peer*. O modelo de compartilhamento não é um conceito novo, ao vermos na história do passado, comunidades rurais que tiveram a mesma idéia por meio da troca de produtos. No entanto, graças à acessibilidade da Internet e da tecnologia móvel, o gerenciamento de transações baseadas em compartilhamento nunca foi tão fácil. Embora chamado de economia compartilhada, esse termo é um guarda-chuva que engloba outros sistemas econômicos, como a economia colaborativa, consumo colaborativo, economia peer-to-peer, freelancing, crowdfunding, crowdsourcing, coworking, cobranding.

A economia compartilhada tem seu histórico marcado por romper o *status quo* dos setores tradicionais de negócios. As *startups*, por serem enxutas, flexíveis e eficientes, permitem que essas plataformas transmitam valor para seus clientes e parceiros da cadeia e, com isso, as indústrias tradicionais estão sendo afetadas, e diga-se de passagem que muitas marcas tradicionais terão dificuldades se não se adaptarem à essa nova economia em constante mudança.

Pegando novamente o exemplo do Uber e outros serviços de compartilhamento de caronas que oferecem uma alternativa acessível, segura e conveniente às opções tradicionais de transporte, como transporte público ou táxis: ao utilizar um aplicativo móvel eficiente e uma rede de motoristas que são avaliados e pré-qualificados, o Uber satisfaz as demandas de transporte dos consumidores, ao mesmo tempo em que proporciona uma experiência de usuário razoavelmente melhor do que os meios tradicionais. Apenas em Nova York,[46] há cerca de 4,5 vezes mais

---

44 https://canaltech.com.br/empresa/uber/: Acesso em 07 de jul. 2019
45 https://canaltech.com.br/empresa/ifood/: Acesso em 07 de jul. 2019
46 http://www.newsweek.com/uber-lyft-taxi-drivers-suicide-new-york-city-866994: Acesso em 07 de jul. 2019

motoristas Uber do que táxis. Isso fez com que o preço de possuir um táxi em Nova York caísse de US $ 1 milhão em 2015 para menos de US $ 200.000 em 2019. Além do Uber, podemos citar ainda outras marcas de economia de compartilhamento de caronas, como Didi, dona da 99taxis que opera no Brasil, e a Lyft, que fez seu IPO em março de 2019, avaliada em US $ 24 bilhões.

Quando olhamos para o setor de bens de consumo, uma pesquisa da PWC[47] sugere que 86% dos adultos norte-americanos familiarizados com a economia compartilhada dizem que isso torna a vida mais acessível e 83% também concordam que a economia compartilhada é mais conveniente e eficiente do que os métodos tradicionais. Acessibilidade, conveniência e eficiência também são três dos fatores mais influentes em uma decisão de compra de bens de consumo. Portanto, não é surpresa que algumas *startups* também estejam dominando a indústria de bens de consumo.

O eBay[48] é um dos pioneiros do mercado peer-to-peer. Sua plataforma permite que os usuários comprem e vendam itens usados ou novos por meio de sua interface e enviem as mercadorias diretamente para sua casa. Os consumidores podem navegar em uma variedade de produtos com preços personalizados, em diversas condições e com diferentes garantias. Isso capacita os consumidores e fornece a eles uma maneira mais acessível, conveniente e eficiente de comprar mercadorias. Além do eBay, OLX e Mercado Livre são plataformas similares aqui no Brasil.

Os benefícios da economia compartilhada são melhor ilustrados no espaço de serviços profissionais e pessoais, definidos pelo trabalho que requer conhecimento, habilidades, experiência, certificações ou treinamento especial, como redatores, contadores ou até mesmo encanadores. Em relação à economia compartilhada, isso também é chamado de freelancer, shows e outros termos da moda que se referem à mão de obra de curto prazo. As plataformas de compartilhamento criam valor ao fornecer uma plataforma rápida, amigável e segura, na qual pessoas ou empresas podem encontrar prestadores de serviços para contratação. Freelancers podem ganhar dinheiro extra compartilhando suas habilidades comerciais e experiências, diferentemente de proprietários de ativos que alugam o acesso de casas e apartamentos ou de carros. Um estudo da Accenture Technology Vision[49] (2016) prevê que nos Estados Unidos, cerca

---

47   https://www.econsultancy.com/blog/68701-the-impact-of-the-sharing-economy-on-retail: Acesso em 07 de jul. 2019
48   https://www.eBay.com: Acesso em 07 de jul. 2019
49   https://www.accenture.com/nz-en/insight-technology-trends-2016: Acesso em 07 de jul. 2019

de 43% da força de trabalho seria composta por freelancers até 2020. As principais empresas de economia de compartilhamento de serviços profissionais e pessoais são a Fiverr, Upwork, Freelancer.com, TaskRabbit, 99Freelas, Workana, Descola, Crowd e GetNinjas.

Já o setor de saúde deve gerar receita anual de US $ 8,7 trilhões até 2021, o que, no meu ponto de vista, explica por que o financiamento de risco para *startups* de saúde digital aumentou cerca de 10,2%[50] no primeiro trimestre de 2018 em comparação com o primeiro trimestre de 2017. Embora a economia compartilhada ainda precise se consolidar no setor de saúde, muitos especialistas suspeitam que seja a próxima fronteira para o consumo colaborativo. As limitações dos sistemas tradicionais de saúde, despesas e recursos são fatores que podem ter impactos muito positivos baseados em compartilhamento. Da telemedicina às consultas em grupo, a economia de compartilhamento está destinada a mudar o setor de saúde. Estima-se que em cerca de 58% do tempo, o equipamento médico fica sem uso, criando despesas de armazenamento e manutenção. Portanto, *startups* como a Cohealo[51] estão ajudando os hospitais a economizarem dinheiro e aumentarem o valor dos equipamentos, desenvolvendo tecnologia que permite que os hospitais compartilhem equipamentos médicos com outras unidades de saúde, e não é a toa que outras *startups* como a Bem Americano e Doctor On Demand estão crescendo em escalas interessantes.

As organizações não são mais um conceito físico, quando vemos aplicativos como o Slack, o Zoom e o WebEx, que possibilitaram que indivíduos, equipes e organizações se conectassem uns com os outros, independentemente do tempo e praticamente sem custo, desde que tivessem conexões de Internet ativas em seus dispositivos de rede.

Uma cultura de trabalho flexível vem aumentando à medida que os funcionários optam cada vez mais pelo trabalho em casa, pelo Starbucks ou até mesmo por um espaço de trabalho compartilhado como opções da WeWork. O WeWork iniciou suas operações em 2010, fornece meio que um passaporte virtual global a seus clientes, com acesso ilimitado a rede global em mais de 600 cidades ao redor do mundo. No Brasil, já está presente em São Paulo, Rio de Janeiro e Belo Horizonte. As equipes podem trabalhar em qualquer um dos espaços inspiradores, além disso, eles tem comodidades inclusas como café, artesanato, Wi-Fi, impressoras, telefones, serviço dedicado com equipe no local para atender às ne-

---

50 http://www.dreamit.com/journal/2018/4/13/on-the-rise-digital-health-startups Acesso em jul. 2019
51 https://cohealo.com/: Acesso em 07 de jul. 2019

cessidades e uma comunidade vibrante de mais de 256.000 membros, e contando. O WeWork foi pioneiro, o primeiro que parou para pensar em como as pessoas gostariam de trabalhar, e tem como slogan de missão *criar um mundo onde você pode ter uma vida, não apenas um trabalho.*

Hoje cerca de 29% dos clientes do WeWork são empresas, com alguns espaços localizados nos prédios da WeWork e outros localizados em imóveis feitos sob medida, hoje adicionando entre 500.000 a 1.000.000 metros quadrados de espaço novo a cada mês em sua estrutura. Em 2017, a receita do WeWork ultrapassou US $ 900 milhões.[52] Para 2019, a empresa havia projetado um faturamento acima de US $ 2,5 bilhões.

Uma das maneiras que o WeWork alcança a máxima eficiência no planejamento é empregando a tecnologia, como, por exemplo, o uso de aprendizado de máquina, para decidir quantas salas de reunião devem ser construídas. Pesquisadores da WeWork criaram uma rede neural que coleta informações sobre os layouts de edifícios existentes e o uso da sala de reunião. Quanto mais edifícios o WeWork abre, mais dados são coletados e mais seu processo melhora, proporcionando uma vantagem estratégica sobre outras *startups* e operadores tradicionais. A tecnologia combinada com o crescente poder de compra gerado em escala, reduziu o custo da adição de uma nova mesa em 33%, indo de US $ 14.144 para US $ 9.504 em setembro de 2017, uma vantagem de dados na criação e no gerenciamento de escritórios que é hoje um dos principais pontos de venda para clientes corporativos que migram para o WeWork.

Corporações em todo o mundo estão procurando maneiras de reduzir sua metragem quadrada total para cortar custos. Além disso, uma regra exigida pelo Conselho de Normas de Contabilidade Financeira dos EUA, que entrou em vigor em janeiro de 2019, exigindo que as empresas públicas acrescentem obrigações de arrendamento de imóveis como um passivo a seus livros. O mais interessante é que alguns edifícios estão sendo adaptados com sistemas HVAC, que respondem automaticamente a altos níveis de CO_2 e poluentes no ar, evitando que os funcionários fiquem sonolentos. Empresas renomadas de arquitetura estão instalando sensores de parede, para medir e monitorar escritórios, produzindo um projeto baseado em evidências. Os edifícios estão literalmente se tornando computadores gigantescos. Sensores e outras ferramentas de medição, como software de reconhecimento facial, permitem que o WeWork possa avaliar como o espaço do escritório é usado, até os dados tão granulares quanto a forma como os membros ajustam suas mesas e quais partes do

---

52   https://www.bloomberg.com/news/articles/2018-02-26/wework-with Acesso em 07 de jul. 2019

escritório tem o maior tráfego de pessoas. Eventualmente, essas ferramentas podem até mesmo rastrear como os membros estão concentrados nas reuniões. A partir de uma perspectiva de economia de custos, o WeWork, com essa combinação de dados com otimização dos espaços, gera uma economia entre 25% e 50% sobre as despesas operacionais a seus clientes corporativos.

Não bastando tudo isso, as iniciativas estratégicas do WeWork são fantásticas, e que hoje fazem parte do core business, ofertando serviços como descontos em softwares e serviços de escritórios, academia de codificação educacional, cursos online das melhores universidades e faculdades do mundo, serviços financeiros como empréstimos para refinanciamento estudantil, além de SPA e academia.

Um novo significado para o trabalho

Não há dúvidas de que vivemos uma crise na relação das pessoas com o trabalho, inúmeras pesquisas indicam isso. Em uma delas, o consultor Fredy Machado, ao escrever seu livro "É Possível se Reinventar e Integrar a Vida Pessoal e Profissional",[53] mostrou que cerca de 90% das pessoas estão infelizes em seus trabalhos. Desse percentual, 36,52% dos profissionais estão infelizes com o trabalho que realizam, e 64,24% gostariam de fazer algo diferente do que fazem hoje para serem mais felizes. Para o autor da pesquisa, o descontentamento é provocado por uma série de motivos. O principal deles é a definição da profissão muito cedo ou através de imposição dos pais. Trabalhamos a vida inteira sem um propósito definido e no "automático", apenas para ganhar dinheiro, afirma, e cerca de 60% dos entrevistados não têm tempo suficiente para cuidar da saúde, algo que ele mesmo sentiu na pele.

No Brasil de acordo com a OPAS - Organização Pan-Americana da Saúde[54], cerca de 5,8% da população sofre com depressão, tornando o país o quinto do planeta com maior número de casos. Segundo a Organização Mundial da Saúde (OMS), essa será a segunda principal causa mundial de afastamento de profissionais até 2020. Em 2016, a Previdência Social registrou afastamento de 75,3 mil trabalhadores por causa de quadros depressivos, sendo 37,8% do total de licenças por distúrbios psíquicos. Um estudo da London School of Economics (2016) divulgou que os afastamentos por doenças psicológicas causaram perdas de US $ 246

---

53 http://www.fredymachado.com/: Acesso em 15 de jun. 2019
54 https://www.paho.org/bra/index.php?option=com_content&view=article&id Acesso em 15 de jun. 2019

bilhões (cerca de R$ 800 bilhões) por ano em todo o mundo – US $ 63,3 bilhões (R$ 206 bilhões) só no Brasil. Machado afirma que pessoas mais felizes produzem 33% a mais que as infelizes, e a solução para diminuir essa infelicidade é definir um propósito de vida e buscar trabalhar em uma empresa com os mesmos valores.

Ainda, segundo a Organização Mundial da Saúde, os casos de suicídio no mundo já superam a soma de mortos em guerras, homicídios e desastres naturais. Uma lógica de trabalho escravizante, a crise econômica e as elevadas crescentes da taxa de desemprego ajudam a explicar este fenômeno.

É preocupante ver esses dados, e isso mostra que trabalhar apenas por um emprego formal e remuneração estável não faz mais sentido nesse século. As pessoas buscam no trabalho um propósito de vida, não um emprego. Um trabalho que empodera, e não que aprisiona.

Assim, estamos diante de uma nova forma de enxergar o trabalho, e veremos, nos próximos anos, o crescimento de tendências como o trabalho autônomo e flexível, questionamento das relações chefe-empregado, engajamento em causas voluntárias, os modelos adotados ainda do século que herdamos da revolução industrial para esse mundo de hoje não fazem mais sentido, como, por exemplo, porque trabalha-se oito horas por dia? Será que o trabalho que fazemos necessita realmente de oito horas? Essa e outras perguntas podem nos fazer repensar realmente o propósito do que estamos fazendo e se isso faz sentido, ou realmente só fazemos porque é uma imposição.

Exemplo disso é o crescimento dos nômades digitais, pessoas que buscam trabalhar de forma remota, de qualquer local do mundo, livres das amarras dos escritórios corporativos. Algumas previsões indicam que poderemos ter no mundo cerca de 1 bilhão de nômades digitais em 2035.

Uma coisa é certa, o trabalho do futuro exigirá que cada um de nós atualize-se continuamente (lifelong learning), algo que ganhará cada vez mais ênfase. Em breve, chegaremos em um cenário no qual a maior parte das pessoas escolherá como, quando e com qual empresa quer trabalhar, e não ao contrário.

2.5. Transformação digital da experiência do cliente

O consumidor de hoje quer que as organizações os tratem como indivíduos únicos, que conheçam suas preferências pessoais e o histórico de compras.

De acordo com uma pesquisa da Accenture,[55] realizada nos Estados Unidos, cerca de 75% dos clientes admitem ter maior probabilidade de comprar de uma empresa que:

- Reconhece-os pelo seu nome;
- Conhece seu histórico de compras; e
- Recomenda produtos com base em suas compras anteriores.

A boa notícia é que os clientes estão satisfeitos pelas organizações usarem seus dados para melhorar sua experiência. Portanto, para aproveitar essa oportunidade, o ideal é começar com um CRM, pois sem ele você não consegue tratar seus clientes como indivíduos únicos. E, sem armazenar o histórico de como sua empresa interage com eles, é impossível fornecer uma experiência única. Com um sistema de CRM, é possível analisar e estudar dados relacionados ao cliente com base nas interações anteriores com sua empresa. Por exemplo, você pode obter uma boa compreensão de seus clientes avaliando solicitações gerais, cotações de produtos e consultas de suporte. Esses dados podem ser usados para criar mensagens altamente segmentadas para atender às preferências individuais dos clientes, o que resulta em uma experiência mais personalizada.

Entregar a mensagem certa à pessoa certa no momento certo, tende a aumentar muito o fator de sucesso para a transformação digital, uma experiência multicanal ininterrupta. Um exemplo que já se tornou clássico é o cliente que questiona o vendedor, dentro de uma loja física, se ele não pode fazer um desconto em determinada mercadoria, pois o cliente acabou de ver na internet que a loja concorrente vende mais barato.

Assim, os canais de venda, as maneiras de divulgar produtos ou serviços, atrair e engajar consumidores, os pontos de contato, a linguagem até os preços e atributos de produtos e serviços são afetados pela transformação digital, pois o público está cada vez mais imerso no universo virtual e se sentindo muito bem dentro dele.

A transformação digital é sobre pessoas, sobre cultura. Portanto, do ponto de vista de empresas, o foco de suas operações passa a gerar no-

---

55   https://www.accenture.com/_acnmedia/PDF-23/Accenture Acesso em 22 de jun. 2019

vas experiências. Estamos cada vez mais informados e conectados, temos maior transparência e facilidade na comparação entre ofertas e capacidade de barganha e compartilhamos informações uns com os outros. Tudo isso muda o jogo a nosso favor em diversos setores da economia. Com um acesso sem precedentes em informação e conhecimento, os consumidores/usuários passam a definir como e quando acessam produtos e serviços, bem como o quanto estão dispostos a pagar por estes. Estão, portanto, mais exigentes, demandando experiências personalizadas e obrigando empresas a rever suas estruturas rígidas e tradicionais.

Com o crescente acesso digital, cada um consome o conteúdo que quer, quando quer e como quer, para o pesadelo das mídias convencionais e de seus patrocinadores. O mesmo acontecerá com inúmeras outras empresas que tentam empurrar produtos e serviços sem sentido.

O protagonismo tende a aumentar nossa consciência do que realmente precisamos para viver uma vida digna. A lógica tradicional da economia, que nos estimula o todo o tempo a consumir, passa a ser questionada. Exemplo disso é o mundo da moda que alguns anos atrás de acordo com as estações, existiam cerca de quatro lançamentos anuais de moda. Hoje, existem cerca de 52 tipos de lançamentos, isso tudo para estimular o consumismo acelerado. Esse episódio é ilustrado pelo personagem Ryan Nicodemus no documentário "Minimalismo", que a dada altura cita: "compramos coisas que não precisamos, com dinheiro que não temos, para impressionar pessoas de quem não gostamos". Portanto, neste século, somos nós quem passamos a ditar as regras do jogo mais conscientes.

A disponibilidade de informações e a facilidade em nos conectarmos vão além de mudar nossa relação com as organizações. Pelo contrário, ajudam a mudar comportamentos, abrindo espaço também para maior cooperação entre as próprias pessoas, como vimos na economia compartilhada e colaborativa.

Para alguns, centrar operações em tecnologia remete a um distanciamento do elemento humano, seja na dimensão interna, seja na comercial. No entanto, a tecnologia está a serviço das pessoas e representa hoje a forma mais eficiente de satisfazer grande parte de suas necessidades. A tecnologia aproxima empresas e clientes, pois rompe barreiras e diminui obstáculos na comunicação, mas ela não se limita a isso, uma vez que oferece experiências de valor, elevando a qualidade dessa relação.

Mas, como gerar experiência ao cliente? Esse tema começa a ganhar espaço, veremos nos próximos anos falar muito o termo UX - *user experience*. Mas o que vem a ser um UX? Para falar sobre UX, é preciso definir o que o cliente é para as empresas da era digital. Durante muito tempo, cliente era aquele que comprava algum produto ou serviço da empresa, e portanto, podemos dizer que a abordagem era um pouco mais limitada, como no caso dos serviços VIP, que eram muito comuns no passado.

Hoje, os negócios não economizam mais as suas estratégias de fidelização a um número limitado de pessoas com determinado padrão de consumo, colocando-as em prática em todos os pontos de contato com o público. Isso quer dizer que a experiência do cliente está antes, durante e depois do processo de vendas. Além disso, o conceito se estende a colaboradores, fornecedores, parceiros e outras partes interessadas - *stakeholders*. Há ainda conceitos como o endomarketing, que diz respeito à fidelização de colaboradores, com ações e campanhas que tornem a vivência de equipes no ambiente de trabalho mais agradável e motivadora.

Quando falo que as operações devem estar centradas nos clientes, bem como na sua satisfação, na prática talvez surjam dúvidas sobre como gerenciar esses processos e garantir que o resultado seja positivo, já que tudo depende da percepção do cliente.

Acontece que os clientes é que moldam a sua experiência e é por isso que a tecnologia viabiliza a prática desse conceito. Afinal, nenhum outro recurso oferece uma interação em tempo real e capaz de se adaptar às necessidades do usuário, logo uma boa UX é aquela que cria um fluxo contínuo na interação com a empresa, envolvendo elementos como comunicação, agilidade e valor em cada etapa.

Se antes as empresas estavam voltadas para o produto/serviço, hoje elas precisam estar focadas totalmente nos clientes, pois assim o seu produto/serviço terá qualidade e valor percebido para quem de fato é o maior interessado. Uma coisa puxa a outra e, diante disso, o gerenciamento da UX é voltado para o design das interações em cada ponto de contato.

Esses dois conceitos possuem uma relação de interdependência, pois a transformação digital não acontece apenas com tecnologia, como já vimos, mas sim em uma mudança de mentalidade nas empresas. Uma empresa que caminha para a transformação digital é uma empresa em movimento, e esse movimento compreende estágios que envolvem elementos como mudança de cultura, mudanças em operações, treinamento, investimento e domínio sobre as tecnologias e a experiência digital do cliente, em meio a uma jornada de seis estágios. E, vale lembrar, esse processo não ocorre necessariamente de forma linear, em alguns casos é exponencial.

Primeiro, o negócio como usual, em que as organizações operam com uma perspectiva de legado familiar dos clientes, processos, métricas, modelos de negócios e tecnologia, acreditando que ela continua a ser a solução para a relevância digital, mesmo com foco no produto ou serviço, não no cliente.

Segundo, presente e ativo, neste estágio, embora ainda de forma desorganizada, experimentações no cenário digital estão gerando aprendizado digital e criatividade em toda a organização, visando melhorar e ampliar a experiência do consumidor em pontos de contato específicos, além de otimizar processos que a empresa considera como prioridade.

Terceiro, oficializado, ou seja, com mais domínio sobre os elementos da transformação digital, a experimentação se torna intencional e é executada em níveis mais promissores e capazes de trazer resultados. As iniciativas tornam-se mais ousadas e, como resultado, agentes de mudança buscam apoio estratégico para novos recursos e tecnologias.

Quarto, envolve o estratégico, onde os grupos individuais reconhecem a força em colaboração, pois sua pesquisa, trabalho e percepções compartilhadas contribuem para novos roteiros estratégicos que planejam a transformação digital de propriedade, esforços e investimentos. A melhor experiência e maior colaboração dos funcionários dentro da empresa é refletida na experiência que oferecem em todos os pontos de contato com seus clientes, assim como nos produtos ou serviços em si.

Quinto, convergência, onde a equipe de transformação digital dedicada se forma para orientar a estratégia e as operações com base em metas empresariais personalizadas e foco na experiência do consumidor. A nova infraestrutura da organização toma forma em cargos, conhecimentos, modelos e processos e, assim, os sistemas para apoiar a transformação são solidificados.

Sexto, inovador e adaptativo, onde a transformação digital torna-se um modelo de negócio, já que executivos e estrategistas reconhecem que a mudança é constante e investem nessa evolução. Um novo ecossistema é estabelecido para identificar e atuar em tecnologia nas tendências de mercado – que ainda se encontram em uma fase inicial e, eventualmente, em escala, mas que representam uma alternativa compatível com as necessidades da empresa, e soluções em tempo real para as expectativas dos clientes. Dessa maneira, a transformação digital mexe com todos os processos de um negócio e os direciona para um novo tipo de experiência do cliente, utilizando a tecnologia para criar uma abordagem personalizada, veloz e com um valor que é percebido por ele mesmo.

Estabelecer estratégias focadas na melhoria da experiência do cliente demanda uma análise bastante aprofundada sobre o modelo de negócio e as formas de aplicação de melhorias voltadas para consumar, de fato, em uma experiência positiva junto aos clientes.

O primeiro passo para desenhar uma estratégia de potencialização de UX é realizar o mapeamento da jornada do comprador, ou melhor, da experiência da compra. Ela descreve qual é o caminho que um interessado percorre até efetivar a compra e se tornar um cliente. Assim como em uma estrada, a jornada de compra pode apresentar alguns obstáculos que retiram gradativamente a tranquilidade e confiança de um interessado, que pode acabar optando pela concorrência, caso ela ofereça uma jornada mais consistente. Mapear a jornada de compra não é algo simples, visto que um cliente pode assumir diferentes caminhos até efetivar a compra. Porém, para que seja possível otimizar a experiência, é necessário ter conhecimento sobre como se dão os processos de compra.

Um cliente pode chegar por meio de anúncios digitais, sites externos, indicações e até mesmo por proximidade geográfica. Cada situação é um caminho, e cada um deles demanda uma análise para identificar pontos de melhoria, que podem ser construídos com alterações em processos adotados ou com outras soluções inteligentes.

Com diversos caminhos para percorrer durante a jornada de compra, é importante que a empresa garanta uma qualidade uniforme durante todas as interações com os consumidores. Em alguns casos, há a necessidade de começar o atendimento em um canal – o chat, por exemplo, e finalizar a compra em outra instância – como na loja física. Por isso, é bastante pertinente padronizar a forma de atendimento e garantir sua excelência em qualquer canal. Essa é a teoria que move a experiência omnichannel, uma estratégia que tem como principal finalidade otimizar a experiência do cliente e garantir que ele seja sempre bem atendido, independentemente de qual foi o canal escolhido.

Conforme os clientes efetuam compras, entram em contato e interagem com a sua empresa, é possível captar dados e opiniões/feedbacks, que são valiosos para a construção de uma experiência focada no cliente.

Para obter um retorno positivo com a implementação de estratégias de UX, é preciso analisar como os consumidores reagem às mudanças realizadas. Existem formas efetivas de obter-se o feedback dos clientes, e a maioria delas começa com o bom atendimento nos diversos canais, uma atitude que aproxima o consumidor da marca e o torna mais propenso a contribuir com a melhoria nos processos. Feita a captação de dados, algo que deve ser constante e atualizado, a empresa precisa interpretar e aplicar aquilo que colhe com os feedbacks.

E, por fim, redesenhar os processos adotados para otimizar a UX pode parecer a solução mais adequada para agregar valor ao relacionamento entre empresa e consumidor. Apesar de ser um passo inicial muito bem dado, é preciso mudar também a filosofia do negócio e adotar a UX como o driver da empresa.

Sim, por mais que uma empresa não comercialize experiência, ela pode encarar a felicidade de seus clientes como algo tão importante quanto os produtos e serviços que giram suas engrenagens. A lógica por trás dessa mudança de perspectiva é simples: de nada adianta ter um core business definido e de qualidade se não há capacidade para reter os clientes e garantir sua satisfação com a compra. Uma empresa que pretende utilizar a UX como um verdadeiro diferencial competitivo precisa ter uma mentalidade focada na satisfação como um produto a ser vendido. Essa filosofia é algo que durante muito tempo foi adotada por marcas de luxo, que transmitiam para seus clientes algo a mais do que a qualidade de seu produto, oferecendo também a qualidade no trato com o consumidor.

Estudos de casos

O foco na experiência do cliente está sendo adotado por inúmeras empresas ao redor do mundo. Conforme a mudança de perspectiva acontece e processos mais efetivos para a UX são aplicados, novos dados vão sendo colhidos para fomentar a hipótese de que ela traz mudanças benéficas e potencializa resultados. Pesquisas feitas em 2015 por empresas como a Gartner, McKinsey, Accenture e Deloitte apontam para dados interessantes envolvendo os resultados e preferências dos clientes. Acompanhe:

- A experiência do cliente deve ser o principal diferencial competitivo das empresas, acima de preço e qualidade de produto nos próximos anos (Walker);

- 72% das empresas consultadas afirmaram que melhorar a UX é a maior prioridade (Forrester);

- 55% das pessoas consultadas revelaram que pagariam mais para ter uma UX otimizada (Defaqto Research);

- Organizações que adotam excelência em UX tiveram um crescimento entre 4% e 8% comparado ao restante do mercado (Brain & Co).

A Uber também, que agora já possui diversos concorrentes, surgiu com o serviço de motorista particular, fazendo com que muitas pessoas deixassem de lado o sonho de ter um carro para se tornar cliente Uber e pagar pela viagem.

O estudo CXTrends, "O futuro da experiência do cliente no Brasil, tendências para 2018",[56] realizado pela Octadesk e pela MindMiners em parceria com a Tracksale e muitas outras empresas, consultou mais de 350 empresas e 500 consumidores de todo o Brasil para investigar sobre o tema. Segundo a pesquisa, 56% dos clientes brasileiros estavam dispostos a pagar mais por um atendimento diferenciado. De acordo com os dados obtidos pela pesquisa da SuperOffice, 86% dos consumidores pagariam mais por uma melhor experiência do cliente. Para a elaboração do CXTrends, as realizadoras consultaram empresas B2B para investigar a relação delas com o atendimento em 2017 em comparação com o ano anterior, e 40% das empresas respondentes afirmaram que os investimentos em gestão de atendimento e relacionamento com o cliente aumentaram.

Considerando os três principais pilares dessa gestão, "pessoas, processos e tecnologia", o estudo mostra que a ordem de prioridade das empresas em relação a eles é de 56% (pessoas), 30% (processos) e 6% (tecnologia).

Esses dados apontam para uma realidade bastante interessante: os consumidores demandam experiências melhores e o mercado gratifica quem investe nessa ideia, tanto que mais e mais empresas estão em busca de melhorias na experiência de seus clientes. Alguns casos são bastante emblemáticos para demonstrar o que a UX representa para algumas marcas.

A Sephora, gigante do varejo de cosméticos, construiu um consistente programa de recompensas para os clientes e foi além, desenvolvendo tecnologias, como o App Virtual Artist, que permitem aos clientes conhecer mais sobre os produtos e encontrar aqueles que melhor se adaptam às suas necessidades, tudo isso sem ser necessário sair de casa e visitar uma loja.

A Apple também é um ótimo exemplo. Sua excelência não se restringe aos produtos que vende. Existe todo o fortalecimento de uma comunidade de usuários e amantes da marca, que possuem um importante peso nas decisões que a empresa toma em relação aos seus produtos.

---

56   https://blog.octadesk.com/customer-experience-trends-2018/: Acesso em 22 de jun. 2019

A experiência do cliente se prova cada vez mais valiosa para as empresas. Adotar processos que levam à transformação digital passa pelo reconhecimento dos pontos de melhoria e pela adoção de novas filosofias de mercado que estejam cada vez mais alinhados com os desejos do mercado e às necessidades dos clientes.

Cada vez mais, as marcas têm se esforçado para se adaptarem às novas demandas da era digital. Uma delas é a mudança na relação entre empresa e cliente. Os meios digitais levaram o conceito de experiência do consumidor a um patamar bastante elevado, valorizando-o e utilizando-o para reforçar a identidade do negócio. A internet faz parte da rotina do novo consumidor e, por isso, realizar compras por meio de sites ou das redes sociais é um hábito já consolidado. Diante dessa preferência, as marcas precisam criar meios de acompanhar seus clientes durante a jornada de compra da maneira mais completa e prazerosa possível. É justamente desse ponto que a UX trata, das etapas que envolvem a venda de um produto ou serviço, on-line ou off-line. Sem conceitos difíceis, mil estratégias "diferentonas" e mal feitas, o fundamental mesmo é um atendimento eficiente e com a cara da empresa, de forma que o cliente enxergue vantagem em consumir seu produto/serviço.

A experiência do cliente, do ponto de vista estratégico, é um processo que deve ser planejado e estar alinhado com os objetivos do negócio. Para obter esse alinhamento, ela precisa estar completamente integrada com o marketing. O tópico vai além do atendimento ao cliente, essa é apenas uma das etapas da experiência.

Segundo a IBM através do "CEI Survey de 2017",[57] estudo do índice de experiência do cliente, as expectativas do cliente superam a capacidade das marcas para oferecer a melhor experiência de compra. "Até 2020, a experiência do cliente superará o preço e o produto como o diferenciador-chave da marca. 86% dos compradores pagarão mais para terem uma melhor experiência."

Por ser um processo, precisa ser planejado de forma global, pois seus estágios devem caminhar juntos para um mesmo fim. Portanto, ao planejar a UX, é preciso levantar alguns questionamentos.

Primeiro: você enxerga a UX como uma jornada de negociação ou apenas como uma forma de contato? Isso faz toda a diferença pois, se a empresa entende essa experiência apenas como uma maneira de o público fazer contato, ela simplesmente negligencia a conquista desse cliente. Em contrapartida, ao considerar toda uma trajetória de negociação, em

---

57   https://www.ibm.com/thought-leadership/institute-business-value/report/cxindex2017: Acesso em 21 jun . 2019

que o empreendimento tem sua vitrine, virtual ou não, e os dispositivos para atrair o cliente, a abordagem ganha outro peso. Aí vem a consciência de que o objetivo final deve ser muito mais do que vender, a fidelização é que deve estar sempre em construção. Assim, cada etapa dessa jornada é valorizada e integrada.

Segundo: você tem dados úteis sobre seus clientes e entende o que eles estão fazendo? Para ter estratégias alinhadas e obter sucesso nas vendas, você precisa conhecer bem seu público. Tratando-se, então, da experiência das pessoas enquanto elas já estão adquirindo seus produtos, esse conhecimento é decisivo.

A empresa precisa centralizar os dados de seus consumidores em uma mesma fonte, capaz de fornecer uma visão do todo (CRM). A partir dessas informações sobre os clientes, será possível saber o que fazer para influenciá-los em cada ponto da jornada. Entender o que eles estão fazendo vai um pouco além de conhecê-los. Isso porque dados demográficos, de faixa etária, de gênero e sobre os canais de comunicação preferidos não mostram exatamente o que os motiva a buscar um produto – apenas indicam quem são essas pessoas e onde elas estão.

Portanto, é preciso decifrar o comportamento do consumidor para criar uma linguagem compatível com a realidade dele, assim como imagens e outras ações de marketing atrativas.

Entendendo o impacto da UX na Transformação Digital

Como podemos ver, a essência de toda essa questão sobre a jornada de compra é a forma como sua marca será vista, somada ao poder de conquistar seu público durante todo o tempo em que ele estiver em contato com sua equipe, seus produtos/serviços e seus canais de comunicação. Graças à tecnologia, é possível criar uma experiência prazerosa e com alto nível de eficiência. Quando falamos em transformação digital, é nítido que esse quesito tem grande responsabilidade na implementação de um modelo centrado no novo cliente. Algumas marcas já deram um salto na relação com seus consumidores através dos meios digitais, oferecendo serviços completos e alinhados com as expectativas criadas. "Não venda gato por lebre. Não conte historinhas."

É importante ressaltar que, quando se trabalha com marketing e ações de publicidade, cria-se uma expectativa no consumidor que será comprovada na experiência. Por isso, é tão importante que essas duas dimensões estejam muito alinhadas, para que o cliente não tenha uma decepção ao se deparar com seus serviços. O mundo virtual carrega esse perigo. Como as ferramentas de divulgação e *branding* digital disponíveis são muito corretas e, aos olhos do público, transformam qualquer brigadeiro comum em um docinho gourmet, a frustração de consumidores é uma constante quando a qualidade real não acompanha a da imagem. A UX inclui a realidade e, por isso, é um conceito diferente dos tradicionais, como o de relacionamento com o cliente.

A Heineken, por exemplo, é uma empresa que sabe investir na UX, porque foca nas sensações que seu produto traz ao público e no conteúdo associado à sua marca. Quando sua página no Facebook atingiu um milhão de seguidores, em comemoração e agradecimento, a companhia criou uma campanha em que promotoras da marca iam até os bares abraçar os consumidores. Além disso, a Heineken patrocina eventos onde sua cerveja pode ser degustada. Essa integração entre realidade e rede social, bem como a criação de um valor para a marca, reforçando a qualidade do produto e o prazer que ele oferece às pessoas, representa uma estratégia voltada para a experiência do cliente.

2.6. Restrições Socioambientais

Está cada vez mais claro que o modelo de desenvolvimento baseado unicamente no progresso econômico é incompleto para nossa sociedade e para o planeta como um todo. Não podemos pressupor, por exemplo, crescimento econômico infinito num mundo com recursos finitos. Organizações estão degradando o meio ambiente numa velocidade sem precedentes, numa competição por espaço e escala. De acordo com a organização de pesquisa Global Footprint Network,[58] uma organização internacional de investigação pioneira no cálculo da Pegada Ecológica, em 1º de agosto de 2018 a humanidade esgotou os recursos naturais que o planeta era capaz de renovar no ano. A partir deste dia, passamos a consumir mais recursos do que aqueles que o planeta conseguiria renovar no mesmo ano.

Em 2017, esta data foi 2 de Agosto. Em outras palavras, a humanidade está utilizando a natureza de forma 1,7 vez mais rápida do que os ecossistemas do nosso planeta podem se regenerar.

Em 2016, a passagem desse limite foi a 8 de agosto. Para a organização, os principais fatores são o crescimento populacional, as crescentes emissões de carbono e a má gestão dos oceanos e florestas.

---

58   https://www.footprintnetwork.org

A cada ano que passa, consumimos com mais rapidez os recursos naturais que a Terra tem para nos oferecer. Em 1975, este "orçamento ecológico anual" do planeta durou até novembro.

Segundo a Global Footprint Network - CFN afirmou, *"emitimos mais dióxido de carbono para a atmosfera do que aquilo que os nossos oceanos e florestas podem absorver. Pescamos e colhemos mais rapidamente do que aquilo que conseguimos reproduzir e fazer reflorescer".* A chamada pegada ecológica, que mede a quantidade em área de terra e água necessária para sustentar uma população em relação à capacidade da biosfera de se regenerar, nos mostra que a conta não está fechando, pois, para a manutenção da população global, com os níveis atuais de consumo, seria necessário o equivalente a 1,7 de planeta. Frente a isso, a conta parece estar chegando. Ou transformamos radicalmente nossa relação com o planeta e ajudamos a regenerar o ecossistema natural, ou possivelmente correremos sérios riscos nas próximas gerações de extinções. Para quem interessar em se aprofundar no assunto, no endereço eletrônico *http://data.footprintnetwork.org/#/* é possível ver o mapa global com dados abertos.

Será preciso termos mudanças drásticas de hábitos e comportamentos. A lógica vigente de sociedade descartável, em que somos estimulados o tempo todo a comprar, jogar fora e comprar novamente tudo ao nosso redor, não é mais sustentável do ponto de vista ambiental.

No âmbito das organizações, cresce a pressão por equilibrar e integrar resultados financeiros com resultados ambientais e sociais, no que hoje é chamado de abordagem "Triple Bottom Line".[59] Organizações na Europa e nos Estados Unidos já têm percebido e acolhido essa tendência, buscando apresentar seus resultados em triplo critério, isto é, considerando esses três aspectos: ambiental, social e econômico. Esse tripé da sustentabilidade, "Triple Bottom Line", conceito também conhecido como 3 Ps da Sustentabilidade (People, Planet, Profit; ou, em português, PPL, Pessoas, Planeta, Lucro), abarca a ideia de que essas três dimensões precisam interagir de maneira holística para que os resultados de uma empresa de fato lhe atribuam o título de sustentável dentro dessa lógica. Dados apontam que 68% das multinacionais da Europa Ocidental fazem seus relatórios nesse esquema, medindo resultados em termos sociais, econômicos e ambientais, enquanto nos Estados Unidos a porcentagem é de 41%. Por enquanto, nenhuma empresa é obrigada por lei a apresentar seus resultados dessa maneira, é uma escolha da própria organização

---

59   https://en.m.wikipedia.org/wiki/Triple_bottom_line

comprometida com o desenvolvimento sustentável, mas imagino que, muito em breve, esse modelo deva virar referência para criar um instrumento executivo para sustentabilidade no mundo todo.

Medir a sustentabilidade de uma empresa ou buscar crescer de forma sustentável, com resultados mensuráveis, não é uma tarefa tão simples, e era ainda mais difícil antes da ideia do "Triple Bottom Line". O responsável por esse quadro conceitual é o norte-americano John Elkington, que publicou um artigo chamado de "The triple bottom line: What is it and how does it work?".[60] Nele, os autores, o doutor e diretor de análise econômica, Timothy F. Slaper, e a analista de pesquisa em economia, Tanya J. Hall (ambos do Centro de Pesquisa em Negócios da Universidade de Indiana), abordam o assunto de forma extensa. Os autores comentam sobre a importância de Elkington na construção de um método pragmático e eficaz na medição da sustentabilidade no ambiente corporativo. John Elkington se esforçou para fazer medições de sustentabilidade em meados dos anos 1990, englobando um novo esquema conceitual. Esse esquema foi além de métodos tradicionais que mediam lucros, retorno sobre investimento e valor para o acionista, incluindo fatores ambientais e dimensões sociais. A questão aqui é ver a sustentabilidade e sua mensuração como uma análise do impacto das atividades da empresa, organização ou nação em nível global.

A definição dos 3 Ps não é tão difícil, mas a forma de medir os três aspectos não é única. Os lucros podem ser mensurados de forma exata, mas os dois outros aspectos são mais subjetivos. De maneira geral, porém, o capital humano poderia ser analisado em termos de salários justos, adequação às leis trabalhistas, preocupação com o bem-estar dos funcionários. O aspecto ambiental seria visto nas ações práticas da empresa para diminuir seu impacto ecológico negativo e compensar o que não pode ser amenizado.

Como quer que seja feita essa análise, o fato é que empresas que optam por buscar resultados que integrem os 3 Ps estão saindo na frente no século XXI, muito disso alinhado com o propósito de suas marcas e o legado que essas companhias estão deixando ou querem deixar na Humanidade.

---

60   https://www.ibrc.indiana.edu/ibr/2011/spring/article2.html

3 - CRIANDO UMA ESTRATÉGIA

Anotações

_____

_____

_____

_____

_____

_____

_____

_____

_____

_____

_____

Cada empresa tem seu próprio meio para criar, inovar e implementar inovações, sejam elas incrementais ou até mesmo inovações na borda. Porém, o que eu tenho percebido é que grande parte das empresas constituídas vêm enfrentando dificuldades e desafios provocados pela transformação digital e aparentam estar estáticas, sem saber por onde começar, e muitas afirmam ser uma insanidade investir em inovação e transformação digital devido aos fatores econômicos pelos quais o país vem passando.

Um processo de transformação digital é um processo complexo e, claro, requer investimentos sérios que vêm acompanhado de riscos. Mas, ao mesmo tempo, muitas empresas ao redor do mundo realizaram essa tarefa crítica, elas tomaram decisões, e muitas delas, como já podemos perceber, estão colhendo ótimos resultados, ficando na vanguarda em seus setores.

Para que as empresas avancem para a era digital elas precisam ter uma visão clara com uma estratégia sólida, baseada em análises aprofundadas que podem ajudar a prever possíveis riscos, calcular o orçamento desse aprimoramento e garantir os resultados desejados. Infelizmente, muitas empresas iniciam suas jornadas digitais sem um plano estruturado, e acabam por gastar milhões e, por consequência, acabam fracassando.

Observando as respectivas análises de companhias importantes quando o assunto é tecnologia, como a Gartner, a IDC e a Forrester em suas previsões de 2016, destacando a transformação digital e seus impactos nas empresas e consumidores de forma global temos dados interessantes. De acordo com a Forrester,[61] apenas 27% das empresas tinham uma estratégia digital coerente que definia como a empresa criaria valor para o cliente com um negócio digital. Já a Gartner,[62] no entanto, apontava que mais de 125.000 grandes organizações estavam lançando iniciativas de negócios digitais e que os CEOs esperavam que suas receitas digitais aumentassem em mais de 80% até 2020.

---

61 https://www.forester.com/us/documents/white-paper/forrester-digital Acesso em 22 jun. 2019
62 https://www.gartner.com/binaries/content/assets/events Acesso em 22 de jun. 2019

E a IDC[63] esperava que o percentual de empresas que criassem iniciativas avançadas de transformação digital mais que dobraria até 2020, dos 22% para quase 50%.

A IDC fez uma prévia ainda sobre o surgimento da "economia DX."[64] Já a Gartner falava sobre a ascensão do "negócio algorítmico e da economia programável",[65] e a Forrester mapeou um roteiro para empresas que respondem a clientes e consumidores com experiência digital.

Importante avaliar nessas previsões o desempenho em seus relatórios, que no meu ponto de vista fortalecem a tomada de decisão para olhar seu mercado atual, acompanhar as tendências, ver o que está acontecendo, criar uma visão clara e só então elaborar uma boa estratégia de transformação digital.

Para criar uma boa estratégia de transformação digital é importante não só abraçar os conjuntos de novas tecnologias, mas também, e principalmente, adquirir uma cultura digital, as quais, juntas, impulsionarão a transformação digital para o equilíbrio nesta década. E, claro, estratégias requerem adaptação, ajustes, mudanças nos processos operacionais e, em alguns casos, a transformação do modelo de negócio por completo.

3.1. Uma nova cultura organizacional

Diante da necessidade de ser flexível para competir, empresas mestres digitais vêm buscando alternativas de modelos e arquiteturas organizacionais que as possibilitem ter a agilidade necessária para se adaptarem rapidamente diante das mudanças no ambiente de transformação digital. Transformações tecnológicas e demandas dos *stakeholders* desafiam as empresas que precisam ser proativas para antecipar tendências e reagirem rapidamente, redesenhando a sua estrutura, seus modelos e arquitetura organizacional. As empresas empenham-se para se tornarem players relevantes na disputa pelo mercado, mas muitos esforços resultam ser insuficientes, sobretudo se não estiverem alinhados com o modelo organizacional adequado. As empresas que não nasceram inovadoras precisam rever suas atividades para não perderem a relevância na vida de seus clientes.

---

63 https://www.businesswire.com/news/home/20151104005180/en/IDC: Acesso em 22 jun. 2019
64 https://www.businesswire.com/news/home Acesso em 10 jun. 2019
65 https://www.gartner.com/it-glossary/algorithmic-business. Acesso em 10 jun. 2019

A transformação digital por si só é a migração necessária da empresa para a era digital, porém, não contemplam apenas a dimensão tecnológica, mas, sim, uma mudança que envolve também o modelo de governança, de organização, de gestão, de negócio e, sobretudo, as pessoas, o que acaba determinando mudanças na cultura organizacional da empresa. Dessa forma, os colaboradores precisam estar inseridos nessa mudança, agindo como arquitetos da transformação para o êxito da empresa na era digital.

As deficiências na cultura organizacional estão entre as principais barreiras no sucesso da empresa na era digital. Essa é uma conclusão central da pesquisa da McKinsey sobre executivos globais, que destacou três deficiências da cultura digital,[66] equipes funcionais e departamentais, medo de assumir riscos e dificuldade de formar e agir em uma única visão do cliente.

Embora a mudança de cultura seja criticamente importante para a transformação, é difícil e demorado alcançar isso, portanto, construir uma nova cultura organizacional é imprescindível para a jornada de transformação digital.

Os modelos de negócios, as profissões e os modelos de organização que nós conhecemos estão sendo corroídos muito rapidamente, estamos vendo novos modelos de organização surgirem e se consolidarem, substituindo o que chamamos da velha economia.

É preciso mudar nosso mindset da cultura analógica[67] para uma cultura digital, afinal, estamos vivendo a era digital. Ao falar sobre transformação digital, o grande e um dos maiores desafios é justamente a mudança da cultura analógica para digital, ao mesmo tempo em que esse é um ponto crítico para qualquer empresa.

Mover-se de um modelo para o outro é o desafio, porém, essa será a experiência positiva e fortalecedora para o sucesso da transformação digital.

A tabela a seguir traz algumas das principais diferenças entre a cultura analógica e digital, nos possibilitando perceber porque tal transição pode ser tão complexa, mas, ao mesmo tempo, necessária.

---

66 https://www.strategyand.pwc.com/report/building-a-digital-culture: Acesso em 07 de jul. 2019
67 https://www.cio.com.au/article/523036/shifting_digital_culture/: Acesso em 07 de jul. 2019

CULTURA ANALÓGICA	CULTURA DIGITAL
Defensiva	Ataque
Os clientes estão distantes	Centrada no cliente
Dados medem o desempenho passado	Dados usados para percepções ao vivo e tomadas de decisão
Relatórios	Tempo real
Caso de negócio detalhado requerido	Lean, Canvas e Design Thinking
Averso ao risco	Falhar mais rápido
Insights do grupo de foco	Teste freqüente de usuários
Pesquisa de mercado	Ouvindo e aprendendo
Quadro organizacional	Hierarquia mínima (adhocracia)
Silos de departamento	Equipes multifuncionais
Em casa é melhor	Rede de conhecimento
Nossa oferta	As necessidades do cliente

Fonte: Adaptado Cultura Digital

Mas não se preocupe, não é o fim do mundo. Hoje existem ferramentas e métodos que estão criando um espaço aberto onde as experiências de colaboradores e clientes são o foco, onde as pessoas são mais importantes, onde a mudança é planejada e a inovação toma o centro do palco.

É interessante pensarmos um instante: ao mesmo tempo em que temos a capacidade de mudar nossas tecnologias, nossa infraestrutura e nossos processos, abordar o elemento humano é bem mais desafiador.

A cultura pode ser considerada como um sistema operacional da organização e é hora de deixar a cultura impulsionar a transformação digital. Para que isso ocorra de forma natural, algumas técnicas podem ser colocadas em prática, como compartilhar a visão e criar um propósito, dar maior liberdade para pessoas escolherem e decidirem, estar aberto a feedbacks externos e distribuir a tomada de decisão.

Pessoas com visão e propósito compartilhados são uma força a ser considerada. Sua organização inteira, do C-level ao associado/colaborador, deve estar se movendo na mesma direção. Uma vez que os valores são compartilhados, propósito e direção criam processos de negócios simplificados e fortalecedores.

Propósito, valores, metas e ciência de que todos os colaboradores estejam alinhados é um bom começo. Se você não puder responder a qualquer uma dessas perguntas com facilidade, certamente terá um problema. Então, primeiro passo: responda a estas perguntas e envolva seus colaboradores no processo. Use o feedback para obter respostas coesas com as quais toda a sua equipe possa se relacionar; depois de concluir esse processo, você pode seguir para a estratégia. Trabalhe com seus colaboradores em estratégias e iniciativas e deixe a cultura impulsionar a transformação digital. A chave aqui é trabalhar o processo colaborativo. Não trabalhe apenas com uma equipe de líderes, trabalhe com todos para estarem na mesma página. Além disso, você nunca sabe quem terá uma ideia que pode mudar o jogo. Trabalhar com os times dessa maneira desenvolverá uma cultura onde eles se sintam valorizados e criará o alinhamento empoderado. Os casos de sucesso analisados dos quais serviram como embasamento técnico para esse capítulo acabaram tomando essas iniciativas e obtiveram sucesso, deixando a cultura impulsionar a transformação digital, e você também pode.

Dar às pessoas a liberdade de tomar suas próprias decisões pode ser assustador, no entanto, quando as pessoas se sentem livres para tomar suas próprias decisões, as coisas boas acontecem. Eles começam a priorizar efetivamente e começam a inovar. Elas começam a criar e a tentar coisas novas. De repente, a nova tecnologia encontra o seu caminho através de suas portas, simplificando e melhorando seus processos.

Na verdade, a transformação digital é impulsionada pela inovação e pelo aprendizado de tentativas ao novo. Viver sob o guarda-chuva da empresa é uma maneira infalível de perder o controle do seu ROI[68] e decepcionar seus *stakeholders* mais importantes. A tecnologia em si não faz a transformação, em vez disso, facilita a mudança que ocorre durante a transformação. Você precisará ser estratégico no que escolher, até onde a tecnologia for. A única maneira de tomar decisões conscientes é fazer um balanço de tudo ao seu redor e aprender. Descubra novas tecnologias e peça sugestões. Inovação requer uma mente aberta que você não pode ter sem sair da sua zona de conforto.

Colaboradores estão na linha de frente do engajamento do cliente todos os dias. Um senso de autonomia ajuda muito a mantê-los produtivos, e os dias de tomada de decisão de forma centralizada se foram.

Na verdade, o C-level, diretores e gestores devem distribuir sua decisão, permitindo que seus colaboradores falem o que funciona e o que não funciona.

Por fim, sua transformação digital exigirá mais da sua organização do que simplesmente usar algumas ferramentas tecnológicas. Será

---

68   https://en.wikipedia.org/wiki/Return_on_investment: Acesso em 20 de jun. 2019

necessária uma linha aberta de comunicação entre o C-level, diretores e gestores, e todos os colaboradores, uma nova liberdade para escolher e inovar, uma visão e um propósito compartilhados com um senso de aventura. Ao promover uma cultura corporativa como essa, você verá a transformação digital da unidade cultural em sua organização.

3.2. Transformação dos processos operacionais

A transformação digital não se resume unicamente a fornecer uma melhor experiência aos clientes por meio de canais virtuais de compras, um atendimento ao cliente ágil e integrado com as redes sociais. A modelagem dos processos internos devem permitir uma entrega de valor cada vez maior em cada etapa da cadeia, do ponto de contato com o cliente, e isso pode ser obtido com um melhor fluxo de informação, colaboração e trabalho em equipe, elementos em que a transformação digital pode auxiliar de forma bastante prática e assertiva.

Segundo o MIT - Massachusetts Institute of Technology,[69] as empresas mestres em transformação digital são, em media, 26% mais lucrativas e 9% mais competitivas do que as demais empresas de seus segmentos. Portanto, para tirar o máximo proveito de sua estratégia digital, é preciso aproveitar o embalo do mercado em mudança e ajustar a sua abordagem, de maneira ágil e inteligente.

Como um dos propósitos deste livro é encorajar projetos de transformação digital, trago aqui alguns estudos de casos e lições de empresas inovadoras que estão moldando as suas estratégias de transformação digital e podem ajudá-lo a criar uma abordagem reflexiva para impulsionar as mudanças para o seu projeto de transformação digital.

A Amazon começou no comércio eletrônico, mas, recentemente, entrou no negócio de varejo supermercadista com um processo de verificação totalmente digital chamado Amazon Go.[70] Nesse processo, os supermercados não precisam de caixa-eletrônico, tudo é feito por meio de um aplicativo, que registra os produtos de forma automática que você tira da gôndola, adicionando-os no seu "carrinho virtual". Esse é apenas um exemplo da capacidade que uma estratégia de transformação digital estruturada pode fazer. A lição: explorar novos ambientes e investir na tecnologia pode fazer toda a diferença. Na prática, o que mais tenho

---

69   https://cdoclub.com/2015/08/companies-with-digital Acesso em 01 jul. 2019
70   https://www.amazon.com/b?node=16008589011: Acesso em 30 jun. 2019

visto é grandes empresas buscando incorporar *startups* para acelerarem a transformação digital em seus modelos de negócios.

O Google lançou um dispositivo chamado Google Home, um alto-falante ativado por voz que usa os recursos do Google Assistente, basta você dizer "ok, google," fazer perguntas e pedir para que ele realize tarefas. A lição: essa transformação não é um plano para o futuro, e sim uma necessidade atual, urgente, que precisa da atenção das empresas e, principalmente, do C-level para manterem sua competitividade, criarem novas interações e entregar experiências.

Um outro caso muito interessante é o da famosa rede Subway, que está abrindo suas novas lojas com um redesign de marca, além de restaurantes mais modernos com totens de autoatendimento digital, Wi-Fi grátis e novos acompanhamentos no cardápio. A experiência do usuário e o design de serviços são essenciais para saber a percepção dos clientes ao utilizarem os seus serviços. A lição: proporcionar para cada um a sensação de que aquele produto foi feito para ele e personalizado de acordo com o seu gosto, o que faz com que ele se sinta mais perto da sua marca.

A General Electric conseguiu dar um salto digital porque olhou para fora da sua própria indústria para se inspirar. Em vez de apenas analisar seus concorrentes diretos, a GE estudou empresas inovadoras em setores de tecnologia e contratou pessoas de fora da indústria. Ela também se associou com várias incubadoras de empresas para ganhar experiência trabalhando com *startups*. Ao expandir seu ponto de vista, ela conseguiu lançar a Predix Cloud, sua plataforma como serviço (PaaS), que permite que as máquinas industriais sejam monitoradas e otimizadas digitalmente. Ela foi desenhada para capturar e analisar um imenso e distinto volume de dados produzidos em um ambiente de equipamentos conectados. Analisar as tendências em outras indústrias colocou a GE à frente de seus concorrentes ao fazer uma iniciativa impressionante, que já proporcionou uma aliança estratégica com companhias como a Pitney Bowes. A GE está revolucionando suas empresas de aviação e energia eólica com a internet industrial e internet das coisas. O processo de desenvolvimento mostra uma ótima promessa ao combinar tecnologias físicas e digitais para produzir resultados comerciais fantásticos para a Pitney Bowes, entre outros clientes da empresa. A lição: a evolução pode vir de qualquer lugar, portanto, as empresas não podem apenas analisar quais são seus concorrentes mais próximos. Elas precisam olhar para as mudanças em outras indústrias que já estão aplicando estratégias e, principalmente, para as *startups*.

A STC - Saudi Telecom Company[71], uma empresa de telecomunicações de US $ 12 bilhões, sentiu que algo mudou em seu público-alvo e entendeu que precisava lançar novas iniciativas digitais. Em vez de elaborar uma estratégia digital genérica, a STC contratou uma equipe de pesquisadores para estudar os hábitos e estilos de vida dos Millennials no país. A empresa estava interessada em entender as dificuldades dos jovens consumidores e o resultado foi uma unidade de negócios chamada Jawwy, que atingiu com sucesso os chamados nativos digitais. A Jawwy tem como função entender as dificuldades das personas da empresa e trabalha para projetar uma solução digital. Para a Jawwy, a percepção do cliente não era uma reflexão tardia, e sim a peça fundamental de uma estratégia digital. A lição: não se esqueça de entender o seu público; sem explorá-lo, a sua estratégia digital será somente um palpite.

Os projetos de transformação digital envolvem toda a empresa, sendo de extrema importância ter uma visão de "para onde" você está indo. O exemplo de Alan Mulally, ex-CEO da Ford, que liderou a empresa através de uma estratégia de transformação digital após a recessão de 2008,[72] tendo assumido em 2006,[73] quando a Ford estava em condições difíceis, adotou a solução para restaurar uma posição de liderança da empresa, que foi apresentada em um plano que ele chamou de One Ford. A One Ford integrou todos os componentes que são necessários em qualquer grande esforço de inovação, mas é interessante porque esse esforço não dependeu somente do pensamento visionário e dos novos produtos, mas da capacidade de impulsionar o novo pensamento de equipe, função e parceria de uma empresa inteira. Para isso, ele criou um plano de negócios e compartilhou com sua equipe executiva em reuniões semanais. Essas reuniões foram refletidas em todos os níveis da organização. Os gerentes compartilharam todos os feedbacks da visão dos funcionários com a equipe executiva. Por fim, Mulally definiu uma agenda de alto nível, considerando também o feedback de toda a organização. A lição: sua estratégia digital precisa do apoio executivo para decolar, mas é necessário considerar que grandes problemas organizacionais podem ocorrer se você não tiver contribuição de todas as partes e, portanto, encontrar o equilíbrio certo é a chave para uma estratégia de transformação digital bem sucedida.

---

71 http://www.stc.com.sa/wps/wcm/connect/arabic/individual/individual: Acesso 20 de mai. 2019
72 https://www.forbes.com/sites/sarahcaldicott/2014/06/25/why-fords-alan-mulally: Acesso em 30 jun. 2019
73 https://www.forbes.com/sites/sarahcaldicott/2014/06/25/why-fords-alan-mulally: Acesso em 30 jun. 2019

Alguns times de alta performance em grandes organizações estão lançando centros de inovação para estruturar as ideias de transformação digital. Esta estratégia pode ser efetiva quando há um plano específico para testar iniciativas digitais. Em 2015, o Scotiabank lançou a Digital Factory,[74] uma unidade de aceleração tecnológica que ajuda a identificar áreas que podem ser melhoradas e que, consequentemente, auxilia os processos da empresa. Nesta aceleradora, os especialistas tecnológicos examinam a experiência do cliente e visam oferecer soluções para os pontos mais urgentes. No entanto, um problema típico desses centros digitais é a falta de liderança executiva apropriada.

Um recente artigo da Harvard Business Review apontou, que "somente o CEO tem o poder de fornecer esse tipo de direção digital em toda a empresa". Já a agência Organic revelou que 62% da equipe tem a falta de liderança como a maior barreira para a transformação digital. Essa mudança vem de um conceito complexo, que precisa partir do topo para se espalhar pelas decisões estratégicas e processos do seu negócio. A lição: para uma estratégia de transformação digital completa é importante uma direção executiva que irá liderar todo este processo e envolver todos os colaboradores. Uma estratégia digital com um grande suporte executivo não terá poder de permanência se não tiver a cultura certa para sustentá-la. Peter Drucker uma vez disse, "a cultura come estratégia para o café da manhã."

Quando a Adobe decidiu fazer a transição do software físico para um modelo baseado em nuvem, sabia que precisava mudar o foco de seus funcionários para as necessidades do cliente. Para conseguir isso, criou um *Experience-a-thon*[75] da equipe, no qual os colaboradores podiam testar e fornecer feedback sobre os produtos da Adobe, não do ponto de vista deles como colaboradores, mas como usuários. O envolvimento dos colaboradores foi uma estratégia chave durante a mudança da Adobe para se tornar uma empresa em nuvem. A lição: embora cada empresa enfrente desafios únicos, uma iniciativa digital deve ser acompanhada de mudanças culturais significativas que irão sustentar a transformação para o futuro.

No Super Bowl de 2015, após a exibição do vídeo "Pay With Lovin," o Mc Donald's usou as redes sociais para distribuir produtos relacionados aos comerciais que foram exibidos ao longo do jogo. Nesta estratégia, era importante para ele ter a capacidade de responder os comerciantes imediatamente e monitorar ativamente as tendências das mídias sociais

---

74 https://digitalfactory.scotiabank.com/: Acesso em 30 jun. 2019
75 https://spark.adobe.com/page/QhnuK/: Acesso em abril. 2019

em tempo real. A todo tempo a palavra Lovin[76] foi utilizada em diversos tweets no twitter oficial da marca. O esforço foi um sucesso e atraiu mais de 1,2 milhão de retweets, incluindo celebridades de alto perfil, como a cantora Taylor Swift. Isso exigiu várias tecnologias digitais e a reconfiguração de sua comunicação interna além dos processos operacionais. O McDonald's criou uma sala de redação digital com uma equipe multifuncional que incluiu membros das divisões jurídicas e de marketing, agências de publicidade e funcionários de mídia social da empresa. A lição: as redes sociais podem fazer uma grande diferença na sua estratégia de transformação digital. De acordo com a pesquisa Social Media Trends 2017, cerca de 92,1% das empresas brasileiras estão presentes nas redes sociais, no entanto, muitas não sabem como aplicar essa prática de maneira eficaz.

Com esses estudos de casos é possível concluir que a transformação digital é um processo no qual as empresas fazem uso da tecnologia para melhorar o desempenho, aumentar o alcance e garantir resultados melhores, por meio da mudança estrutural nas organizações, dando um papel essencial para a tecnologia com a visão do C-level.

Portanto, para ter sucesso na sua estratégia de transformação digital analise as lições aprendidas aqui e veja quais poderão ser aplicadas no seu modelo de negócio, e ainda, pense em possibilidades, porque a transformação digital não é um conceito para o futuro, e sim algo pelo qual as empresas de hoje precisam dar o máximo de atenção para continuarem vivas no futuro. Por isso, é preciso entender exatamente o que significa essa transformação, qual o seu impacto na sociedade e como aplicá-la.

3.3. Transformação dos modelos de negócios

A soma de tudo que vimos até aqui, tem como objetivo ajudar a entender melhor que em muitos casos será sim necessário a transformação do modelo de negócio não apenas no sentido de mudar a própria maneira como sua organização produz e entrega valor ao mercado, mas se atentar também para o que a concorrência pode fazer nesse sentido, usando a transformação digital para isso.

Toda uma indústria de GPS para veículos praticamente desmoronou com a chegada do Waze, e os setores de hotelaria, transporte ur-

---

76   https://youtube/i4l501Grskc: Acesso em 01 de jul. 2019

bano e entretenimento foram fortemente abalados por iniciativas como Airbnb, Uber e Netflix. Sua empresa pode até querer gerar a chamada *inovação disruptiva*, mas, além disso, deve estar atenta para os passos da concorrência, principalmente indireta, e se defender preventivamente das ameaças.

Tenho acompanhado e visto a enxurrada de capital de acionistas como resultado da fraca governança para liderar a agenda digital. A transformação digital não se dará simplesmente embarcando uma nova tecnologia digital a um processo existente, a isto damos o nome de iniciativa digital. Existe ainda muita incerteza das empresas quanto às novas tecnologias, de quais usar, de como usar e por onde começar. Deve-se iniciar pelo analytics ou já implantar IoT? Inteligência artificial, robótica, big data ou blockchain? O que vai garantir minha empresa nessa nova era? A resposta a toda essa incerteza em como se encaixar na transformação digital decorre da falta de resposta para uma pergunta cuja resolução não é tão simples: afinal, o que estamos desejando transformar?

A transformação digital significará em praticamente todos os setores, na realidade, a transformação do modelo de negócio, e consequentemente do seu setor. Trata-se de uma completa reinvenção da cadeia de valor e das fronteiras do negócio ao redor de uma nova arquitetura tecnológica. Levará vantagem quem largar na frente e encontrar as respostas corretas para as melhores perguntas. Infelizmente, não existem respostas prontas e nem mesmo soluções inspiradas na atuação dos concorrentes. Encontrar a combinação de certas tecnologias e novos modelos de negócio é o que garantirá o sucesso daqui para frente.

A sensação que temos é de um mar de informações transbordando e pressões para lidar com disrupções tecnológicas para encarar a jornada digital. Os esforços para se manter no jogo são desconfortáveis, insuficientes e o sentimento de ficar para trás faz agora parte do dia a dia nas empresas.

A figura a seguir, apresentado pela IBM, foi publicado em dezembro de 2017 com o título "Empresas incapazes de lidar com o Novo Normal."[77]

---

77 https://hbrbr.uol.com.br/organizando-se-para-competir-no-mundo-digital-i/: Acesso em 04 jan. 2019

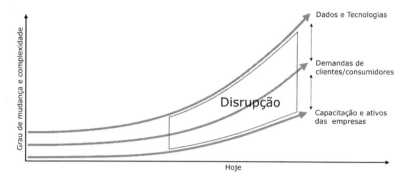

Figura: Incapacidade de lidar com o novo normal

Experienciamos um momento de inflexão em como trabalhamos, como consumimos e como vivemos. E o que vem por aí só aumentará o desafio de explorar a erupção de dados, o poder computacional, a agilidade da nuvem e a expansão da ubiquidade. Já vivemos a era cognitiva nos negócios e na sociedade, e não há mais volta.

Um estudo desenvolvido pela Oxford Economics, IHS, IBM e IDC-Seagate, chamado de Data Age,[78] mostra que já em 2025 a economia digital representará algo em torno de 24% do PIB global, ou seja, cerca de US $ 23 trilhões, e ainda:

• Teremos cerca de 75 bilhões de aparelhos conectados no mundo. Serão 9,2 aparelhos conectados por habitante, de 2,7 em 2017. Uma pessoa irá, em média, interagir 4.800 vezes com aparelhos conectados todo dia, uma interação a cada 18 segundos;

• Serão gerados 163 zettabytes em dados, dez vezes mais do que geramos em 2016;

• 30% serão críticos ou hipercríticos para a vida humana, como dados médicos, de sistemas de controle, de telemetria e de transporte aéreo;

• 25% serão gerados em tempo real, e desses, 95% terão origem em IoT (internet of things);

• 20% virão embutidos em câmeras de segurança, medidores, wearables, máquinas de vendas, entre outros;

• 3% serão fonte para análise avançada e cognitiva, seis vezes mais do que em 2016 (0.5%), dado o avanço do poder computacional que irá acirrar a busca de insights crescentes por empresas e indivíduos (acredito que esta estimativa é conservadora);

---

78 https://www.seagate.com/br/pt/our-story/data-age-2025/: Acesso em 24 de jun. 2019

• Quase 90% exigirá um nível de segurança, mas menos da metade o terá.

A projeção deste mundo digital tem recebido leituras distintas, e a percepção deste momento dependerá da pressão sentida pelas empresas e de sua maturidade para entender o impacto das tecnologias digitais na sobrevivência e competitividade de seus negócios.

Com um olhar mais atento é possível identificar o complexo sistema que comanda este momento decisivo para as organizações, e a ambição da reinvenção digital cria o contexto para as empresas desenharem a arquitetura e engajarem a organização, seja por dor ou aspirações.

3.4. O negócio como plataforma

Ao olharmos para as Big Techs (Google, Facebook, Apple, Microsoft, SAP, SalesForce, Linkedin, Amazon, e-Bay, Baidu, Alibaba), o que todas têm em comum? A resposta é: seus modelos de negócios como plataforma.

A inovação e a busca por novas oportunidades sempre foram molas propulsoras do progresso e do sucesso empresarial, e o aumento da concorrência acirrada tem confirmado isso. Empresas formadas por múltiplas faces, aquelas com capacidade de capturar oportunidades e transformá-las em produtos e serviços de valor, não importando quanto isso implique adaptar, mudar ou multiplicar seus produtos/serviços, conseguem se reinventar e explorar territórios antes ignorados, desconhecidos, até mesmo inimaginados, explorando novos modelos de negócios. Segundo Osterwalder, "um modelo de negócio descreve a lógica de criação, entrega e captura de valor por parte de uma organização".

A Apple, por exemplo, tem construído sua história pautada na reinvenção constante do seu negócio, começando suas operações em 1976 como uma empresa com foco na produção de computadores Macintosh. Entretanto, em 2001, isso começou a mudar quando apresentou a primeira versão do iPod, e criou um novo modo de baixar e ouvir música individualmente, para o negócio de entretenimento. Em 2003, criou sua própria loja virtual de música, a iTunes Music Store, acessada por aplicativo, em dispositivo fixo e móvel com a qual, a partir de então, o usuário não mais precisava comprar um CD ou DVD completo, e sim escolher exclusivamente as músicas de sua preferência, baixar em seu aparelho, pagando muito menos e somente por sua seleção musical.

Em 2007, surpreendeu o mundo ao lançar o iPhone, integrando em um único aparelho móvel as funções do iPod, do telefone, do GPS, da câmera fotográfica e de filmagem, e um computador com internet. Continuando sua progressão, a empresa lança, em 2011, o iPad, e em 2015, apresenta ao mundo o Apple Watch, um "relógio inteligente."

Marshal Alstyne, Geoffrey Parker e Sangeet Paul Choudary, no livro "Plataforma, a revolução da estratégia" (2016), nos lembram que, há dez anos os fabricantes Nokia, Samsung, Motorola, Sony Ericsson e LG, em conjunto, obtinham cerca de 90% dos lucros globais do setor de telefonia celular. Naquele ano de 2007, o iPhone da Apple foi lançado e começou a engolir a participação neste mercado e, em 2015 foi responsável por gerar cerca de 92% dos lucros globais da indústria de celulares, enquanto os outros fabricantes – exceto um deles – ficaram praticamente sem lucro algum. Como podemos explicar a rápida dominação do iPhone neste setor e a queda livre de seus concorrentes? Nokia e outras apresentaram vantagens estratégicas clássicas de proteção com forte diferenciação de produtos, marcas confiáveis, sistemas operacionais líderes, excelente logística, regulação de proteção, grandes orçamentos de P&D e grande escala. Para a maioria, incluindo consultores de mercado e acadêmicos, essas empresas pareciam estáveis, lucrativas e bem enraizadas, porém o iPhone tinha um design inovador e novas capacidades, mas, na época, a Apple era um concorrente fraco e não ameaçador cercado por gigantes. Ela tinha menos de 4% de participação no mercado em sistemas operacionais de desktop e nenhuma participação em telefones celulares.

A resposta é que a Apple, com seu sistema operacional mobile (iOS), invadiu o mercado, explorando o poder das plataformas e alavancando as novas regras de estratégia que as acompanham. Segundo Sangeet Choudary, "uma plataforma é um modelo de negócios plug-and-play que permite que vários participantes, sejam produtores e consumidores que se conectem a ela, interajam uns com os outros e troquem valor."

A Alphabet, holding criada em 2015 controladora do Google, possui negócios de internet como o serviço de buscas, mapas, aplicativos, o Youtube e o Android, também controla negócios como a Calico (saúde), a Nest (produtos para a casa), a Fiber (banda larga), os braços de investimento Ventures e Capital, as incubadoras do Google e a Waymo – essa última, responsável pelo desenvolvimento do carro autônomo, em teste desde abril de 2017.

Plataformas traduzem um modelo de negócio que integram dois grupos. De um lado, agentes econômicos que ofertam seus produtos, do outro, agentes interessados na compra desses produtos. A indústria de videogames funciona neste modelo, o Xbox da Microsoft, é um produto que atua como plataforma ao integrar os jogos produzidos por desenvolvedores aos ávidos jogadores no lado da demanda.

Os shoppings centers, por exemplo, são centros comerciais que facilitam e organizam a aproximação de lojistas, que pagam para usufruir da infraestrutura, localização e consumidores, que podem passear no shopping e fazer suas compras com mais segurança e comodidade, embora já haja indícios que os shoppings tendem a perder relevância nos próximos anos.

Neste modelo, o sucesso depende da atração e do volume de participantes dos dois lados, uma vez que a oferta tem desenvolvedores e produtos em bom número, os compradores serão atraídos. Da mesma forma, quanto mais compradores e interessados na demanda, mais sujeitos estarão os desenvolvedores a dedicarem-se ao serviço.

O desafio da plataforma é estimular o crescimento e facilitar as transações entre os dois lados. Os efeitos de escala são muito fortes, e atualmente há uma tendência para que esses serviços adquiram portes gigantescos, com centenas de milhões ou até mesmo bilhões de participantes. Há pouco mais de 20 anos, esse modelo de negócio ganhou uma aliada muito importante, que foi a Internet.

A Internet é uma grande facilitadora para a conexão de ofertantes e compradores. A rede transpõe barreiras geográficas e permite que os mais diferentes produtos e serviços sejam pesquisados, experimentados e negociados globalmente. A rede também possibilita a análise de dados e insights para os negócios numa escala inédita.

Para ver um filme nas décadas de 80 e 90, era necessário deslocar-se até uma locadora, navegar pela loja, pegar a fila no caixa e voltar para casa. Atualmente, por meio do Netflix, escolhemos os filmes no conforto em nosso sofá, ou até mesmo pelo próprio *smartphone*, avaliamos as recomendações online, assistimos ao trailer e, com a mão no controle, consumimos os conteúdos intermináveis.

Quantas vezes você foi até uma locadora para locar um filme e ele já tinha sido locado? Importante notar que não existe barreira limitante à demanda do filme no Netflix, Amazon Prime Vídeo e outras plataformas de streaming de vídeo on-demand que vem surgindo.

As empresas mais valiosas do mundo operam em modelos de plataformas que integram vendedores, desenvolvedores, fornecedores e compradores. No caso do Google e do Facebook, são os anunciantes que pagam a conta da plataforma. Na Apple, quem paga são os produtores de aplicativos, música, vídeo e os consumidores que querem comprar aparelhos, conteúdo e entretenimento. Na Amazon, são os varejistas e editores que expõem seus produtos aos consumidores, quando adquirem livros e outros bens de diversas categorias, ou escolhendo o serviço premium da plataforma, por exemplo.

No mundo das plataformas, há três elementos críticos para o sucesso do modelo, uma vez que investimentos são feitos em ambos os lados, tanto na atração de produtores como na atração de compradores, as estratégias de *pricing* são um dos elementos-chave de sucesso e alavancagem, e em muitos casos, a conta pode ser paga unilateralmente, e um dos lados é subsidiado.

O sucesso do PDF, formato padrão para visualização de documentos, está atrelado na estratégia de cobrar uma assinatura dos produtores de conteúdo, e de não cobrar os leitores. Como, efetivamente, a Adobe teve êxito atraindo centenas de milhões de clientes, com acesso gratuito, para esse formato de arquivo, os produtores aceitaram pagar a conta do software de edição para ter acesso aos leitores.

A decisão de subsidiar ou não um lado, e qual o lado é crucial. Ainda no início do mundo digital a Apple decidiu cobrar dos desenvolvedores de aplicativos. Enquanto isso, a Microsoft não cobrava de parceiros dispostos a agregar esse tipo de produto ao Windows. Como resultado, a oferta de aplicativos no ecossistema Windows superou, e muito, o do Macintosh.

A estratégia de cobrar somente os consumidores pelo sistema operacional da Microsoft foi mais acertada. Com isso, o Windows ganhou mais escala nos dois lados e se estabeleceu como padrão. É importante notar que, em alguns mercados, os consumidores não vão pagar para fazer uso de duas plataformas. Eles irão escolher um vencedor, realizando a profecia do vencedor leva tudo da economia digital, portanto, cobrar errado pode ser fatal.

Outra decisão fundamental diz respeito à configuração para uma plataforma vencer uma batalha pela predominância no mercado. Como no caso dos sistemas operacionais de computadores pessoais, pode fazer mais sentido que ela prevaleça comercial, facilitando as transações dos dois lados ou entre participantes de um mesmo lado.

Tanto a Apple como o Google adotaram uma abordagem para construir suas poderosas redes de parceiros, enriquecendo seus sistemas operacionais para *smartphones*. A atração de desenvolvedores de aplicativos em escala e qualidade, a governança da plataforma e a capacidade de envelopar diferentes serviços transformaram a indústria do celular. Quando a Nokia percebeu que sua estratégia de produto tinha um conceito míope e que estruturas que agregavam melhores softwares venceriam o hardware, já era tarde demais.

As empresas que encontrarem formas de projetar e implementar plataformas provavelmente estarão na melhor posição para criar e capturar valor econômico em um ambiente de negócios cada vez mais desafiador e em rápida evolução.

Transformação digital baseado em plataforma

As empresas que podem transformar seus modelos de negócios tradicionais em plataformas terão uma vantagem competitiva baseada em novos insights sobre preços, efeitos de rede, cadeias de suprimento e estratégia. Esses princípios mostram como empresas como a Airbnb, a Amazon, a Apple e a Uber conseguiram, em um tempo relativamente curto, atrair milhões de clientes em todo o mundo. Mas também se aplicam a empresas de produtos tradicionais como, por exemplo, a Sony e a Nike. Novos modelos de negócios ajudaram essas empresas a ampliar as transações existentes para novos produtos e serviços associados e, portanto, as plataformas superam os produtos todas as vezes.

Os dias em que uma empresa poderia colocar um bom produto no mercado, publicar alguns anúncios e, com segurança ter lucro, não existem mais. Cada vez mais, as empresas de produtos mesmo aquelas que fornecem produtos essenciais, como alimentos, precisam de uma plataforma voltada para a Internet para acompanhar as demandas dos clientes e ficar à frente da concorrência. De acordo com especialistas, essas empresas de plataforma estão melhor equipadas para coletar dados importantes e usá-los para criar melhores experiências de clientes, aprimorar produtos e até mesmo estender cada transação vendendo produtos e serviços associados.

Empresas de produtos tradicionais precisam de plataformas?

Já é percebido que as plataformas têm sido a estratégia das empresas mais valiosas que são orientadas a software desde o início. Mas, e as empresas de produtos tradicionais?

De acordo com Paddy Srinivasan, vice-presidente de produtos da Xively, empresas de produtos tradicionais devem se preocupar em grande parte, porque as expectativas dos clientes mudaram devido à interconectividade dos dispositivos móveis e dos objetos físicos. Na Xively, Srinivasan trabalha com empresas de produtos físicos que querem mudar para o modelo de produto como serviço. Embora essas empresas possam não ter a expertise para fazer o que as empresas digitais têm como certo, "assim que você tiver um produto digitalizado em qualquer sentido, seus clientes esperam atendimento, engajamento e suporte 24x7".

É possível vermos hoje clientes de empresas industriais engajados nesse movimento. Esses esperam obter feedbacks instantâneos quando se deparam com problemas. Por exemplo, você acabou de comprar um dispositivo e está usando um aplicativo para programá-lo, e você se depara com um problema, e aí espera apenas apertar um botão e obter suporte imediato do fabricante.

Outro ponto importante é que as empresas também podem se beneficiar dos dados de uso do produto, combinados com dados sobre elementos como localização, clima e tempo de uso para potencialmente vender contratos de suporte adicionais ou para fornecer manutenção preditiva.

Novamente, podemos usar a GE como mais um exemplo de empresa com produtos tradicionais que em 2011 montou uma equipe para desenvolver o Predix, a plataforma baseada em nuvem que hoje está na base de todas as empresas industriais da GE, e que atende a todos os seus clientes a nível global.

Outro caso de sucesso é da McCormick, uma empresa de produtos físicos de 125 anos que usava o modelo de rede para impulsionar o crescimento. Em busca de maneiras de impulsionar o crescimento na Mc-Cormick, uma empresa global conhecida pela venda de especiarias, Jerry Wolfe, CEO na época, descobriu que, enquanto as vendas de produtos alimentícios via e-commerce eram inferiores a 2% do total, cerca de 50% de todas as compras eram influenciadas digitalmente. Então, McCormick testou ideias centradas no consumidor conectado. "Logo no início, descobrimos que se apresentássemos soluções no contexto para um consumidor, 'frango à venda, use esse sabor com ele', o consumidor conseguia ter a solução que queria". A McCormick acabou vendendo mais produtos e o varejista também passou a vender uma cesta maior, porém existia um problema, a escalabilidade.

Portanto, ao criar uma plataforma baseada na Web, inspirada em plataformas de consumidores que acumulavam a experiência e os dados internos da McCormick e as compartilhava externamente, a empresa conseguiu superar esse obstáculo. A plataforma chamada FlavorPrint[79] fornece um perfil de sabor e textura de qualquer tipo de alimento. Com

---

79   https://www.mccormick.com/flavorprint. Acesso em: 28 jun. 2019

base no repositório de dados do McCormick ele compara esse perfil de alimento com os perfis dos consumidores registrados para fornecer recomendações personalizadas. Wolfe descobriu que os usuários que se registravam na plataforma FlavorPrint eram mais engajados do que os usuários que não eram da FlavorPrint e compravam mais produtos McCormick.

A empresa então tornou a plataforma habilitada para API e criou a Vivanda Food Experience, onde o próprio Wolfe é o atual CEO. A FlavorPrint mudou o McCormick de uma empresa de alimentos para um "negócio de experiência alimentar", indo além da combinação de dados e da capacidade de sincronizar a criação de uma experiência.

Importante ao analisar esse e outros estudos de casos que a implementação da plataforma precisa estar intimamente ligada a um caso de uso de negócios para ser bem-sucedida. Isso pode significar o uso de produtos interconectados para reduzir o custo do serviço ou aproveitar os benefícios de envolvimento do cliente que, no caso da McCormick, encontrou com o FlavorPrint, ou pode significar usar um produto físico para vender mais produtos.

As plataformas de serviços também podem ser parte essencial do mix, incluindo tecnologias como software de gerenciamento de campo, ferramentas de gerenciamento de chamados e comunidades de clientes. Embora as tecnologias para isso já existam, ao trazermos essa aplicação para um produto habilitado como serviço usando IoT, por exemplo, o desafio real está em juntar tudo, porque nenhuma solução end-to-end pode ser fornecida por uma única empresa. Na 3G SOFT provemos soluções em IoT, agregando outros parceiros. Dentro do ecossistema de IoT se faz necessário utilizar tecnologias de parceiros, como os sensores e os gateways de conectividade, os endpoints, o broker, a infraestrutura de nuvem e todo o back-end da plataforma, ou seja, nenhum fornecedor tem todas as peças deste quebra cabeça, o que significa que tudo, desde os sensores até os sistemas de back-end precisam ser integrados, e graças às APIs essas integrações hoje são rápidas e mais fáceis. A boa notícia é que bons consultores e integradores podem ajudá-lo a descobrir quais peças funcionam para o seu negócio.

Outro desafio de TI é integrar as ofertas de serviços baseadas na IoT aos sistemas empresariais corporativos, principalmente quando se trata de serviços complementares projetados para ajudar clientes a gerenciam e manterem seus ativos remotamente. A integração com sistemas corporativos é um componente chave em que muitas pessoas não pensam, eles só querem conectividade, mas ainda não sabem o porquê.

Um produto conectado de verdade precisa ser integrado à empresa porque o que você está tentando fazer é gerar receita e, se não fizer parte dos seus sistemas de negócios, ficará muito difícil gerenciar isso.

A En-Gauge[80] se transformou de um fabricante familiar de medidores de pressão em um fornecedor de soluções baseadas em IoT para ativos de segurança como extintores de incêndio. Essa transformação foi fundamental para diferenciar a empresa da concorrência de baixo custo na China. A empresa começou a se mover nessa direção por volta de 2008, bem antes de os produtos conectados baseados em sensores serem chamados de IoT. Por mais que as tecnologias já estivessem disponíveis, foram necessárias duas gerações de produtos, muitas reuniões de usuários finais e muita divulgação e entendimento do mercado, porque grande parte do mercado estava evoluindo na época e o teste real era descobrir quais problemas os usuários finais tinham e só então criar serviços que pudessem ajudar. Para vencer esse desafio, a En-Gauge teve de explorar quais eram os problemas e os desafios relacionados à manutenção e ao gerenciamento de um conjunto de ativos de segurança, o que significou obter o feedback do mercado e usá-lo para projetar um produto e serviço que realmente resolvesse seus problemas. Hoje, os medidores da En-Gauge conectados à nuvem para extintores de incêndio e unidades de oxigênio médico antecipam automaticamente quando um problema pode ocorrer com base nos padrões de uso, ajudando as organizações a programarem a manutenção proativa e preventiva, além de garantir a conformidade com as regulamentações do setor.

Na minha visão, identificar pontos problemáticos no cliente e desenvolver serviços que podem ajudar é o que a IoT e o produto como serviço são. Veremos isso com muito mais freqüência nos próximos anos. O maior desafio não é pensar em termos de tecnologia, mas em termos de transformação de negócios, pois não se trata de coletar dados, mas como usar inteligentemente esses dados para que os clientes possam realmente se beneficiar, e isso se traduzir realmente sobre transformação de negócios.

Agora podemos ver outros bons exemplos de empresas que criaram estratégias digitais como o Starbucks. O que o Starbucks vende? Ele vende café com uma experiência tão boa que você paga 12, 13 reais pelo café, não é mesmo? Qual é seu segundo produto que mais dá dinheiro? O banco. Você deve estar se perguntando, como assim, o banco? Mas é, sabe aquele cartão que você compra dez e ganha um que o Starbucks lançou?

---

80 http://www.engaugeinc.net/. Acesso em. 28. jun. 2019

Aquilo é um pré-pago, ou seja, adiantamento de recebível. Bem, no verão do primeiro trimestre de 2014, ele acumulou cerca de US $ 1.3 bilhão só com essa brincadeira, sem contar que os clientes demoram cerca de três meses pra gastá-lo e ainda cerca de 13% deixam dentro desse cartão uns trocadinhos esquecidos por lá.

Então, veja só, uma estratégia de criar um simples cartão rendeu ao Starbucks um baita faturamento. Após isso, o Starbucks pegou esse cartão de PVC e o digitalizou, lançou um aplicativo e falou o seguinte: "olha agora você que tem o aplicativo, não pega mais fila pra comprar seu café". Olhando para esse exemplo, vemos o que uma boa estratégia digital pode fazer com o seu negócio atual e a experiência que você acaba entregando ao seu cliente é fantástica. Então, ele tem um aplicativo e um cartão transacionando dinheiro.

Mas não pense que o Starbucks parou de inovar. Em fevereiro de 2018, a Starbucks e a Chase lançaram o cartão Starbucks Rewards Visa,[81] um cartão que permite que você ganhe as estrelas Starbucks Rewards em compras que não sejam da Starbucks. Ele têm uma taxa anual de US $ 49 e os portadores de cartão ainda podem ganhar bebidas e alimentos gratuitos. E agora, como um banco tradicional, por exemplo, compete com esse cara? Quantas agências ele tem pra imprimir o cartão? A agência dele não tem uma porta giratória e um guarda armado te olhando com cara feia, e ainda deixa você usar seu celular e tem wi-fi pra você acessar de graça.

Não bastando isso, a parceria Starbucks e Spotfy incentivou a participação ativa entre os membros do My Starbucks Rewards, que podem criar ainda suas próprias listas de reprodução nas lojas Starbucks e continuar ouvindo mesmo depois de saírem da loja, e as listas de reprodução estão disponíveis nos aplicativos Starbucks e Spotfy. Os clientes que comprarem os pacotes de streaming do Spotfy também poderão ganhar mais pontos de recompensas, que podem ser trocados por bebidas gratuitas. Esse recurso marcou a primeira vez que a Starbucks permitiu que seus pontos estivessem disponíveis fora de suas lojas. Então, esse é o mundo digital, mostrando que boas estratégias e parcerias com outros players podem render bons frutos.

Vamos pegar outro exemplo, uma indústria tradicional com um CEO totalmente digital, e ver como ele toca essa empresa, a Tesla. Para começar, ele não vende o Tesla por concessionária, só vende direto. Então, na época do lançamento, se você estivesse em Nova York, você não

---

81 https://www.starbucks.com/starbucks-rewards/credit-card: Acesso em 28 jun. 2019

poderia comprar um Tesla, porque existe uma lei em Nova York que só podia vender carro por concessionária, e portanto, não tinha Tesla pra vender em nova York e se você quisesse comprar um Tesla teria que ir pra Califórnia e comprar lá. Hoje sim, você já encontra showroom do Tesla em Nova York com veículos para testes, porém, o agendamento é online.

Pegando esse exemplo, podemos fazer um contraponto com o Uber. Você consegue pegar um telefone fixo e ligar pro Uber? E se não tiver *smartphone,* como você pega o Uber? Então, é o seguinte, o meu cliente é esse, meu serviço é esse e essa vai ser a melhor jornada do mundo, e depois você estende a tua jornada, em termos de negócio. Pode parecer uma estratégia rude, porém, é uma estratégia que tem dado certo. Mas porque o Uber não atende no telefone? Primeiro, se ele atender pelo te-lefone, ele eliminaria completamente a experiência por não ter a geolo-calização. A segunda seria o problema de escala, como ele iria escalar e ter velocidade se dependesse de call center pra atender todas as ligações e atender as pessoas? Então, na hora de montar sua estratégia, você tem que tomar cuidado com isso. Não dá para atender todo mundo, dá para começar com apenas um produto/serviço para entregar uma boa experi-ência e, depois, ir estendendo isso a outros produtos/serviços.

Mas, voltando à Tesla, a segunda estratégia foi que os vendedores da Tesla não recebem comissão de vendas. Você vai lá na loja online ou pelo aplicativo, compra um Tesla e ele não paga comissão de vendas. Então, você pode se perguntar, porque ele não paga comissão? É simples, Elon Musk falou o seguinte: "se eu tiver que pagar pra alguém vender o meu produto, é porque ele não está bom o suficiente, volta pra prancheta". Nesse caso, ele se refere ao modelo do MVP: faz protótipo, vai para o mercado, coleta feedback e retorna para melhorar o produto/serviço.

Podemos perceber que o modelo de negócio tem um propósito muito grande e, ao redor desse modelo de negócio, uma cultura muito forte. Então, ele não paga comissão para vendedores, ou seja, ele já co-meça diferente em todos os aspectos do modelo tradicional de vender carros. Porém, se você quer mudar o mundo, acabar com o combustível fóssil, ir para Marte, etc, vai trabalhar com ele. Nesse ponto, o vendedor acaba por ser um evangelizador da marca. Outro ponto, você nunca vai ver saldão de Tesla no domingo, porque é *Build-on-demand,* se você quer comprar um Tesla, vai e compra. É simples, baixa o aplicativo, escolhe o modelo e cor, e compra, ou seja, não tem software de frente de caixa que emite a nota fiscal e preenche a papelada toda, é tudo online, e ponto.

Se não bastasse tudo isso, ele pegou o projeto da Tesla que foi anunciado como um dos melhores do mundo e disponibilizou Open

Source para todo mundo. Isso quer dizer que, se nós nos juntarmos em um pequeno grupo de pessoas, abrir uma fábrica de carro elétrico, é só fazer o download do projeto do Tesla sem pagar nada. Enquanto que no pensamento da revolução industrial nós ainda temos a mentalidade de proteger os projetos com a propriedade intelectual, ele vai e disponibiliza tudo de graça, e a pergunta é, porque ele fez isso, será que foi para que outros melhorassem o projeto? E a bateria, ele liberou Open Source? Aqui está a estratégia: a bateria ele não liberou.

Então, olha só, a estratégia que ele utilizou foi a mesma estratégia da Microsoft Intel. Vou explicar: postei um artigo sobre estratégia no Linkedin falando sobre a história da Blackberry, lá falo sobre você ter que fazer e ser diferente. Portanto Elon Musk, disse: "Bom, eu tenho US $ 1 bilhão pra investir. Ao olharmos para a revolução industrial, onde a manufatura está abaixo de serviço, design e marketing, ao invés de fazer o investimento de US $ 1 bilhão dividido em todas essas áreas, ele não ficaria bom em nenhuma delas. Agora, se eu pegar esse mesmo US $ 1 bilhão e investir só em P&D, eu vou estar imbatível. Para você fazer um carro elétrico, não precisa de muita vantagem competitiva, você compra as máquinas e monta o carro. Agora, para desenvolver uma bateria, você precisa de muito PhD, você precisa de muita habilidade e pesquisa para chegar em uma bateria imbatível".

Então, ele pega esse dinheiro todo e investe em P&D para ter a melhor bateria, e você pode até fazer o carro, mas você é obrigado a comprar a bateria e licenciar o software dele para fazer o carro andar, porque a bateria e o software exigem muito desenvolvimento. Não bastando isso, ele montou a maior fábrica de baterias do mundo, com todos os PhDs, e quanto mais pessoas fazem carros elétricos, mais ele vende baterias e mais software ele licencia. E ainda, quando você tem um propósito que nem ele tem, ao lançar o Model 3, quando joga o preço lá embaixo e as pessoas podem comprar com esse propósito, teve gente que ficou três dias na fila para comprar o carro, para dar US $ 3 mil dólares de adiantamento para ter a preferência de comprar o carro depois de três anos, e foi a maior pré-venda do mundo, maior que iPhone e o Ipad no mundo inteiro, e continua ainda sendo mais barato.

Portanto, ao falar sobre estratégia, aqui podemos ver novamente o quão importante é uma estratégia clara, bem planejada, e com múltiplas faces. Quando se está com a estratégia focada na pessoa, não tem crise. Enquanto está todo mundo em crise, vem a Tesla e cria um modelo de negócio inovador e não tem crise, ou seja, todo mundo está no oceano vermelho e ela está um passo à frente, no Oceano Azul.

4 - CRIANDO UMA ESTRUTURA

Anotações

Independentemente do setor, como já vimos até aqui, a transformação digital é uma parte importante da maioria das agendas corporativas dos líderes de empresas ao redor do mundo. Praticamente todos os relatórios, pesquisas, publicações trazem essa visão do C-Level. Uma transformação digital bem-sucedida, abrangendo negócios, parceiros, clientes atuais e potenciais novos clientes, nem sempre é fácil. No entanto, a adoção de Metodologias Agile e Lean, de Design Thinking e Business Model Canvas são ferramentas que podem ajudar muito em iniciativas, desde iniciar um projeto do zero quanto realizar inovações incrementais e, claro, inovações disruptivas em seu modelo de negócio atual.

Neste capítulo, trarei as principais ferramentas e tecnologias habilitadoras que estão impulsionando os esforços da digitalização e desencadeando a transformação digital, bem como a criação de estratégias digitais brilhantes. A utilização de novas metodologias e ferramentas apropriadas podem ajudá-lo a mudar o rumo do seu negócio e acelerar ainda mais o seu projeto de transformação digital. Por meio da convergência das técnicas e das tecnologias certas é possível aumentar exponencialmente a geração de aplicações e novas oportunidades de negócios em seus setores.

Além disso, essas novas tecnologias emergentes e disruptivas exigem plataformas de integrações ágeis, escaláveis e robustas. Já no capítulo V, irei esclarecer o entendimento de tudo isso na prática para iniciar um projeto de transformação digital.

4.1. As novas metodologias

Agile e Lean

O Agile tem o poder de acelerar radicalmente a estratégia e as iniciativas de transformação digital, ao mesmo tempo em que permite que a TI tenha um impacto significativo nos resultados finais da organização, mudando o foco para entregar valor a todos os *stakeholders*, passando a ser vista como investimento e não como custos.

Inúmeras organizações estão se afastando de processos e metodologias tradicionais baseadas em cascata, e começando adotar a metodologia Agile, que começam como um processo de baixo para cima, ou da borda para o centro, ganhando impulso e prosperidade. Introduzir o Agile em escala na empresa não é uma tarefa simples, porém, quando feito da maneira correta, os métodos ágeis podem criar mais valor para os negócios, permitir um melhor alinhamento com as operações comerciais e de tecnologia, aumentar a frequência de lançamento não apenas de software, mas também de processos, projetos, produtos e serviços nos quais a colaboração é fundamental.

Criar fluxos de valores claros também facilita a compreensão do investimento em uma iniciativa, ao mesmo tempo em que aciona a colaboração entre as equipes e times. As empresas que navegam com sucesso podem sincronizar os processos de negócios, juntamente com as equipes de teste, desenvolvimento e entrega, para garantir maior transparência e um melhor valor geral para a organização.

Ao pesquisar para encontrar consistência sobre adoções da metodologia, a Forrester[82] apresentou um relatório recente (2019) no qual explorou a adoção e o crescimento da agilidade corporativa pesquisando mais de 230 executivos e profissionais de desenvolvimento de software – de usuários finais e integradores de sistemas até fornecedores de software – revelando que, apesar dos benefícios conhecidos da metodologia Agile, 71% dos entrevistados observaram uma melhora significativa na experiência do cliente ao migrar para o Agile, com 66% vendo melhor alinhamento de negócios e TI. No geral, pude perceber que há um crescimento encorajador com a adoção unificada de Agile e os DevOps, uma metodologia de desenvolvimento de software que utiliza a comunicação para integrar desenvolvedores de software e profissionais de infraestrutura de TI, pois quem atua na área sabe que integrar esses setores é uma missão desafiadora.

Portanto, para ter maior sucesso ao implementar o Agile, algumas técnicas e práticas são requisitos fundamentais.

Mudanças culturais são desafiadoras, porém, ficam mais fáceis abraçando metodologias Ágeis e Lean, em uma filosofia de gestão inspirada em práticas e resultados do sistema toyota, que exige uma mudança de mentalidade significativa para se livrar de comportamentos antigos criados a partir de anos de desenvolvimento em cascata, adotados na revolução industrial.

---

82 https://www.tricentis.com/resources/forrester-devops/?utm_source=DevOps : Acesso em 29 jun. 2019

As organizações ágeis valorizam a colaboração, a comunicação, a transparência e a entrega de valor comercial mais do que a rígida governança de custos fixos, esforços e prazos. As empresas que se concentram nesses valores e princípios enfrentam menos obstáculos e desafios, e o uso coordenado de métricas, automação e liderança executiva ágil mais forte completam os principais ingredientes. Ou seja, adotar uma abordagem centrada no cliente significa mover-se mais rapidamente do que os métodos antigos permitem, e isso requer aumentar mais as práticas de Lean/Agile.

Há apenas uma maneira de alinhar o Agile em escala, atendendo às necessidades de negócios e do cliente, com equipes de produtos integradas. No entanto, assumir esse compromisso pode prejudicar a liderança executiva, portanto, para decretar o Agile em escala, você precisa da liderança executiva Agile. Para encontrar uma base bem-sucedida, concentre-se em um fluxo de valor, composto de pessoas, processos e tecnologias, para suportar a realização mais rápida de valor para uma solicitação nova ou de mudança. Atribuir um gerente de produto forte do lado comercial ao fluxo de valor ajudará nesse equilíbrio, além de explorar formas de promover uma interação mais próxima entre a equipe Agile central e funções estendidas, como designers e arquitetos de UX, para garantir a conformidade.

Equipes de desenvolvimento precisam iniciar as transformações do Agile adotando *upstream* e *downstream* juntas, ou seja, de cima para baixo e de baixo para cima. As operações também precisam preparar a infraestrutura e a automação de forma ágil. Experientes em Agile tendem a se apoiar em integradores de sistemas e empresas de consultoria para ajudar nessa jornada.

A integração, implementação e entrega contínuas não podem acontecer sem testes contínuos, isso quer dizer que também requerem mudanças drásticas nas pessoas, nos processos e na tecnologia, abrangendo a automação do projeto, execução e orquestração de testes.

O escalonamento ágil para os níveis corporativos exige que as equipes apliquem os princípios do Lean e do Agile desde o planejamento estratégico até os portfólios de produtos, até o trabalho real nas equipes de desenvolvimento do Agile. A transformação vai de mãos dadas com a adoção de arquiteturas e ferramentas ágeis.

Já os orçamentos ágeis devem ser definidos no nível do negócio, ou, pelo menos, nos níveis de engenharia do grupo, tornando os ciclos de revisão do orçamento mais curtos e os orçamentos mais transparentes. Comece pequeno e ajuste-o em níveis corporativos, pois as métricas devem sempre ser definidas com o seguinte objetivo em mente: não se trata apenas da velocidade e frequência dos lançamentos, mas da velocidade com alta qualidade, combinando esse objetivo com a mensuração do valor comercial.

No geral, os métodos ágeis são possíveis de serem aplicados a qualquer organização ao iniciar sua transformação digital. Em última análise, não só ajudará a atender melhor a sua organização interna, mas também entregará experiências surpreendentes aos clientes, onde o valor é entregue em partes menores, com mais frequência.

Ao fornecer mais colaboração e visibilidade nos canais de entrega de fluxos de valor, o risco pode ser melhor gerenciado e o valor percebido com mais frequência. Já existem várias soluções oferecidas por empresas no mercado que ajudam a suportar uma mudança para o Agile da maneira certa e levam a um ambiente de entrega mais colaborativo. Essas empresas de soluções ajudam as organizações a promoverem maior visibilidade e maior velocidade de liberação, sem comprometer a qualidade. À medida que o Agile continua seu crescimento constante, continuaremos a ver organizações obcecadas pelo cliente substituírem as abordagens ultrapassadas que antes atormentavam as organizações, concentrando-se apenas na velocidade sem qualidade. Porém, felizmente, o Agile e DevOps tem o poder de fazer as duas coisas.

Essas metodologias tiveram origem no manifesto ágil e se encaixam perfeitamente com a transformação digital, no sentido de que buscam desenvolver produtos e serviços que entreguem exatamente o valor que os clientes procuram.

Lembre-se, uma cultura organizacional ágil coloca as pessoas no centro, o que envolve e capacita todos na organização, assim eles podem criar valor rapidamente, de forma colaborativa e eficaz. Para que isso seja possível, é necessário investir em liderança para fortalecer e desenvolver pessoas, mas só isso não basta, é necessário criar uma comunidade forte que apoia e cultiva a cultura e os processos da empresa, que promovam o empreendedorismo interno e o desenvolvimento de habilidades necessárias para que a agilidade ocorra.

Novamente, a tecnologia é um recurso de suporte que fornece serviços, plataformas e ferramentas específicas para o restante da organização, conforme definido pelas prioridades, recursos e orçamento, onde as organizações ágeis precisarão fornecer produtos e serviços que atendam às mudanças nas condições competitivas e de clientes. De acordo com empresas de consultoria e pesquisas de nível global, como a Mckinsey,[83] os produtos e serviços tradicionais provavelmente precisarão ser digitalizados ou habilitados digitalmente.

Para que isso ocorra, é necessário que os processos operacionais também evoluam de forma contínua e rápida, o que exigirá a evolução da arquitetura de tecnologias, sistemas e ferramentas utilizadas pela corporação.

Design Thinking

Empresas lideradas por design, como Apple, Pepsi, Proctor & Gamble e SAP, superaram o S&P 500 em 211%.[84] Projetar é mais do que criar produtos e serviços, pode ser aplicado a sistemas, procedimentos, protocolos e experiências de clientes. O design thinking está transformando a maneira como as empresas líderes criam valor. O foco da inovação mudou de orientado para a engenharia para orientado a design, de centrado no produto para centralizado no cliente, e de focado no marketing para focado na experiência do usuário. Para um número cada vez maior de CEOs, o design thinking está no centro do desenvolvimento efetivo da estratégia e da mudança organizacional. Ele baseia-se na lógica, na imaginação, na intuição e no raciocínio sistêmico para explorar as possibilidades do que poderia ser e para criar os resultados desejados que beneficiam o usuário final, o cliente.

Uma mentalidade de design não é focada no problema, é focada na solução e orientada à ação. Envolve tanto a análise quanto a imaginação. O design thinking está ligado à criação de um futuro melhorado e procura construir ideias, ao contrário do pensamento crítico que o divide, centrada no ser humano, e começa com o desenvolvimento de uma compreensão das necessidades não atendidas de clientes ou usuários.

O design thinking é a nossa melhor ferramenta para tomada de sentido, criação de significado, simplificação de processos e melhoria das experiências do cliente. Além disso, minimiza riscos, reduz custos, melhora a velocidade e energiza os funcionários. Fornece aos líderes uma estrutura para lidar com desafios complexos centrados no ser humano e a tomar as melhores decisões possíveis em relação a redefinir valor, re-inventando modelos de negócios, mudando mercados e comportamentos,

83 https://www.mckinsey.com/business-functions/digital-mckinsey/our-insights/: Acesso em 08 de jul. 2019
84 https://www.dmi.org/page/DesignValue/The-Value-of-Design-.htm: Acesso em 08 de jul. 2019

mudança de cultura organizacional, desafios sociais complexos como saúde, educação, alimentos, água, mudanças climáticas e problemas que afetam *stakeholders* e múltiplos sistemas.

As pessoas precisam que suas interações com tecnologias e outros sistemas complexos sejam simples, intuitivas e prazerosas. Quando bem feito, o design centrado no usuário aprimora a experiência do usuário em todos os pontos de contato e estimula a criação de produtos e serviços que ecoam profundamente com os clientes. O design é empático, e portanto, implicitamente leva a uma abordagem humana mais ponderada para os negócios.[85]

Business Model Canvas

O BMC, que, em bom português significa modelo de negócio canvas, é uma metodologia para construir negócios inovadores, e o que a diferencia é o visual – daí o nome "canvas", ou seja, quadro ou tela –, além de ser prática, permitindo que se construa e altere qualquer item. Isso explica o sucesso entre as *startups*, que nascem e crescem rápido e a todo tempo precisam mudar algo no modelo de negócios, ou até ele todo, ao fazerem o que é conhecido como pivotar. Na prática, o canvas funciona como um quadro ou uma folha de papel, o esquemático da empresa é desenhado com nove blocos, cobrindo as quatro áreas mais importantes de qualquer negócio, "clientes, oferta, infraestrutura e viabilidade financeira". O ideal é que esse esquema fique à vista o tempo inteiro, para que todos da organização possam ver e sugerir mudanças no dia a dia. Como no design thinking, aqui também é comum ver muitos post-its colados. Para alterar um tipo de cliente, por exemplo, basta amassar um papel amarelo e trocar por outro.

O escritor, pesquisador e empreendedor suíço Alexander Osterwalder, criador do método baseado em suas próprias pesquisas na Universidade de Lausanne sobre vários tipos de modelos de negócios, e nas contribuições de mais 470 pesquisadores e empreendedores de 45 países, lançou em 2008 o livro "Business Model Canvas", que foi traduzido para 30 línguas e já vendeu mais de 1 milhão de cópias.

Grandes empresas como 3M, Ericsson e Deloitte são citadas na versão original do livro. Na edição brasileira, organizações Globo e Votorantim entraram na lista das que usam o BMC. Dentre as *startups*, não é exagero dizer que todas usam ou em algum momento vão ter que usar

---

85   https://www.creativityatwork.com/2019/02/27/finding-creative-clarity-out-of-chaos/ Acesso em 05 de fev. 2019

o método ou formas adaptadas dele. Em um elevator pitch, por exemplo, o empreendedor não tem tempo para contar o plano de negócios, portanto, com o BMC é fácil de mostrar e até de explicar em apenas 60 segundos o seu negócio.

Uma das principais ferramentas para projetar estratégias do Oceano Azul é o próprio BMC, porque ele reúne as seis dimensões das cinco forças de Porter[86] em um modelo de referência visual. Usando o BMC, uma empresa pode descrever facilmente seu modelo de negócios em termos de porquê (a proposta de valor, fluxos de receita e estrutura de custos); como (segmentos de clientes, canais, relacionamentos) e o que (principais atividades, recursos e redes de parceiros).

Essa estrutura é comprovada para testar e refinar efetivamente novos modelos de negócios digitais, explorando as forças do mercado, as principais tendências, as seis forças industriais de Porter e as forças macroeconômicas. Esses ângulos são indispensáveis ao criar modelos de negócios inovadores e brilhantes.

O aspecto visual desta ferramenta permite uma compreensão mais tangível do ambiente. Além disso, o BMC oferece a pessoas de várias partes da organização um vocabulário comum para discutir seu modelo de negócios, aumentando a propensão para descobrir novas oportunidades e caminhos para o desenvolvimento de modelos de negócios novos e inovadores. Os unicórnios (empresas avaliadas acima de 1 Bilhão de dolares), como Uber, Airbnb, Tesla, Apple, Spotify e Netflix, encontraram maneiras de romper as indústrias existentes usando essas ferramentas.

Na prática, vou trazer alguns modelos de canvas de empresas conhecidas como estudos de casos, das quais muitos de nós somos usuários, procurando esclarecer o entendimento das nove áreas para se elaborar um plano de negócios em uma única página.

BMC na prática

A Tesla nasceu com a missão de "acelerar o desenvolvimento do transporte sustentável, trazendo potentes carros elétricos para o mercado de massa o mais rápido possível". Esta missão serviu como espinha dorsal para o seu sucesso, podendo ser considerado o seu PTM, como já vimos. A Tesla oferece um carro elétrico de alta tecnologia para pessoas que estão preocupadas com o meio ambiente e com o custo de combustível. Ele fornece status de uma maneira bem diferente dos carros de combustão

---

86 https://www.isc.hbs.edu/strategy/business-strategy/Pages/the-five-forces.aspx: Acesso em 05 de fev. 2019

interna tradicionais, além de fornecer uma experiência de mobilidade mais interessante, muito distante do modelo a combustão, em ter que conduzir seu carro a cada segundo. O motorista da Tesla pode relaxar e deixar o piloto automático fazer o trabalho pesado.

Para entregar este Tesla, há uma enorme fábrica altamente automatizada que monta os carros e ainda uma enorme fábrica de baterias elétricas. Também possui uma rede de carregadores de carros e centros de vendas próprios. Estes diferem do modelo tradicional da indústria automobilística, que vende veículos por meio de concessionárias. Você não compra um carro da Ford. Você compra um carro de uma concessionária Ford. O modelo de negócios da Tesla quebra isso. Essa diferença permite que a Tesla esteja muito mais próxima de seus clientes e controle toda a cadeia de valor. A Tesla é integrada verticalmente de uma forma que as empresas de carros tradicionais não são há gerações.

Estudo de caso: TESLA

Parceiros chaves	Atividades Chaves	Proposta única de Valor	Relacionamento Cliente	Segmentos de Clientes
Alianças OEM	Design e inovação	Veículos autônomos e elétricos de luxo	Experiência de atendimento ao cliente, resolução da marca	Luxo de alta qualidade - Sedan ou SUV
Os melhores fornecedores de componentes	Desenvolvimento de software	Veículos elétricos com alta tecnologia	Redes de recargas de recargas e estacionamento de baixo custo	Veículos comerciais
Empresas de leasing	Vendas e Marketing	Sistema de energia solar		Ambientalistas e fãs de tecnologia
Governo	Construção e manutenção de redes de recarga		**Canais (Mídia)**	Veículos esportivos e autênticos de alta performance
Dana Holding	**Recursos Chave**		Website e App	Fãs da Tesla e Elon Musk
	Conhecimento tecnológico em veículos elétricos		Lojas de varejo	
	Sistema de baterias e refrigeração eficaz		Conferências e eventos de vendas	
	Automação e Engenharia			Geração e armazenagem de energia

Estrutura de Custos		Fontes de Receitas	
Manufatura, fabricação e montagem	P&D	Venda de veículos	Venda de serviços
Custos administrativos de vendas	Tributos		

A Apple é uma empresa de design focada na venda de ferramentas capazes de promover experiências superiores. A escala é considerada um subproduto de um modelo de negócios funcionando adequadamente. A escala em termos de volume de compras é necessária para que o ciclo de fluxo de caixa/reinvestimento continue. Há exceções para esses temas, como o Apple Music, que precisa de escala para se tornar um melhor serviço de streaming de música e além disso, a Apple Pay precisa de uma adoção generalizada do varejista para fazer sentido para os consumidores. No entanto, esses exemplos apenas reforçam a singularidade encontrada no principal modelo de negócios da Apple, em vez de serem os principais provedores de receita ou lucro, a Apple Music e a Apple Pay são serviços destinados a aumentar o valor encontrado com o hardware da Apple. A Apple possui um dos melhores modelos de negócios para gerar dinheiro porque a empresa é capaz de monetizar experiências premium com muito mais eficácia e eficiência do que qualquer outra empresa. Em vez de perseguir a escala com o objetivo de monetizar dados ou uso, ela vende ferramentas que as pessoas vão querer e estão dispostas a pagar mais caro.

Embora a Apple não considere a escala como um requisito para o sucesso, a empresa, sem dúvida, se beneficia da escala de algumas maneiras e, com mais economia de escala, ajuda a reduzir os custos do produto ao longo do tempo, o que melhora a acessibilidade do produto e a lucratividade da Apple. Há vários exemplos na última década em que os concorrentes da Apple não puderam enviar produtos competitivos, pois a Apple comprou toda a oferta de componentes disponíveis. Esses elementos não definem o caixa eletrônico da Apple, mas representam o lubrificante que o faz funcionar mais suavemente.

Estudo de caso: APPLE

Parceiros chaves
- Fabricantes de hardware chineses
- Desenvolvedores de aplicativos
- Editoras
- Criadores de conteúdos

Atividades Chaves
- Design e P&D
- Controle de qualidade
- Desenvolvimento de software
- Manufatura

Recursos Chave
- Marca
- Cultura de design
- Patentes

Proposta única de Valor
- Hardware móbile com design e experiência superior
- Acesso a usuários/consumidores
- Usabilidade
- Status da Marca
- Think Different

Relacionamento Cliente
- Self service ou atendimento pessoal
- Self service automatizado

Canais (Mídia)
- apple.com
- Apple Store
- Lojas próprias ou varejistas parceiros
- Licenças e Mídia

Segmentos de Clientes
- Mercado de massa
- Fonte da Apple e de Steve Jobs

Estrutura de Custos
- Fabricação
- Equipes
- Economia de escala

Fontes de Receitas
- Preço premium com margens altas
- Percentual sobre vendas de suprimentos conteúdo/software e gratuito ou de baixo valor

O modelo de negócio do Airbnb é do tipo Plataforma Multilateral, o mesmo adotado por empresas como Uber, eBay, Facebook, Paypal e WhatsApp, pois conecta turistas, consumidores que querem alugar um espaço por curto período de tempo, a donos de locais para hospedagem, fornecedores com casas, apartamentos e quartos. A empresa não possui qualquer ativo imobiliário, sendo meramente uma intermediária que ajuda na conexão com um site reconhecidamente confiável. O Airbnb possui mais de 100 milhões de usuários, mais de 650 mil anfitriões com um total de mais de 3 milhões de lugares para locação disponíveis em 65.000 cidades e 191 países. O custo da hospedagem é determinado pelo anfitrião, apesar do Airbnb possuir um *algoritmo* que ajuda nessa precificação. Recentemente o Airbnb passou a oferecer também serviços de experiências turísticas como aulas de culinária e passeios, aumentando ainda mais seus efeitos de rede. A receita advém da cobrança das taxas por reserva dos hóspedes que varia de 6% a 12%, e uma taxa por reserva dos anfitriões de 3% do valor da reserva, aproximadamente.

Estudo de caso: AIRBNB

Parceiros chaves	Atividades Chaves	Proposta única de Valor	Relacionamento Cliente	Segmentos de Clientes
Hospedeiros (pessoas que alugam um espaço)	Gerenciamento e desenvolvimento de produto	Hospedeiro: - Anfitriões podem ganhar dinheiro alugando seu espaço	Serviço ao cliente Mídia social	Hospedeiros: Pessoas que possuem uma casa/apto e querem ganhar dinheiro extra
Convidados (pessoas que reservam um espaço)	Gestão de hospedagem	AIRBNB oferece seguro para proprietários de suas casas/aptos	Ofertas promocionais Seguro residencial	Pessoas que querem conhecer novas pessoas
Fotógrafos freelancers	Gestão de hóspedes	Sessões de fotos gratuitas para listagem de suas propriedades		Convidados: Pessoas que gostam de viajar
Processadores de pagamentos	**Recursos Chave**	Convidados: - Os hospedes podem reservar uma propriedade ao invés de hotel	**Canais (Mídia)**	Pessoas que querem ficar confortavelmente a um preço barato
	Anfitriões locais	Convidados: - Os preços geralmente são menores em comparação a hotéis	Website e App	
	Empregador especializado			
	Tecnologia			

Estrutura de Custos	Fontes de Receitas
Desenvolvimento e manutenção da plataforma	Comissão dos anfitriões em cada reserva
Encargos para funcionários permanentes	Comissões dos hóspedes em cada reserva
Pagamentos para os fotógrafos freelancers	

O modelo de negócio do Mercado Livre é do tipo Marketplace, similar a OLX, Enjoei, Americanas, Ancar Ivanhoe, Amazon, por disponibilizar produtos de diversos vendedores em um único ambiente virtual. Também podemos considerar que o Mercado Livre adota o modelo de Plataforma Multilateral ao atender a dois grupos distintos de clientes que geram valor quando interagem entre si, normalmente um produtor (vendedor) e outro consumidor (cliente). O Mercado Livre foi fundado na Argentina em agosto de 1999, seguindo o bem sucedido formato do eBay, e rapidamente chegando aos outros países da América Latina. Hoje, já opera em 14 países e tem cerca de 1,6 mil funcionários.

Os números de 2018 demonstram que seu modelo de negócio segue robusto, tendo atingido alta de 61,8% em receita líquida.[87] Conta com a força de sua diversificação de ofertas de serviços, incluindo meios de pagamento e frete para facilitar a vida de vendedores e compradores. O Mercado Livre ganha dinheiro em cima de tarifas de anúncio, de transação, além de taxas de processamento de cartões de crédito e de frete. Os valores dependem de uma série de fatores, como reputação do vendedor, nível de vendas, valor dos produtos, etc.

---

87   http://www.mercadolivre.com/: Acesso em 12 de jul. 2019

Estudo de caso: MERCADO LIVRE

Parcerias chaves
- Hospedagem
- Diversos

Atividades Chaves
- Auditoria e ações anti-fraude
- Gestão da qualidade dos pequenos varejistas
- Desenvolvimento e manutenção

Recursos Chave
- Marca
- Cultura de design
- Patentes

Proposta única de Valor
- Acesso a um grande número de produtos em ambiente confiável
- Acesso a um grande número de consumidores
- Conectar consumidores e vendedores

Relacionamento Cliente
- Perfil online
- Sistema de avaliação
- SAC e Garantias

Canais (Mídia)
- Website e App
- SEO - Tráfego de anúncio em mecanismo de busca

Segmentos de Clientes
- Consumidores
- Pequenos varejistas e Virtuais
- Mercado pago

Estrutura de Custos
- Desenvolvimento e manutenção da plataforma
- Anti-fraude
- Equipes

Fontes de Receitas
- Tarifas de Anúncios
- Venda de Frete e Intermediação sobre vendas de produtos

O modelo de negócio do Spotfy é do tipo All You Can Eat (AYCE), que em português significa "Tudo o que você puder comer", algo como "buffet livre", similar ao Audible, Netflix, Fogo de Chão e Bodytech. É um modelo de negócio que funciona ao permitir que clientes consumam produtos ou serviços o quanto quiserem pagando um valor fixo, pagamento único ou recorrente, pois permite que seus clientes escutem milhões de músicas quantas vezes quiserem pagando uma mensalidade.

Podemos dizer que o Spotfy também adota o modelo Freemium, por ter uma oferta gratuita para usuários que não se importem em escutar propagandas ou não poderem escutar músicas quando em modo off-line, sem conexão com a internet. Mas, por monetizar a oferta gratuita com publicidade, podemos dizer que o Spotfy também adota o modelo de plataforma Multilateral. Spotfy foi criado em 2008 na Suécia, mas, presente em praticamente todo o mundo, o serviço mudou a forma como a maioria das pessoas consome música. Graças ao seu modelo AYCE por um valor mensal fixo, ele desafiou gigantes da música digital como a própria Apple, ao desincentivar a compra unitária de álbuns e músicas. Afinal de contas, porque pagar por um conjunto limitado de músicas quando você pode ter acesso ilimitado a mais de 30 milhões de músicas?

Estudo de caso: SPOTFY

Parceiros chaves	Atividades Chaves	Proposta única de Valor	Relacionamento Cliente	Segmentos de Clientes
Gravadoras e Artistas independentes	Desenvolvimento e manutenção da plataforma	Acesso limitado a Músicas via streaming com propagandas	Relacionamento automatizando usuário algoritmo de recomendação	Usuários gratuitos
	Esforço comercial junto a gravadoras, artistas e anunciantes	Acesso ilimitado a Músicas via Streaming ou Download sem propagandas		Assinantes
	Recursos Chave	Espaço publicitário para usuários gratuitos	**Canais (Mídia)**	Anunciantes
	Contratos de licenciamento		Website e aplicativo mobile	
	Plataforma tecnológica e Marca			

Estrutura de Custos — **Fontes de Receitas**

Estrutura de Custos		Fontes de Receitas	
Royalties	Equipe	Freemium e venda de anúncios	Taxa por tipo de frequência e promoção
	Plataforma tecnológica	Mensalidade free	

4.2. Mídias sociais

Ouso sugerir que a mídia social tem sido um catalisador importante para a transformação digital do serviço ao cliente, afinal, não apenas os usuários de mídia social de hoje podem coletar informações sobre qualquer assunto a qualquer momento, mas podem ainda, transmitir suas próprias experiências, boas ou ruins, com qualquer empresa ou organização, além de rapidamente e facilmente obter insights sobre as experiências e opiniões de pessoas que conhecem e confiam.

E a relevância da sua empresa nas mídias sociais, está aumentando? O relatório Digital Reports 2019[88] mostrou que:

• Há 5,11 bilhões de usuários móveis únicos no mundo hoje, um aumento de 100 milhões (2%) em comparação ao ano passado.

• Há 4,19 bilhões de usuários de internet em 2019, um aumento de 366 milhões (9%) em relação a janeiro de 2018.

• Há 3,48 bilhões de usuários de mídia social em 2019, com o total mundial crescendo em 288 milhões (9%) 2018.

• 3,26 bilhões de pessoas usando mídias sociais em dispositivos móveis em janeiro de 2019, com crescimento de 297 milhões de novos usuários, representando um aumento anual de mais de 10%.

A adoção de mídias sociais está criando e exigindo que as práticas de negócios se tornem cada vez mais transparentes. Me arrisco a dizer que a Internet hoje seja o ativo mais público no mundo, e a comunicação acontece em tempo real, portanto, em outras palavras, você tem pouca margem para erro. E para atendimento ao cliente especificamente, há uma conclusão de tempo crítico para essas tendências, onde os clientes podem entrar em contato com sua empresa literalmente a qualquer momento e, quando o fazem, esperam resultados rapidamente, mesmo fora do horário comercial normal.

Em outro estudo recente conduzido pela Edison Research,[89] 42% dos consumidores esperam uma resposta dentro de 60 minutos sobre um questionamento lançado em um canal social, e além disso,

---

88   https://datareportal.com/reports/digital-2019-global-digital-overview: Acesso em 05 fev. 2019
89   https://www.vhtcx.com/blog/how-to-manage-your-contact-centers-social Acesso em fev. 2019

57% esperam o mesmo tempo de resposta à noite e nos finais de semana do que durante o horário comercial normal.

No entanto, ouvir ativamente e interagir com os clientes de maneira oportuna diz muito sobre sua dedicação em fornecer o tipo de serviço ao cliente que pode transformar os clientes insatisfeitos em felizes, nos quais podem até mesmo se tornar verdadeiros evangelizadores da sua marca. Para esse fim, os agentes de vendas e suporte estão começando a usar um arsenal mais amplo de ferramentas de comunicação, como voz, vídeo, e-mail, bate-papo na Web, assistentes virtuais, bots, colaboração e compartilhamento de arquivos em mídia social.

O compromisso de atender às demandas do atendimento ao cliente por meio de mídia digital requer participação em toda a empresa. Os gestores sêniores precisam oferecer apoio e recursos reais para construir e sustentar um plano de ação. Diretores e gerentes devem se manter atualizados sobre as tendências emergentes e, ao mesmo tempo, gerenciar processos e programas que incluem contratação, treinamento, gerenciamento da força de trabalho e garantia de qualidade. Portanto, os supervisores devem estar preparados para transformar o plano em ação real, capacitando agentes para novas responsabilidades, bem como treinar, motivar e educar.

Especificamente sua equipe de mídia social deve ter um profundo conhecimento de seus produtos e serviços, além da capacidade de responder adequadamente. Portanto, se necessário, contrate para a função alguém com habilidades de solução de problemas e temperamento, em seguida, treine-o na estratégia de mídia social corporativa, políticas de contact center e melhores práticas para interações com o cliente.

Uma boa empresa orientada para o cliente já sabe quais questões sobre produtos ou serviços são mais frequentemente levantadas. Use seus canais de mídia social para compartilhar proativamente informações úteis que melhorem a experiência do cliente, e para melhor definir suas expectativas, essas informações devem apresentar seu agendamento de acesso à mídia social e o nível de suporte que será fornecido.

Não permita que abreviações se apliquem aos seus canais de mídia social, nem todas as interações de mídia social devem ser gerenciadas em um fórum aberto, especialmente quando você tem uma questão particularmente complexa para resolver ou um cliente insatisfeito que deseja "compartilhar" seu problema.

Seu plano deve estabelecer todos os pontos em que o agente da linha de frente deve mudar para comunicações privadas, como e-mail ou telefone. Nestes casos, um mecanismo de retorno de chamada digital que fornece uma maneira elegante para os clientes continuarem sua interação de serviço com um agente de voz após esgotar as opções de serviço em seus ativos digitais ou durante momentos de alto valor durante a jornada do cliente pode ser particularmente importante, porque fornece aos seus clientes a capacidade de solicitar um retorno de chamada por qualquer canal digital sempre que for conveniente para eles.

Registre todas as interações sociais relevantes em seu CRM, o mesmo acessado pelo atendimento ao cliente, desenvolvimento de produtos, marketing e vendas. Com o tempo, você deve adicionar perfis sociais aos dados dos clientes para ajudá-lo a entender a experiência de cliente de maneira mais profunda.

As métricas de serviço ao cliente de mídia social devem ser rastreadas, medidas e analisadas para ajudá-lo a otimizar o programa geral de atendimento ao cliente. Acompanhe o número total de interações, interações por canal social, tempos de resolução, principais consultas e problemas por produto. Além disso, rastreie solicitações de recursos, experiências de atendimento ao cliente e referências de vendas nas mídias sociais. Certifique-se de que essas métricas sejam distribuídas regularmente ou estejam disponíveis para os líderes de todos os departamentos, para que possam identificar tendências positivas ou negativas a serem abordadas.

A mídia social oferece uma oportunidade incomparável para personalizar a experiência de seus clientes, onde os benefícios são claros, uma experiência melhor para o cliente, tempos menores para resolução, relacionamentos mais profundos, lealdade mais forte e, finalmente, mais oportunidades de vendas e maiores receitas. Certifique-se de que o plano de mídia social da sua empresa esteja sempre atualizado.

Como as mídias sociais ajudam na era digital

No final, a transformação digital é para pessoas. A mídia social é uma parte integral do nosso cotidiano, onde compartilhamos nossos pensamentos, fotos e vídeos com nossa família e amigos, e nossos sentimentos.

Hoje, muitas empresas estão usando as mídias sociais como vantagem para esse relacionamento humano. Eles sabem o significado das plataformas de mídia social, como Twitter, Facebook, LinkedIn, YouTube, Instagram e WhatsApp, para alcançar clientes em potencial e parceiros.

Mais de 4 bilhões de pessoas estão agora on-line, e passam mais tempo lá do que assistindo TV. Eles estão fazendo e assistindo a vídeos sobre produtos de que gostam e twittando entusiasticamente sobre o atendimento ao cliente de que não gostam.

As mídias sociais podem ajudar a criar uma marca vibrante, permitir o alcance global, criar e manter um melhor relacionamento com os clientes. Algumas pesquisas já indicam que o Twitter é a ferramenta de comunicação mais poderosa, que mostra atualizações em tempo real sobre o que o mundo está dizendo. Portanto, você monitora o twitter da sua organização?

Você sabe quais os principais benefícios da mídia social? Quando alguém pesquisa sua empresa no Google, os perfis sociais provavelmente estão entre os principais resultados no ranking. Quando você procura pela Ferrari, o perfil do Twitter aparece como a segunda no ranking. Além disso, os outros perfis de mídia social da Ferrari são exibidos no lado direito da página, e isso é o Search Engine Optimization - SEO.

Vejo muitas pessoas recorrendo às mídias sociais para desabafar suas frustrações com as organizações, onde os consumidores fazem perguntas, fornecem feedback sobre a equipe de suporte ao cliente da marca ou buscam assistência. Muitas grandes empresas reconheceram isso e têm agentes de atendimento ao cliente de mídia social dedicados para se envolver ativamente em plataformas como Twitter e Facebook, portanto a importância de usar as mídias sociais como canal de atendimento ao cliente é imprescindível.

O uso de mídias sociais também ajuda a aumentar a visibilidade dos negócios com clientes atuais e potenciais, por oferecer a plataforma perfeita para compartilhar a voz da sua marca com seu público e divulgar seus produtos, serviços, ofertas e muito mais. A Burberry[90] é um exemplo disso quando usou as mídias sociais para transmitir diretamente seus desfiles de moda, o que gerou milhões de dólares em novos clientes, mostrando o poder do reconhecimento de marcas nas mídias sociais.

Publicidade no Twitter, Facebook, LinkedIn e YouTube hoje se torna viral e ajuda no marketing global, portanto envolver-se com os consumidores leais da sua marca traz mais negócios e difunde a publicidade "boca a boca".

A melhor maneira de ouvir sua marca mencionada nas mídias sociais é através do Business Insights,[91] que mostra o que seus clientes estão dizendo sobre seus concorrentes e descobrindo suas vantagens competitivas no processo. Usando Big Data, por exemplo, as empresas aprendem sobre os clientes, sua demografia, interesses, preferências, etc. O uso do marketing ajuda ainda mais a melhorar a relevância das mensagens e a criar campanhas direcionadas.

Outro impacto positivo das mídias sociais está na distribuição de informações. No mundo atual, se você não tiver uma equipe de mídia social dedicada, crie uma. Se você já tem, então torne-a mais eficiente ainda. Se as pessoas são a alma da transformação digital, a mídia social é o coração.

A Harvard Business Review,[92] buscando criar o maior repositório conhecido de dados digitais sobre empresas dos EUA, analisou as mil maiores empresas americanas de capital aberto. O objetivo era demonstrar a relação entre a força digital e o valor ao acionista, e fazê-lo de uma forma que atinja os rigorosos padrões dos fundos de hedge (uma sociedade limitada de investidores que usa métodos de alto risco).

Foram mapeadas todas as propriedades digitais destas empresas, onde foram coletados 75 bilhões de interações digitais do consumidor por mês, durante um período de cinco anos, e realizados milhares de cálculos, que levaram a descobrir uma série de métricas

90   https://www.burberry.com/: Acesso em 08 de jul. 2019
91   https://www.gale.com/c/business-insights-essentials: Acesso em 08 de jul. 2019
92   https://hbr.org/: Acesso em 08 de jul. 2019

digitais, ou sinais, das quais hoje não são amplamente rastreados. Esses insights são preditores muito fortes de crescimento da receita e do preço da ação, que inclui, a magnitude digital, que é o agregado de todas as medidas digitais – visitas, visualizações de páginas, visualizações de redes sociais, visitantes de redes sociais, etc. Portanto, compreender a magnitude da sua empresa em relação aos concorrentes é um indicador-chave.

Na pesquisa talvez não surpreenda que, por exemplo, a American Airlines tenha a maior magnitude das companhias aéreas americanas, mas não tanto quanto você imagina. Outro fator é compartilhamento digital, que é sua magnitude dividida pela soma das magnitudes do seu conjunto competitivo. Você deve comparar esse número com a quota de mercado real da sua empresa, e se o seu compartilhamento digital for maior do que sua cota de mercado, você está em uma boa posição para aumentar sua participação de mercado. Seguindo o setor de aviação, é aqui que a coisa fica interessante para as companhias aéreas americanas. A Southwest tem cerca de 13% do mercado americano, mas uma participação digital de 22% do setor nos EUA. Entre as grandes operadoras (American, United, Delta, e Southwest), ela tem uma participação de mercado em cerca de 15% e uma participação digital de 30%. Parte desta disparidade está relacionada à recusa da Southwest, por exemplo, em vender passagens por meio de agências de viagens online, como Priceline e Orbitz. Como eles avaliaram os prós e os contras desse tipo de arranjo, isso pode ser a chave de seu sucesso.

Com base em sua participação digital, é previsto que a Southwest aumentará sua participação de mercado ao longo do tempo. E o ímpeto digital, de maneira simples para que uma empresa possa calcular é fazer observações mensais de todas as métricas e acompanhar quais estão aumentando ou diminuindo. As medidas da Southwest estão melhorando mais do que qualquer outro operador americano importante. Por exemplo, ela tem cinco vezes mais "likes" no Facebook do que a United, e duas vezes mais do que a American e a Delta.

Portanto, se uma empresa não está ganhando participação digital, está comprometendo sua participação no mercado futuro, e ao meu ver poucas empresas observam seu crescimento digital. Na verdade, muitas empresas veem o digital como um destino final e acreditam que, uma vez que construímos um site ou melhoramos as redes sociais, podemos desacelerar. A realidade é que ganhar no digital exige um programa sustentado de melhoria contínua e investimento consistente.

4.3. Big Data

Você sabe o que é Big Data? Não se preocupe, não é nenhum bicho de sete cabeças. Vou procurar evidenciar trazendo alguns estudos de aplicações para que seja mais fácil o seu entendimento. O Big Data pode ser entendido como o campo que trata maneiras de analisar, extrair sistematicamente informações, ou, de outra forma, lidar com conjuntos de dados muito grandes ou complexos para serem tratados por softwares tradicionais de processamento de dados.

É talvez o mais complexo dos elementos da transformação digital, mas nem por isso deve ser deixado de lado. Existem no mercado soluções de Big Data, inclusive com modelos Freemium.

Google, Facebook, Amazon, Apple, Twitter e Netflix fazem melhores perguntas sobre seus dados e tomam as melhores decisões de negócios usando a visualização desses dados.

Hoje, os volumes de dados estão crescendo exponencialmente, dos 78 exabytes por mês em 2016, para 124 exabytes em 2018, com expectativa de chegar a 233 exabytes em 2021,[93] e vêm de várias fontes, de sensores da IoT, arquivos de log, arquivos de mídia social como áudio/vídeo, registros de chamadas do contact center e todos os dados internos da própria organização. Uma organização que aproveita esses dados e os explora consegue entregar melhores experiências a seus clientes e os usam como vantagem e, portanto, estão sobrevivendo à competição acirrada na corrida dos dados, chamada de a nova corrida do ouro.

Big Data é incrível, ele descreve nosso comportamento cotidiano, rastreia os lugares que visitamos, armazena o que gostamos e quanto tempo gastamos fazendo nossas atividades favoritas. Na transformação digital, o Big Data proporciona à organização uma

---

93 https://bit.ly/2x3ICSu: Acesso em 08 de jul. 2019

vantagem para analisar o comportamento do cliente e hiper perso-nalizar cada interação, o que resulta em vendas cruzadas, melhor experiência do cliente e, obviamente, mais receita.

O mercado de Big Data cresce continuamente à medida que mais e mais empresas implementam suas estratégias baseadas em dados. Embora o Apache Hadoop[94] seja a ferramenta mais bem es-tabelecida para analisar Big Data, existem centenas de ferramentas de Big Data por aí, todos elas prometem poupar tempo, dinheiro e ajudar você a descobrir insights de negócios nunca antes visto.

Todos os dias, novas ferramentas vem sendo adicionadas à pi-lha de tecnologia de Big Data e é extremamente difícil lidar com toda e qualquer ferramenta. Portanto, sugiro que times técnicos sele-cionem algumas das quais podem dominar e continuar atualizando seu conhecimento de uso.

O Big Data tornou-se a base da transformação digital. Embo-ra a grande oportunidade de dados esteja crescendo rapidamente, os dois maiores desafios de Big Data enfrentados pelas organizações são determinar como obter valor e de como definir uma estratégia de Big Data.

A menos que você adquira, armazene e retenha os dados inter-nos da organização, juntamente com todos os dados externos de re-gistros de chamadas, arquivos de áudio/vídeo, pesquisas com clientes etc., haverá menos chances de aplicar análises sobre eles. Na prática, algumas empresas estão implementando para obterem vantagens competitivas bem interessantes.

Ao avaliar projetos de transformação digital que falharam, muitas empresas tiveram problemas ao integrar grandes volumes de dados de clientes entre vários bancos de dados e sistemas diretórios. Eles não tinham certeza absoluta de quais métricas principais usar para criar perfis de clientes. Portanto, a chave é buscar, primeira-mente, criar uma visão de 360 graus para o cliente, para tornar-se a base da análise de clientes, permitindo capturar todas as interações do cliente que podem ser usadas para análises adicionais posteriores.

Detecção e prevenção de fraudes, sejam crimes financeiros, re-clamações fraudulentas e violações de dados são os desafios mais comuns enfrentados pelas organizações em vários setores. Graças à

---

94   https://en.wikipedia.org/wiki/Apache_Hadoop: Acesso em 26. jun. 2019

análise de Big Data e ao aprendizado de máquina, os sistemas atuais de prevenção contra fraudes são muito melhores na detecção de atividades criminosas e na prevenção de falsos positivos. Hoje, com a ajuda de plataformas de Big Data, os bancos podem armazenar todos os dados históricos que possuem, o que pode ajudar a melhorar a detecção de fraudes.

Na era digital, todas as empresas estão tentando a hiper personalização usando mecanismos de recomendação para fornecer a oferta certa no momento certo. As organizações que não tirarem proveito de seus Big Datas dessa maneira podem perder clientes para concorrentes ou perder oportunidades de up-sell ou cross-sell.

Hoje, é importante conhecer as emoções do consumidor enquanto elas estão interagindo com o seu negócio e usá-las para melhorar a satisfação do cliente. Big Data e canais de mídia social juntos ajudam a analisar as opiniões dos clientes, o que dá às organizações uma visão clara do que precisam fazer para superar seus concorrentes. Disney, Nestlé e Toyota estão investindo muito dinheiro e esforços para manterem seus clientes satisfeitos com base na análise de sentimento das mídias sociais.

Portanto, está claro que Big Data não é nenhuma novidade e muitas empresas estão construindo seus oceanos de dados para aproveitar o armazenamento e a retenção de qualquer número de anos de histórico, realizar suas análises e tirar o máximo de proveito em benefício de seus negócios.

4.4. Code Halo

Para ter sucesso nessa batalha dos dados, as empresas precisam entender o Code Halo, que nada mais é do que o seu rastro digital na web – cada clique digital, deslizar, curtir, compartilhar, comprar, comentar e pesquisar produz uma identidade virtual única. Embora esse rastro digital seja importante para cada um de nós, (e aqui entram os conceitos de privacidade, que estão se tornando cada vez mais vitais para o sucesso de todos os negócios). No livro "Code Halo", os autores Paul Roehring, Ben Pring Malcolm Frank (2014) revelam como as organizações podem catalisar negócios com o pensamento Code Halo. Portanto, aproveitar o rastro digital pode ser uma vantagem única para entender melhor o perfil dos consumidores que procuram pelo seu produto/serviço, podendo ser umas das principais diretrizes para elaborar uma estratégia digital para incorporar em seu negócio.

A Netflix venceu a Blockbuster, o Google bateu o Yahoo, o Facebook bateu o MySpace, a Amazon venceu a Borders, a Apple venceu a Kodak, e o surgimento de empresas como o LinkedIn e Pandora são resultados do domínio de um novo conjunto de regras.

Segundo Instituto Santa Fé,[95] um centro de pesquisa independente que busca as grandes questões sobre as fronteiras da ciência, a economia on-line, lançada com a comercialização da Internet em meados de 1995, tende a superar a economia industrial em escala e escopo até 2025. Também afirmou que, até 2025, mais de 75 bilhões de dispositivos serão conectados à web e até 2025, as empresas administrarão mais de 50 vezes os dados atualmente gerenciados.

Passamos de 100 mil computadores (mainframes), para 100 milhões de computadores (era cliente-servidor) e, agora, para 10 bilhões de computadores (dispositivos móveis, incluindo *smartphones*).

As tecnologias SMAC - social, mobile, analytics, cloud - são agora usadas por muitos usuários on-line em atividades diárias, fazendo com que os tipos mais antigos de transações comerciais pareçam até chatas, irritantes, inadequadas e até mesmo ofensivas. Quer um exemplo? Um caixa eletrônico que pede seu idioma preferido, mesmo que seu banco tenha acumulado muita informação sobre você ao longo de vários anos.

Um Code Halo também pode ser entendido como um dado que se acumula em torno de pessoas, dispositivos e organizações. Ele é continuamente atualizado por humanos, dispositivos de comunicação e sensores, robustos, ricos e complexos. Tem efeitos multiplicadores que permitem às empresas entender os clientes e seus comportamentos, ou seja, gera um acúmulo de dados, extrapola e antecipa suas ações com base em análises em cima desses dados, e entrega, por meio de algoritmo preditivo, ofertas irresistíveis.

Code Halos podem ser classificados em cinco tipos: cliente, produto, empregado, parceiro e empresa, e os principais elementos

---

95   https://www.santafe.edu/: Acesso em 08 de jul. 2019

de uma solução Code Halo são o amplificador, a interface de aplicação, o algoritmo, os dados e o modelo de negócios. Por exemplo, isso poderia incluir IoT, máquinas industriais e até itens de consumo diário, como escovas de dente. Eles são conectados por interface física e digital projetado de maneira intuitiva e que geram dados que podem ser interpretados por meio de algoritmos para criar insights personalizados.

Na prática, não apenas empresas digitais usam essa estratégia, mas empresas inovadoras como GE ao criar o "Brilliant Machines"[96]; a Disney ao criar o "Magic Band";[97] a UPS[98] como uma empresa de tecnologia com caminhões; e a Allstate[99] com os dispositivos móveis e análises para o seguro de automóveis. Mesmo players digitais como Nokia e Motorola, e produtos como o Microsoft Zune,[100] se tornaram obsoletos por outros players digitais com melhores Code Halos.

A Netflix usou o entendimento molecular[101] do Big Data para superar seus concorrentes e produzir programas de TV premiados, como o House of Cards.

A Hélice Health[102] usa sensores em inaladores de asma para rastrear o uso de medicamentos e emitir alertas para os profissionais de saúde.

Os termostatos Nest[103] controlam padrões de energia domésticos – seu projetista, Tony Fadell, também foi o designer do iPod.

O sistema Betterizer[104] da Amazon permite que os usuários recomendem como fornecer um serviço melhor com base em suas preferências.

Uma empresa que adotar o Code Halo será dominante de verdade em seu mercado. Porém, para isso será necessário que os negó-

---

96   http://www.geautomation.com/special-offers/brilliant-machines: Acesso em 08 de jul. 2019
97   https://disneyworld.disney.go.com/pt-br/plan/my-disney-experience/bands-cards/: Acesso em 08 de jul. 2019
98   https://www.ups.com/us/en/global.page: Acesso em 08 de jul. 2019
99   https://www.allstate.com/: Acesso em 08 de jul. 2019
100   https://blogs.technet.microsoft.com/microsoft_blog/2012/05/29/xbox-beyond-the-box/: Acesso em 08 de jul. 2019
101   https://www.nytimes.com/2013/02/25/business/media/for-house Acesso em 08 de jul. 2019
102   https://www.medtechdive.com/news/inhaler-monitoring-lowers: Acesso em 08 de jul. 2019
103   https://tpf.eu/pt-pt/projects/nest-labs-installation-of-smart-thermostats/: Acesso em 08 de jul. 2019
104   https://books.google.com.br/books?isbn=111889166X: Acesso em 08 de jul. 2019

cios habilitem os processos existentes para mobilidade e transformem processos existentes criando novos modelos de negócios.

Industrias e organizações baseadas no conhecimento, produtos de uso diário, nativos digitais e negócios distribuídos globalmente podem adicionar Code Halo. Mas as estratégias por si só não são suficientes. Implementar alguns princípios para o sucesso na economia do Code Halo, como fornecer produtos e experiências maravilhosas, gerenciar sua carreira com base no código e tornar a TI seu herói, podem ser determinantes.

Os produtos daqui para a frente devem ser fisicamente belos e virtualmente belos, em termos de interação de informações, e fornecer percepções poderosas por meio de correlações e personalização. Toda a experiência deve ser maravilhosa, ou seja, virtualizado para remover barreiras de localização e descobrir novas conexões.

Embora as empresas devam coletar o máximo possível de dados do consumidor e colaborar com seus parceiros, elas também devem ser transparentes, permitir que os clientes excluam seus dados e cumpram a Lei Geral de Proteção de Dados (LGPD)[105] e o Regulamento Geral de Proteção de Dados da UE (GDPR),[106] a mudança mais importante na regulamentação de privacidade de dados em 20 anos. Eles estruturaram seus fluxos dinâmicos de poder e autoridade, baseados em conhecimento, confiança, credibilidade e foco nos resultados, dos quais tratarei no capítulo VI.

Os hábitos de trabalho virtual são tão importantes quanto as práticas de trabalho físico. A TI deve estar alinhada em pelos menos três horizontes: atividades maduras, negócios emergentes e opções viáveis de próxima geração. TI e negócios devem começar a trabalhar em conjunto mais de perto, por meio de novos centros de excelência.

Os líderes de negócios devem fomentar a vontade de inovar em suas organizações e incentivar as equipes a repensar, reconfigurar e reinventar os modelos de negócios. Pense como um capitalista de risco e crie uma cultura que aceite o fracasso. O fracasso não deve ser penalizado, mas convertido em oportunidades de aprendizagem. O

---

105   http://www.planalto.gov.br/ccivil_03/_ato2015-2018/2018/lei/L13709.htm: Acesso em 08 de jul. 2019
106   https://eugdpr.org/: Acesso em 08 de jul. 2019

fracasso no Vale do Silício, por exemplo, é visto como vitória, e não como derrota.

As ideias do Code Halo devem ser mapeadas em áreas como estratégia, manufatura, operações, financiamento e serviço. Novas ideias devem ser encorajadas na organização, inclusive de novos colaboradores. As provas de conceito devem ser projetadas em torno de áreas onde a customização em massa está acontecendo e as iniciativas de incentivo para Code Halos devem ser prototipadas.

O foco deve ser melhorar a conexão do cliente e o fluxo de informações antes de buscar lucros. Uma vez que a experiência do usuário tenha melhorado e dados valiosos tenham sido coletados, as métricas corretas podem ser projetadas e ajustadas para definir valor e captar receitas, porém, isso exige paciência, abertura e precisa de evangelizadores da mudança que entendam as mudanças do mercado e possam capitalizá-la.

4.5. Computação em nuvem

O termo se tornou popular em 2006, quando a Amazon lançou um produto chamado de Elastic Compute Cloud, tratando-se de parte da sua plataforma de computação em nuvem. Além da Amazon, a Google lançou o Google App Engine, plataforma de computação em nuvem, em sua versão beta no ano de 2008, e 2011 saiu a pré-visualização. A Nasa lançou a OpenNebula, plataforma da mesma categoria, também no ano de 2008, e a Microsoft lançou o Azure em 2010.

Adotada de forma massiva pela maioria das empresas e pelo público em geral, principalmente com o uso de aplicativos SaaS, softwares vendidos como serviços por assinatura, tecnologia fundamental para promover mais integração e trabalho em equipes.

Ao adotar a nuvem, empresas podem modernizar a infraestrutura de TI, criar segurança integrada e focar em como ela pode atender os clientes digitalmente de novas maneiras potencialmente inovadoras. Além disso, com uma abordagem moderna e aberta à tecnologia, sua empresa pode começar a pensar em como usar a tecnologia para melhorar suas operações, processos e serviços.

A teoria por trás da transformação digital é a mesma para todas as organizações, seja ela pequena ou grande. O objetivo é usar a tecnologia não apenas para replicar um serviço existente em uma forma digital, mas usar a tecnologia para transformar esse serviço em algo significativamente melhor.

A IDC[107] sugere que a hospedagem na nuvem terá um papel fundamental na transformação digital. Os gastos mundiais com serviços e infraestrutura de nuvem pública devem chegar a US $ 210 bilhões ainda em 2019, um aumento de 23,8% em relação a 2018. Os Estados Unidos sendo o maior mercado de nuvens públicas geográficas com previsão de gastos de US $ 124,6 bilhões em 2019. A China será o segundo maior mercado em US $ 10,5 bilhões, seguida de perto pelo Reino Unido com US $ 10,0 bilhões, e pela Alemanha com US $ 9,5 bilhões, e o Japão completará os cinco primeiros com US $ 7,4 bilhões em gastos com nuvem pública em 2019. A China experimentará o crescimento mais rápido em gastos com serviços de nuvem pública ao longo do período de previsão de cinco anos (44,9%). A América Latina também proporcionará um forte crescimento do gasto em nuvem pública, liderado pelo Brasil (38,8%), Colômbia (38,5%) e Argentina (38,4%).

Ja o Gartner[108] projeta a indústria de serviços em nuvem para crescer exponencialmente até 2022. O mercado mundial de serviços em nuvem pública deverá crescer 17,5% em 2019, totalizando US $ 214,3 bilhões, acima dos US $ 182,4 bilhões em 2018. O segmento de mercado que mais crescerá será serviços de infraestrutura de sistemas em nuvem, ou infraestrutura como serviço (IaaS), cerca de 27,5% em 2019, para atingir US $ 38,9 bilhões, ante US $ 30,5 bilhões em 2018. A segunda maior taxa de crescimento de 21,8% será atingida pelos serviços de infraestrutura de aplicativos em nuvem ou plataforma como serviço (PaaS).

A Forrester,[109] prevê que em 2019, a computação em nuvem se estabelecerá firmemente como a base das plataformas de aplicativos corporativos do futuro. Segundo o relatório, é a melhor maneira de

---

107   https://www.idc.com/getdoc.jsp?containerId=prUS44891519&utm_medium=rss Acesso em 24 jun. 2019
108   https://www.gartner.com/en/newsroom/press-releases/2019-04-02-gartner-forecasts Acesso em. 22 jun. 2019
109   https://go.forrester.com/blogs/predictions-2019-cloud-computing/: Acesso em. 22 jun. 2019

criar as experiências de software atraentes que seus clientes exigem e seus concorrentes temem.

O que podemos concluir é que os gastos em nuvem aumentarão à medida que as empresas adotarem incansavelmente ferramentas e serviços em nuvem onde e como puderem.

A computação em nuvem é uma forma abreviada de como as empresas transformam ideias incríveis em um software matador de maneira mais rápida. Praticamente mais de 60% das empresas norte-americanas contavam, em 2019, com plataformas de nuvem pública, cinco vezes mais do que a porcentagem de cinco anos atrás. As nuvens privadas também estão crescendo rapidamente, pois as empresas não apenas movem cargas de trabalho para as principais nuvens públicas de escalas grandes, mas também criam plataformas de nuvem locais eficientes em seus próprios datacenters, usando grande parte do mesmo software de código aberto encontrado nas nuvens públicas.

De acordo com o estudo "Desempenho Global sobre Computação em Nuvem",[110] feito pela BSA com 24 países que lideram o mercado de Tecnologia da Informação mundial, o Brasil saltou da 22ª posição em 2016 para a 18ª em 2018. Isso mostra que estamos evoluindo, porém, tenho visto muitas empresas resistindo em colocar suas aplicações na nuvem – e tudo bem, pois cada TI define suas próprias políticas de infraestrutura e segurança. Porém, na minha opinião, migrar para nuvem é o melhor caminho, pensando em mobilidade, crescimento e flexibilidade, atributos essenciais para a transformação digital.

Portanto, a computação em nuvem é com certeza a base pra fazer tudo isso acontecer, o potencial que temos em nossos computadores de bolso - os *smartphones*, não estão neles, mas sim no ambiente de nuvem. Quando fazemos uma busca no Google, "as quase 4,5 milhões de buscas por minuto", é um ambiente de nuvem na retaguarda que permite isso. Então, a computação em nuvem vai permitir que essas as mudanças aconteçam, e esse é um dos grandes conceitos criados nos últimos anos, o que permite que toda essa nova tecnologia que nós estamos vendo e usando, esses avanços tecnológi-

---

110 https://www.bsa.org/news-and-events/news/2018/march/en03062018b Acesso em. 20 jun. 2019

cos, existam. O Uber, o Airbnb, o Netflix, o Spotfy, o Facebook e o Instagram, tudo isso acontece porque temos esse ambiente de computação em nuvem na retaguarda.

E ainda, ao olharmos um pouco mais à frente, veremos que temos algumas tecnologias absolutamente essenciais que vão se tornar mainstream nos próximos anos – das quais eu já comentei em outros capítulos, como realidade mista, realidade virtual, realidade aumentada, computação quântica, tudo isso, de alguma forma, estará conectada em um ambiente de nuvem, e aí, principalmente, falaremos da inteligência artificial.

4.6. Internet das Coisas

Tudo começou com um artigo na revista cientifica americana em 1991, publicado por Mark Wiser dizendo que no século XXI teríamos um computador conectado a todas as coisas. Mas, foi em 1992 que ele e seus colegas de mestrado da Universidade de Berkeley demonstraram na prática usando uma tecnologia revolucionária que tinha naquela época em uma tela touchscreen, uma espécie de (tablet) pai do iPod, iPad, onde ele tocava na tela e lia informações de uma casa conectada. Quem sabe a ficha não tenha caído ainda, mas isso foi em 1992, onde um bando de caras demonstraram um tablet touchscreen acessando os dados de uma casa conectada fazendo a leitura do motor que acionava janela, lendo a temperatura do ar-condicionado e o sensor de presença. E o texto publicado por ele é tão profundo pra ciência da computação dizendo que a partir do século XXI quando nós tivermos tecnologias disponíveis em todos os lugares estaremos cercados por dispositivos inteligentes e estaremos rodeados por máquinas o tempo inteiro, coletando todas as nossas informações, e isso ele batizou de computação ubíqua.

Mas tudo mudou na verdade quando alguém de marketing se meteu no assunto e aí aparece o Kevin Asthon do MIT fazendo uma palestra para uma empresa chamada Procter e Gamble, e nessa palestra ele disse que aquela ideia revolucionária do Mark Weiser ia tornar as coisas conectadas na internet e foi ai então onde nasceu o termo IoT - Internet Of Things, que em tradução livre é Internet das Coisas. A partir daí, fez com que ganhasse um viés de construção de dispositivos conectados de maneira impressionante. Cerca de 10 anos atrás já falava que a Internet das Coisas ia revolucionar os negócios, que ia ter geladeira conectada, carro conectado, casa conectada, tudo conectado, mas isso em 2009 não passava de Power Point.

Mas, em 2015 nos Estados Unidos você já encontrava produtos conectados a venda nas lojas como Best by, Walmart, Homdepo, como geladeira conectada, lâmpada conectada, sistema de automação de casa conectado. Então o que em 2009 era apenas Power Point dizendo que no futuro iria existir produtos conectados, em 2015 já tinha virado produto real.

Olhando para o panorama da Internet das Coisas hoje, existem mais de 2000 empresas entre desenvolvedoras de dispositivos, sensores, conectividade, plataforma, cloud, enfim no mundo inteiro você já encontra soluções diversas, e isso nos remete novamente que o que antes era simples Power Point, hoje já está virando produtos e projetos reais e são mercados que estão gerando muita grana.

Cada dia que passa, mais objetos e equipamentos estão trocando informações entre si, da geladeira da sua casa ao poste de iluminação pública nas cidades. A tecnologia por trás disso é a Internet das Coisas, ou mais conhecida como "IoT". É também considerada uma das maiores e talvez mais inesperadas consequências da aceleração exponencial, está no topo da última onda de inovação, ou seja, a combinação de hardware, software, rede e agora sistemas em rede (IoT) estão impactando praticamente todos os setores. Mas, afinal, o que é essa tão temida IoT? Existem inúmeras denominações, porém, na minha definição, eu diria que são objetos da vida cotidiana conectados à internet, agindo de modo inteligente e sensorial, um conceito tecnológico que consiste da fusão do mundo físico, biológico com o mundo digital, fazendo com que o indivíduo possa estar em constante comunicação e interação com praticamente tudo ao seu redor.

A palavra IoT tem sido utilizada em diversas previsões de futuro como algo que vai revolucionar a experiência humana nas mais diversas áreas, seja na agricultura, na medicina, na produção industrial, na logística, nos bens de consumo, em cidades e em tantos outros setores. E aqui uma coisa divertida de ficar entrando no oráculo

(Google) e buscar informações sobre o que está sendo falado sobre o mercado de IoT no futuro, você encontra os dados mais absurdos de grandes empresas como por exemplo a cisco diz que cada pessoa em 2020 estará conectada a cerca de 6.6 sensores; A Mckinsey diz que vai rodar de 4 a 11 Trilhões de dólares só em IoT até 2025; A GSMA que fabrica sistemas celulares do 2G/3G/4G/5G e NB-IoT diz que há um mercado de pelo 2.5 Trilhões de dólares até 2022. E ainda, outro dado que chama atenção, é uma pesquisa feita também pela Mckinsey de onde é a área de tecnologia com maior foco em pesquisa e maior quantidade de grana sendo investido, e em terceiro lugar é essa tal de IoT, que só perde para a computação móvel, internet móvel celular, aplicativos e para inteligência artificial. Então sim é um Hype, e no momento tem muita empresa investindo muitos recursos.

Ainda que de forma tímida, ela já está presente na vida de milhares de pessoas no mundo todo. A IoT funciona através de sensores instalados em objetos conectados a redes de comunicação, muitas delas já conhecidas como wi-fi, zigbee, bluetooth, rede celular e agora as redes LOWPAN (LoRa, Sigfox, CAT-M, NB-IoT).

Dessa maneira, dispositivos como televisores inteligentes (que estão entre os equipamentos mais usados pelos brasileiros), serão objetos comuns nas futuras casas conectadas. Nesse futuro conectado, a geladeira pode dizer a um supermercado quais alimentos estão acabando; o GPS do seu celular vai avisar ao aparelho de ar-condicionado da sua casa que você já está saindo do trabalho e em quanto tempo deve voltar; ao chegar em casa e abrir a porta, as luzes já acenderão de forma automática e na intensidade programada. Isso pode parecer muito futurista, mas até as previsões menos otimistas antecipam um ambiente totalmente conectado em, no máximo, duas décadas.

Com a evolução cada vez maior da inteligência artificial, e muitos dados disponíveis, a expectativa é que os objetos passem a tomar decisões simples sem intervenção do seu proprietário. Dessa maneira, será comum que um carro se torne responsável pelo agendamento da própria revisão ou troca de peças.

Outro fenômeno que vem sendo muito comentado é um que, por meio da adoção da IoT em fábricas, conectando robôs e automatizando processos, recebeu o nome de Indústria 4.0, conceito esse que foi criado pelo governo alemão em parceria com universidades e empresários para incrementar a produtividade das fábricas do país. O termo foi usado pela primeira vez em 2012 ao apresentarem um conjunto de recomendações para implementação da Indústria 4.0 ao governo alemão. Em abril de 2013, o relatório final do grupo de trabalho da indústria 4.0 foi apresentado na feira de Hannover.

Nos últimos anos, o modelo foi sendo replicado em muitas partes do planeta e é apontado como essencial para garantir a competitividade da produção nos próximos anos. Da mesma forma, como outras áreas de aplicação da IoT, a Indústria 4.0 também é caracterizada por diversas tecnologias. As máquinas sensorizadas, o uso da Inteligência Artificial e a unificação de dados dos vários sistemas de uma empresa são elementos imprescindíveis para garantir o sucesso do modelo. Aliás, a aplicabilidade da IoT é enorme: segundo Gartner,[111] em um estudo apresentado em fevereiro de 2017, o número de dispositivos conectados (8,4 bilhões) já ultrapassou o número de habitantes do planeta (7,76 bilhões), e em 2020 poderemos ter cerca de 20 bilhões de dispositivos conectados.

Fala-se em bilhões de dispositivos conectados e trilhões de dólares, e é realmente um cenário muito promissor, porque diante do que já vimos sobre estratégias de conectar produtos com sensores, as empresas conseguem receber informações de como o objeto foi utilizado pelo cliente e, assim, definir que condições precisam ser alteradas para melhorar o seu funcionamento, gerando maior investimento por parte de empresas para se manterem à frente em seus mercados.

O modelo de Indústria 4.0 e o avanço desenfreado das tecnologias deverão, em poucos anos, revolucionar todos os setores da economia, não somente o fabril. Lamentavelmente, a pesquisa mais recente feita pela IDC encomendada pela salesforce.com, denominado iDX Business Digitalization[112] em 2017, cerca de 60% das empresas brasileiras ainda não sabiam exatamente o que era Indústria 4.0. E o que é pior, muitos empresários achavam uma insanidade investir em melhorias da produtividade quando se vive uma turbulência eco-

---

111 https://www.gartner.com/en/newsroom/press-releases/2017-02-07-gartner-s Acesso em 08 de jul. 2019
112 https://www.salesforce.com/br/form/pdf/digitalizacao-dos-negocios-no-brasil/: Acesso em. 10 jun. 2019

nômica no País. E o mais preocupante é que as pesquisas em 2019 ainda permanecem nos mesmos níveis de 2017, ou seja, pouco se tem evoluído.

Outro estudo conduzido pela Frost & Sullivan, publicado pela Canaltech[113] mostrou que, em 2016, o Brasil movimentou cerca de US $ 1,35 bilhão no mercado de IoT, tendo as indústrias automotiva e as verticais de manufatura como as mais relevantes. Já quanto às previsões para o ano de 2021, acredita-se que o mercado no Brasil alcançará receitas na ordem de US $ 3,2 bilhões.

Uma nova atualização do International Sustentation Data Corporation "IDC" Worldwide Semiannual Internet of Things, fez uma previsão em 2017[114] de que os gastos mundiais em IoT em 2021 totalizarão quase US $ 1,4 trilhões, enquanto as organizações continuam a investir em hardware, software, serviços e conectividade que permitem a expansão das aplicações.

Outra pesquisa realizada pela Cisco em 2017[115] também estimou que a IoT poderia adicionar US $ 352 bilhões à economia brasileira até o fim de 2022. A ABES - Associação Brasileira das Empresas de Software, fez sua previsão em novembro de 2018 que a IoT poderá adicionar até US $ 200 bilhões à economia brasileira em 2025.[116]

Já os números da ABDI - Agência Brasileira de Desenvolvimento Industrial em fevereiro de 2019 dão dimensão do impacto desses ganhos para o setor. Com o programa Indústria 4.0 no Brasil, a previsão é de um corte de custos de, ao menos, R$ 73 bilhões por ano, sendo R$ 35 bilhões de ganho de eficiência, R$ 31 bilhões de redução de gastos de manutenção de máquinas e R$ 7 bilhões de economia no consumo de energia.[117]

A IoT realmente poderá trazer inúmeros benefícios, para todos os setores da indústria e aos consumidores, como dispositivos de saúde interconectados permitindo monitoramento mais constante e eficiente, além de interação mais eficaz entre paciente e médico.

---

113 https://canaltech.com.br/internet-das-coisas/mercado-brasileiro Acesso em. 10 jun. 2019
114 https://tiinside.com.br/tiinside/14/06/2017/despesa-mundial-de-iot: Acesso em. 10 jun. 2019
115 https://computerworld.com.br/2015/06/09/iot-pode-agregar Acesso em. 10 jun. 2019
116 https://www.itforum365.com.br/tecnologia/mctic-convida-abes Acesso em 13 de jul. 2019
117 https://www.abdi.com.br/home: Acesso em 13 de jul. 2019

A previsão divulgada pela TI Inside em junho de 2018, pelo diretor de Pesquisa e Consultoria da Frost & Sullivan Brasil - Renato Pasquini, durante o IoT Business Fórum em São Paulo, apontou que a Internet das Coisas poderá chegar a 50 bilhões de conexões em 2023,[118] sendo que a América Latina terá o maior crescimento de todas as regiões, com cerca de 26,7%, totalizando 995,5 milhões de acessos, passando de 1,4% para 2% do total. A escala maior estará na China, Índia e Estados Unidos, porém, o volume latino-americano não é desprezível, e o Brasil é o maior mercado da região, representando cerca de 45% desse total.

Percebe-se que os números e o potencial de mercado realmente impressionam, mesmo diante das divergências apresentadas pelos estudos de companhias especializadas quando expõem o assunto.

Percebendo todo esse potencial de oportunidades, principalmente nos mercados Industrial e Infraestrutura, criamos na 3G SOFT uma plataforma para IoT focada em aplicações horizontais no setor IoT Industrial e IoT Infraestrutura, provendo soluções End-to-end com o propósito de fornecer alta tecnologia, acelerando os projetos e conexão de produtos e serviços na era da transformação digital, facilitando as interações entre máquinas e humanos e tornando negócios mais inteligentes e sustentáveis.

Ao olharmos o comportamento do mercado global de IoT, Europa, Estados Unidos, Japão, China, com seus mercados já evoluídos e modernos, indo para fase da IA + IOT (aplicando a inteligência artificial sobre os dados da IoT), percebemos que no Brasil estamos muito no começo desse mercado ainda.

Com o objetivo de ilustrar na prática a IoT, os estudos de casos de aplicações a seguir demonstram as capacidades de uso da IoT e seus benefícios.

O Smart ligthing é uma plataforma de telegestão da 3G SOFT que promove a gestão da iluminação pública em luminárias LED em cidades. A solução é composta por um dispositivo fabricado no mercado nacional. Denominada fotocélula IoT, ela se conecta com um gateway LoRa e passa a ter seu gerenciamento remoto, seja da medição de suas grandezas elétricas como de outras leituras como

---

118 https://tiinside.com.br/tiinside/home/internet/19/06/2018/america-latina : Acesso em. 10 jun. 2019

temperatura, balanço e GPS integrados a PAAN - Plataforma de Ativação para Aplicação na Nuvem - que processa todos esses dados, possibilitando aos departamentos públicos (prefeituras) realizarem o gerenciamento remoto e passarem a pagar a energia da iluminação pública pelo consumo, gerando assim economias financeiras na ordem de 75%, e ainda redução de custos com manutenção em cerca de 40%, tornando o ROI atrativo.

Outra aplicação é na cadeia de frios, uma solução para gerenciamento da cadeia fria, utilizando sensores e dispositivos também fabricados no Brasil, conectados a PAAN que permite realizar o monitoramento de temperaturas de todo ecossistema, desde a fabricação, o armazenamento, o transporte e a comercialização de produtos alimentícios perecíveis, bem como na cadeia de medicamentos e produtos ligados à área da Saúde, gerando inúmeros benefícios para todos os *stakeholders*.

Já na indústria de transformação, temos aplicações combinando a PAAN e outros dispositivos em processos produtivos que realizam por meio de sensores IoT a coleta de informações do parque de máquinas para obter o OEE - índice global de produtividade, e qualidade de cada equipamento como a contagem de ciclos de produção de peças e a identificação em tempo real de parâmetros que possam apontar falhas em linhas de produção antes mesmo que ocorram e também aplicação da manutenção preditiva dos equipamentos, tornando assim processos produtivos mais eficientes, com menor índice de falhas e tempos de paradas.

Ao falarmos de IoT em relação a empresa, produto e serviço, utilizando essas aplicações, aqui entra a transformação digital, ou seja, o que precisamos fazer diferente. Nessa economia digital precisamos criar produtos e serviços arquitetados para velocidade e integração, juntas elas são fundamentais pra sobreviver nessa nova era digital. No passado era assim, tínhamos que fazer pra vender muito e ser confiável, claro tem de ser ainda, mas velocidade e integração é fundamental. E no passado ainda, quando uma empresa pensava em criar um produto de IoT ela precisava fazer praticamente tudo, comprar servidor, desenvolver software, integrar os serviços, construir uma aplicação, para só aí começar a gerar valor e era onde as empresas começavam a ter retorno, porém o investimento até então era muito alto. A nova abordagem agora é começar direto pela aplicação ou já pelo monitoramento e interação, e o meio pra fazer isso são as plataformas, onde a PAAN é uma delas.

Quando olhamos para empresas que estão liderando na transformação digital, o que se tem visto, é a importância em transformar produtos e serviços, das quais estão pautados em quatro características fundamentais, usando primeiro dados, conectividade e experiência, porque o cliente quer que seja: 1º - Fácil e simples de usar; 2º - Pessoal e Customizável e aqui você se diferencia dos demais; 3º - Colaborativo, isso é fundamental, para que a empresa tenha sucesso na era digital ela precisa estar alinhada entre todos os atores internos, portanto uma ferramenta baseada em plataforma como a PAAN da 3G SOFT ajuda muito a conversar internamente, entender como seu produto está sendo usado ou consumido pelo cliente, ou saber o status da infraestrutura e dos ativos da empresa, e isso então envolve todos usarem a ferramenta, ou obterem os benefícios, seja o CEO, TI, engenharia, vendas, marketing. Portanto isso é um diferencial que pode te destacar dos competidores no mercado; e 4º é - Instantâneo, ou seja, você precisa ter o dado em tempo real pra tomar a decisão o mais rápido possível, ou tornar essa tomada de ação autônoma.

Um caso interessante, é como um fabricante bem estabelecido com mais de 300 anos aplica IoT, além de um modelo de assinatura e alinhada com técnicas inovadoras de marketing para expandir sua base de clientes? A Husqvarna, fundada em 1689, respondeu a essa pergunta com seu novo conceito, a Husqvarna Battery Box[119], uma loja de locação de ferramentas automatizada conectada, com sua linha de ferramentas de jardinagem profissionais, alimentadas por bateria e ecologicamente corretas. Com uma equipe trabalhando além das fronteiras e fusos horários, a Battery Box passou do conceito para o lançamento em apenas seis meses. Uma das forças do modelo de ecossistema do projeto é que todas as soluções são escalonáveis. Se assim o desejarem, a Husqvarna pode saltar de uma a cem Battery Box usando as mesmas soluções. Do ponto de vista do reconhecimento do valor da marca, o projeto tem sido um sucesso, reforçando o apoio dentro da organização Husqvarna para mais ex-

---

119   https://www.husqvarna.com/se/hbb/: Acesso em 08 de jul. 2019

perimentações da IoT. De uma perspectiva comercial, o Battery Box forneceu dados reais relacionados a produtos, serviços e experiências. A equipe da Husqvarna certamente aplicará essa valiosa percepção à medida que continuar a desenvolver sua estratégia de IoT. Com um modelo operacional ágil e adaptável, a Husqvarna provou que mesmo as empresas mais antigas e estabelecidas podem permanecer inovadoras e colher os benefícios de ser pioneira. Tendo construído um ecossistema multissetorial que pode girar de acordo com as demandas do mercado, a Husqvarna está cumprindo sua meta de ser a *startup* mais antiga do mundo.

A FitBit[120] vai além de uma pulseira. Especializados em dispositivos que monitoram as atividades físicas, como relógios inteligentes e também balanças, as medições levantam batimentos cardíacos, distância percorrida e quantidade de passos, e as informações são sincronizadas com o *smartphone*, permitindo compartilhá-las nas redes sociais. No último quarter de 2019 ela foi adquirida pelo Google por cerca de US $ 2.1 Bilhões.

Se você tem uma qualidade ruim de sono, essa inovação pode interessar. A NeuroOn[121] é uma máscara que mede movimento dos olhos, ondas cerebrais e tensão muscular, dentre outros. Os dados são capazes de garantir mais qualidade no descanso, pois ajudam a entender a melhor forma de acordar e o tempo ideal de sono, além de outras possibilidades que ela proporciona.

Um capacete inteligente e conectado, vendido pela Skully Hemelts,[122] é equipado com uma tela que projeta, na parte interior do visor, imagens da câmera instalada na parte de trás do equipamento. Integrado via bluetooth com o celular, ele ainda mostra orientações do GPS, permite enviar mensagens de texto, fazer e receber ligações telefônicas e controlar o tocador de músicas, tudo isso sem utilizar as mãos.

Os dispositivos criados pela Nest[123] são um dos exemplos mais clássicos, aqueles que realmente nos fazem sentir no futuro – como já citei anteriormente, os mais famosos são termostatos que se integram ao *smartphone*, permitindo ajustar a temperatura do local au-

---

120   https://www.fitbit.com/home: Acesso em 08 de jul. 2019
121   https://neuroon.com/: Acesso em 08 de jul. 2019
122   https://www.skully.com/: Acesso em 08 de jul. 2019
123   https://nest.com/: Acesso em 08 de jul. 2019

tomaticamente, e ainda aprendem a rotina dos moradores e fazem adequações. Já os detectores de fumaça, literalmente, fazem escândalo – luzes coloridas, mensagens de voz e notificações no *smartphone*, alertando o usuário de que algo está errado.

A Philips Lighting é uma divisão especializada na criação de lâmpadas LED inteligentes, que criou uma linha chamada de Hue[124], e são configuradas pelo *smartphone*, mudando a intensidade e as cores da iluminação com o objetivo de deixar o ambiente mais confortável, alegre ou intimista, de acordo com cada situação.

Se você gosta do universo automotivo, com certeza já ouviu falar da Tesla Motors.[125] Os veículos elétricos de alta performance também se conectam à internet para receber atualizações de software e contam com diversos sensores, que fornecem um check-up completo do veículo e dados de geolocalização. Eles também já estão preparados para dirigirem sozinhos. Uma central é capaz de dizer ao carro, em tempo real, quais as ruas estão congestionadas e o sistema é capaz de escolher a rota mais adequada.

Alguns hotéis na Europa e nos EUA estão instalando etiquetas RFID em suas toalhas com o objetivo de diminuir seu furto, rastreando as toalhas e evitando que os hóspedes as levem. A solução já rendeu uma economia de US $ 15 mil em apenas um hotel. Antes da adoção do projeto, 4 mil toalhas eram levadas sem permissão por mês. Após o início, o número caiu para 750. É a IoT gerando economia.

A Bigbelly,[126] por exemplo, fornece uma plataforma para gestão inteligente de coleta de resíduos, onde recipientes de resíduos são equipados com sensores que informam, via rede sem fio, quando estão cheias e precisam ser esvaziadas. Assim, a coleta e as rotas de serviço podem ser otimizadas. Os recipientes ainda contam com painéis solares, permitindo a implementação de uma compactadora motorizada que reduz drasticamente o volume dentro dos recipientes, ajudando a criar ruas mais limpas e cidades mais amigáveis.

Espera-se que apenas Barcelona, na Espanha, economize cerca de US $ 4 bilhões nos próximos dez anos, porque está usando a conectividade para tornar a coleta de resíduos mais eficiente, segundo

---

124 https://www2.meethue.com/en-us: Acesso em 08 de jul. 2019
125 https://www.tesla.com/: Acesso em 08 de jul. 2019
126 http://bigbelly.com/: Acesso em 08 de jul. 2019

a Cisco. Barcelona está entre várias cidades da Espanha, além do México, de Israel e de outros países, que acabaram adotando sensores de IoT autônomos sem fio que usam ultra-som para informar o quão cheio está um recipiente. As informações são transmitidas para uma plataforma de software que se conecta a sistemas destinados a otimizar as rotas de coleta. O sensor é útil nos casos em que o resíduo está sendo produzido em taxas mais lentas ou mais variáveis, onde a otimização das rotas também significa menos tráfego e emissões de gases.

Vendo tudo isso já acontecendo hoje, diante dos nossos olhos e a um clique de distância, eu diria que, em um futuro muito breve, poderemos mudar a resposta à pergunta do que é IoT para "quais são os resultados reais que a IoT pode gerar". E, quando falamos sobre monetização da IoT, por exemplo, veremos o surgimento da economia de resultado, (Outcome Economy). Na 3G SOFT já estamos empenhados em incluir essas mudanças em nosso modelo de negócio, porque a economia de resultado representa uma mudança de paradigmas, simplesmente pela venda de recursos e benefícios de produtos e serviços, para competir com a venda de resultados mensuráveis relevantes para o cliente. Os compradores estão querendo comprar um resultado e os vendedores não estão apenas vendendo a promessa de um resultado, mas são recompensados por resultados quantificados do mundo real.

Ao falarmos em alcance de resultados, um exemplo que materializa esse conceito é o da Rolls-Royce.[127] A Rolls-Royce fez a transformação completa da venda de motores como um produto combinado com um contrato de serviço reativo, para um modelo comercial inteiro baseado em resultados. Ela utiliza um conjunto de serviços preditivos de manutenção e reparo que monitoram a integridade do motor e podem modificar a configuração do motor para aumentar a durabilidade, e sua oferta de serviço Total Care agrega confiabilidade. Os clientes, como a Boeing e a Airbus, têm seus modelos de negócios com a Rolls-Royce baseado em uma base de horas voadas de $/hora. A Rolls-Royce assume todo o custo das visitas e torna a

127 www.rolls-royce.com/about/our-technology/enabling-technologies: Acesso em 08 de jul. 2019

confiabilidade e o tempo um impulsionador de lucro, tanto para o cliente quanto para a própria Rolls-Royce.

Portanto, a Rolls-Royce é um ótimo exemplo de como um modelo de negócio típico baseado em produto transformou-se com sucesso em um modelo de negócio baseado em resultados, aplicando os princípios da IoT.

Mas não para por aí. Lembra do conceito da confluência das tecnologias nos capítulos anteriores? Pois é, aqui temos um exemplo prático ao unir algumas tecnologias, no caso IoT e IA, seguindo o setor de aviação, nos mostrando o potencial inovador. A Bombardier (2018) exibiu seu novo jato C-Series, que impulsionou o motor Geared Turbo Fan (GTF) da Pratt & Whitney[128] e seus 5.000 sensores de IoT, produzindo até 10 Gigabit de dados por segundo. Por que um motor a jato precisaria de tantos sensores, uma vez que muitos motores modernos têm menos de 250 sensores? Bem, é porque o mecanismo da Pratt & Whitney oferece recursos de Inteligência Artificial para prever futuras demandas do motor e ajustar o mecanismo de acordo. Os motores GTF consomem até 16% menos combustível do que os motores a jato médios e também reduzem as emissões de óxido de nitrogênio em 50%, e até 75% de redução na pegada de ruído. Até junho de 2019, a redução de CO_2 era de 1.600.000 toneladas métricas totais (e contando). Isso nos remete a realmente ver os impactos positivos das confluências tecnológicas quando unidas em um propósito, ao ver o Slogan da Pratt & Whitney estar completamente no centro de tudo ("voe mais com menos).

No entanto, em um setor que ainda luta contra a integração entre sistemas legados, os diretores de TI enfrentam desafios para acertar a arquitetura e lidar com questões de segurança.

As mudanças rápidas nas tecnologias de informação e comunicação quebraram as fronteiras entre a realidade virtual e o mundo real, no qual a ideia por trás da Indústria 4.0 é criar uma rede social onde as máquinas podem se comunicar entre si, possibilitada pela IoT. Tudo isso ajuda a indústria a integrar o mundo real ao virtual, permitindo que máquinas coletem dados em tempo real, possibilitando fomentar melhor a tomada de decisão com base em dados.

---

128   https://pwgtf.com/: Acesso em 08 de jul. 2019

Na manutenção de ativos, por exemplo, a Internet industrial têm um impacto direto em soluções que facilitam o gerenciamento nos sistemas de produção, resultando em maior capacidade de operação e planejamento. Outro fator importante que vai impactar o seu dia a dia no trabalho é a possibilidade de detectar, com antecedência, problemas em equipamentos, além de análises preditivas mais eficientes baseado em dados.

Hoje, a maioria das empresas de produtos vende recursos, qualidade ou custo. Em uma nova economia de resultados, eles podem competir por sua capacidade de fornecer um valor de negócios quantificável que seja importante para seus clientes e receber uma compensação comprovando esse retorno financeiro do investimento - ROI.

Bem, mas como isso funcionará na prática? Um fornecedor vendendo contra um modelo baseado em atingir uma meta financeira, deve garantir que: 1 - Ter maior visibilidade no caso de uso do produto ou serviço; 2 - Quantificar resultados em tempo real; e 3 - Fazer os ajustes necessários para garantir o cumprimento dessas metas.

Nos sistemas avançados de IoT, muitos sensores conectados permitem que o mundo físico seja quantificado e medido. Com o uso de análises de dados sofisticadas, os sistemas podem ser ajustados em tempo real para garantir a obtenção dos resultados comerciais necessários em todo o ciclo de vida do produto ou do projeto. Esses princípios de IoT permitem a economia de resultados, como vimos no caso do motor Geared Turbo Fan (GTF) da Pratt & Whitney.

Os modelos de negócios habilitados para IoT permitem a transição da venda de um produto como uma compra única para a capacidade de fornecer o produto como um serviço alinhado aos objetivos de negócios e assumir o risco que o produto cumprirá os requisitos financeiros. Portanto, as organizações que desejam aproveitar o potencial disruptivo da IoT precisam entender rapidamente como transformar seu setor, e como mudar para um modelo de negócios baseado em resultados e, em última instância, como reescrever sua estratégia de negócios.

Se você segue a IoT na imprensa, sem dúvida já ouviu muitas vezes que os dados são a nova moeda da IoT. De fato, muitas empresas agora estão rastreando dados como um ativo em seus balanços. No entanto, os dados não são apenas uma moeda para empresas, mas, como consumidor da tecnologia IoT, é também a sua moeda com a qual você pode negociar.

Vamos ver isso na prática, analisando o uso das mídias sociais, que com o tempo nós, usuários, nos acostumamos a consumir serviços sem nenhum custo, ou seja, usamos sem pagar. Mas, por trás disso, existe um custo. Bom, tudo que fazemos nas redes sociais, quando as usamos – Facebook, LinkedIn, Youtube, Instagram e Twitter – são os nossos dados que eles monetizam – lembre-se do Code Halo. Os nossos dados de uso são a forma como pagamos para usar esses sistemas.

Um exemplo simples de monetizar os dados de um produto pode ser encontrado em uma plataforma embarcada em um veículo, que contém muitos sensores, incluindo localização e vibração. Esses dados dos sensores, quando coletados de muitos usuários, ajudam a criar uma imagem de buracos e desgastes da estrada que podem ser vendidos às autoridades locais que o usarão para gerenciar as prioridades de reparo.

A adoção e o uso generalizado desse tipo de aplicação pode ser essencial, então, seu plano de negócios os vê liberando a plataforma de graça para obter milhares de usuários. O benefício para o motorista é que eles recebem uma plataforma inovadora que também os avisa sobre pontos de perigo e buracos sem nenhum custo. O único requisito é a necessidade de manter a conectividade e enviar os dados de volta, porque senão a plataforma deixa de funcionar.

O exemplo acima é muito simples, mas é um bom exemplo que mostra como os produtos pelos quais pagamos hoje como consumidores em breve serão dados gratuitamente se concordarmos em distribuir nossos dados, ou seja, abrir mão da nossa privacidade.

Bem, mas tem um ponto importante nisso tudo: os dados só são valiosos se forem dados confiáveis, portanto, a IoT está interrompendo maciçamente os modelos de negócios em como os consumidores pagam por dispositivos ou serviços. Fabricantes de dispositivos e provedores de serviços precisarão aprender como construir novos modelos de negócios que ofereçam valor sustentável com base nos resultados medidos dos clientes.

No entanto, os novos modelos de negócios da economia de resultados se desfazem completamente se as fontes de dados não puderem ser confiáveis e, portanto, fornecedores e usuários precisam garantir que os dispositivos e sensores que coletam dados do mundo real sejam altamente seguros e confiáveis. A segurança não pode ser uma reflexão tardia ou tratada como uma mercadoria, pois saber que você pode confiar em seus dados tem valor comercial mensurável por si só.

Analisando todos esses conceitos, percebo que o maior desafio hoje não é técnico, é de negócios. Portanto, ainda não se tem o estado da arte na modelagem de negócios para a IoT, pelo menos aqui no Brasil. E, também, confrontando esse conhecimento com experiências reais de criação de um modelo de negócios para um produto inteligente, afirmo que as estruturas de modelos de negócios ainda são muito genéricas, portanto, alguns frameworks como o Business Model Canvas e o próprio MVP podem ajudar uma empresa a projetar seu modelo de negócios para a IoT, mas ainda carece de algumas áreas específicas como infraestrutura de TI que precisam ser consideradas, além de englobar a complexidade deste processo. Por exemplo, uma empresa precisará pensar sobre o seu papel e o modelo de negócios considerando o ecossistema de IoT, ciente de que o processo de desenvolvimento de soluções nesta nova plataforma exigirá uma forte cooperação em uma cadeia de valor mais ampla.

Considerando então que a IoT está apenas no começo – pelo menos aqui no Brasil – sugiro que as empresas busquem se familiarizar para recebê-la e incorporá-la em sua estratégia futura de negócio, uma vez que essas aplicações podem agregar valor, reduzir riscos e custos, e tornar empresas mais competitivas em suas áreas de conhecimento e atuação.

4.7. API

Aos poucos, estamos nos tornando uma sociedade digital onde o mundo virtual e o mundo físico caminham juntos e todos estão conectados. As APIs são interfaces de programação de aplicativos, fazem com que a sociedade digital e os negócios digitais trabalhem juntos, conectando pessoas, empresas e coisas, criando novos produtos digitais, modelos de negócios orientados a serviços e novos canais de negócios. Elas já fazem parte do nosso dia a dia, desde o envio de mensagens nas redes sociais, ao chamarmos o Uber via aplicativo, ao realizar uma reserva do Airbnb, no pagamento de uma compra online ou no simples ato de ler uma notícia em nosso *smartphone*, tudo isso é feito por meio de APIs. Alguns *geeks* afirmam que estamos na era da economia das APIs, (API economy).

Portanto, uma API, em termos gerais, é um conjunto de métodos de comunicação claramente definidos entre vários componentes. Uma boa API facilita o desenvolvimento de um programa de computador, fornecendo todos os blocos de construção, que são então montados pelo programador a fim de construir uma aplicação entre diferentes ferramentas baseadas na nuvem.

Quando essas APIs são abertas, isso permite que desenvolvedores independentes, ou mesmo grandes empresas, integrem suas soluções com as de outras organizações, estabeleçam rotinas automatizadas, novas ideais de negócios e, principalmente, mais produtividade para as empresas.

Quando você ouvir falar em economia das plataformas para ganhar escala, as APIs estão no centro desse tema, porque ela permite que você possa construir um software usando literalmente economia de terceiros, ou seja, elas aceleram a construção de plataformas sem a necessidade de programar, por milhares de horas, um software do zero. Um exemplo incrível de plataforma baseada em API's é o Uber. Ao analisar o estudo de caso, cerca de 70% do Uber não foi desenvolvido internamente. Isso significa que ele usou aplicações de terceiros, por exemplo, o mapa dentro da aplicação do Uber não foi desenvolvido pelo Uber, ele usou uma API do Google Maps; o Uber não precisou fazer o sistema operacional para os *smartphones,* ele usou iOS da Apple e o Android da Google, e assim por diante.

Vamos supor que você deseja criar um aplicativo onde pretende visualizar suas unidades de negócios. Por exemplo, uma rede de lojas. Em vez de você fazer um mapa do zero, simplesmente você vai no Google e pega uma API do Google Maps e começa a usar – e aqui começa a ficar interessante, porque pra usar a API do Google Maps não é necessário ligar para o Google ou ir até o Google. Você simplesmente acessa online, baixa a API e começa a trabalhar com ela e, nesse caso, o que acontece é que o Google, por exemplo, ganha escala, e quando se ganha escala, o efeito é o crescimento exponencial do seu modelo de negócio.

Ao pensarmos na transformação digital é quase imprescindível desenvolver uma aplicação que permite ganhar escala usando APIs. Ao pegarmos a Amazon, boa parte da lucratividade da Amazon está associada a TI que ela possui para o seu próprio negócio, diferentemente de muitas outras empresas que vêem a TI como custo, e não um gerador de receitas. Mas, se você usa tecnologia em seu negócio e funciona, porque não monetizar isso para outras empresas, como a Amazon fez, ela acabou criando as APIs, lançando a AWS - Amazon Web Services, ambiente cloud que passa a hospedar sua estrutura de website, sistemas e aplicações criando um modelo de serviço. Ela passou a vender esse serviço de infraestrutura para terceiros, com isso, ela acabou diluindo o seu custo e passou a gerar receita e lucro com a própria TI. Por isso, é importante estar vendo os sistemas que estão sendo utilizados em seu negócio e ver se eles permitem e possibilitam criar ou usar APIs de terceiros.

APIs são elementos bases para criar uma plataforma, e traduzindo para uma analogia mais simples podemos usar o lego, ou seja, cada API pode ser comparada como sendo uma peça pequena de lego, e uma plataforma é construída com várias peças menores de lego.

Outro termo que está muito na moda é o *open banking*, que está lastreado em API. Os bancos estão criando suas APIs em cima dos produtos e as fintechs estão fazendo as disrupções naqueles produtos nos quais os bancos maiores não conseguem ser bons.

No seu modelo de negócio você tem as APIs? Você já consegue ganhar escala? Se a resposta for não, está na hora de começar a construir, porque a maioria das empresas como Google, Facebook, Amazon, Twitter e muitas outras já tem os seus set's de API prontas e disponíveis para acessar e usá-las como serviços. Então, a empresa que é tradicional e que está planejando a passagem para o mundo digital vai precisar, pois as APIs são como o passaporte para essa viagem, são os primeiros passos em termos técnicos.

Como já comentado anteriormente, existe uma economia muito grande em cima desse mercado de APIs, ou seja, APIs que valem bilhões de dólares – exemplo disso é a Stripe,[129] que é uma API de pagamentos eletrônicos e transações seguras online, que em janeiro de 2019, ao levantar US $ 100 milhões de investimento da Tiger Global Management, "um fundo de investimento", foi avaliada em US $ 22.5 bilhões. Uma *startup* que se beneficiou do crescimento dos pagamentos on-line, atraindo investimentos de Elon Musk, Peter Thiel e do braço de capital da Google, o Capital G, entre outros. A Strip é uma *startup* fundada em 2010 pelos irmãos irlandeses Patrick e John Collison, que surgiu com a ideia enquanto participava do MIT, é considerada hoje a top 1 das Fintechs no mundo.

4.8. Inteligência Artificial

A inteligência artificial é uma coleção de equações matemáticas, mas não se preocupe com isso, todas essas equações estão disponíveis, são transparentes, e a maioria delas foi inventada antes do fim do século XIX, e muito em breve se tornarão *mainstream*.

Não irei aqui entrar a fundo no conceito, mas sim procurar contextualizar algumas aplicações reais, o que está sendo feito, como pode ser utilizada e um pouco de futurologia do que vem por aí.

A inteligência artificial, por vezes mencionada pela sigla em português IA ou pela sigla em inglês AI (artificial intelligence), é um termo cunhado em 1955 por John McCarthy, sendo um dos fundadores da disciplina e definindo que inteligência artificial é uma ciência de fazer máquinas inteligentes.

Passarei a usar o termo como IA ao me referir à inteligência artificial, que basicamente pode ser entendida como a capacidade de um programa de computador ou uma máquina pensar e aprender, ou, também, um campo de estudo que tenta tornar os computadores inteligentes, fazendo com que eles possam trabalhar de modo autônomo sem serem codificados por comandos, tendo capacidade em desenvolverem raciocínio parecido com a dos seres humanos, incluindo a capacidade de estabelecer padrões, experimentar, perceber

---

129   https://stripe.com/en-br: Acesso em 01 de jul. 2019

e tomar decisões de forma inteligente. Carros autônomos, computação cognitiva, chatbots e muitos outros são exemplos de aplicação real desta tecnologia atualmente.

Importante salientar que as tecnologias da revolução industrial que nos trouxeram até aqui são tecnologias que potencializaram e impulsionaram nossa força física – um veículo, um trem, um avião, um foguete – e, hoje, estamos tendo acesso às tecnologias que potencializam nossa capacidade cognitiva, como a IA; portanto, temo dizer que estamos no limiar de uma mudança de era.

Hoje nós já vivenciamos um mundo onde os algoritmos de IA fazem parte do nosso dia a dia, ao usarmos o Waze, as recomendações da Amazon e do Netflix, as buscas no Google. Quando falamos com assistentes como a Alexa, a Siri, o Google Home, todos eles utilizam a IA.

Portanto, o termo IA não é algo novo, já existe desde 1955, mas, porque só agora está se tornando um termo muito utilizado? Eu diria que por dois motivos que já vimos em capítulos anteriores. O primeiro é porque temos disponibilidade e uma capacidade computacional muito grande, as tecnologias de processamento de informação evoluíram exponencialmente (lembre-se da *Lei de Moore*), e o segundo motivo é que há uma disponibilidade de dados nunca vista antes, estima-se que cerca de 90% dos dados disponíveis hoje foram gerados no máximo nos últimos três anos.

Na prática, isso seria como ter um motor muito potente, entenda como um Big Data, e nós temos também uma abundância de combustível para impulsionar esse motor que são os dados, e essa confluência nos permite criar algoritmos altamente sofisticados e treiná-los, algo que há alguns anos atrás era inimaginável.

A IA pode ser aplicada para toda e qualquer situação. Vamos ver na prática como isso acontece. Vamos pegar, por exemplo, um médico. Ao consultar um paciente, ele vê os sintomas e, com base nos sintomas, tira uma conclusão, porém o médico faz isso com base na experiência dele, do aprendizado durante a faculdade e da experiência adquirida ao longo do tempo de atuação. Agora, você imagina que, se eu tenho uma IA para fazer o diagnóstico, ela está usando não só a experiência de um único médico, mas de todos os médicos do mundo inteiro que coletaram os dados e informações sobre aquele tipo de sintoma. E olha que interessante, eu estou falando de médico, que é uma profissão que jamais poderíamos imaginar que a IA pudesse substituir de uma forma tão impactante. Importante pensar que ter um médico hoje é desafiador: você tem que pegar uma pessoa que está disposta a estudar por pelo menos dez anos, e isso custa muito dinheiro. Depois de dez anos e muito dinheiro, você tem um médico. Agora, vamos pegar o Watson da IBM,[130] que fez um enorme esforço para coletar dados e criar algoritmos de *machine learning* usando milhares de dados de profissionais fazendo um trabalho muito grande e, à medida em que ele vai aprendendo, vai criando interfaces com outros algoritmos que fazem a mesma coisa e, então, ele passa a ter um volume de aprendizado muito grande. E mesmo que todo esse esforço tenha custado US $ 1 bilhão de dólares, eu faço isso uma única vez, e aí todo mundo vai ter acesso ao super médico, sem a necessidade de criar um médico em cada lugar do mundo, ou em cada cidade. Ou seja, você passa a ter tudo isso no seu *smartphone* por centavos de dólar, fazendo diagnósticos constantes e precisos, sem exaustão e com uma velocidade exponencial. Portanto, não significa que iremos eliminar os médicos, mas iremos tirar do médico o trabalho repetitivo de fazer os diagnósticos, e deixar para os médicos as tomadas de decisões que estejam mais ligadas aos aspectos humanos e emocionais, sem contar que o algoritmo poderá fazer o trabalho de análise com muito mais eficiência e precisão. Isso é a IA, que traz não apenas a automação de tarefas, mas velocidade, ganhos de escala, precisão e custos significativamente mais baixos e, ainda, salvando um maior número de vidas.

Nesse simples exemplo, pode-se pensar que a IA possa substituir os humanos, mas eu diria que ela não irá substituir os humanos, e sim substituir as profissões. Muitas carreiras vão desaparecer, fenômeno que sempre aconteceu em outras revoluções anteriores. Não temos mais o datilógrafo, o telegrafista, o pianista de cinema, o acendedor de lampião, o vendedor de enciclopédias, e muitos outras. Essas profissões deixaram de existir porque foram substituídas pelas inovações que foram criadas, e novas funções acabaram surgindo.

Quando analisamos qualquer tipo de atividade e dividimos essas atividades em pequenas partes, ou seja, em pequenas tarefas,

---

130   https://www.ibm.com/watson/br-pt/: Acesso em 08 de jul. 2019

vamos ver que grande parte delas são atividades repetitivas que a máquina, ou a IA, poderá fazê-la muito melhor do que nós humanos. Então, nós, seres humanos, iremos nos concentrar em fazer coisas em que a nossa capacidade humana é imbatível, como a criação, a empatia e, principalmente, a consciência, coisas que a máquina e os algoritmos dificilmente terão. Pelo menos é o que praticamente todos os cientistas estão discutindo, e alguns dizem que, em 40 anos, a IA vai ter consciência; já outros cientistas dizem que nunca vai ter consciência, mas o fato é que, entrando, por exemplo, a computação quântica, que é um pouco diferente da computação normal, a computação normal usa zero e um para fazer os seus cálculos e na computação quântica você pode ter zero e um ao mesmo tempo, ou seja, em outras palavras você acaba tendo um ganho exponencial muito grande, e aí, quem sabe, a IA possa chegar próximo de adquirir consciência. Já existem computadores quânticos da IBM disponíveis, ainda pequenos, com cerca de 2qubit, porém, o computador quântico funciona de forma expressiva. Ele consegue calcular tudo aquilo que precisa para IA e aí pode ser que tenhamos alguma coisa muito parecida com consciência e, para que possamos definir se a IA vai ter consciência ou não, hoje ainda não conseguimos porque não conhecemos algumas das confluências de tecnologias que estão por vir, para saber como elas se comportam.

Mas aqui entra outra questão muito interessante. Muito se tem ouvido falar que os robôs irão tirar nossos empregos, mas, quem sabe nós, seres humanos, é que estamos fazendo o trabalho de robôs e, portanto, eles podem fazer essas tarefas e trabalhos repetitivos muito melhor do que os seres humanos, e os seres humanos podem fazer melhor o que é inerente a nós, e é isso que nos torna seres humanos.

Tenho acompanhado muito sobre esse tema, que alguns países estão levando muito a sério. No Vale do Silício, por exemplo, esse tema tem ganhado cada vez mais atenção. Bill Gates, uma vez, disse. - Vamos ter que cobrar impostos das máquinas, porque, se a máquina substitui o emprego, ela paga o imposto.[131]

E por que não? Poderia ser uma ótima opção. Assim como muitas profissões irão deixar de existir, ao mesmo tempo novas fun-

---

131 https://qz.com/911968/bill-gates-the-robot-that-takes-your-job-should-pay-taxes/: Acesso em 08 de jul. 2019

ções já estão surgindo, mas a questão são os skills, as habilidades, e as capacitações que essas novas funções estão exigindo são muito diferentes das atuais. Quando pegamos um exemplo como o de um cobrador de ônibus ou um motorista de caminhão, as habilidades que ambos possuem são diferentes das que estão sendo demandadas, e no caso do caminhão autônomo que substitui o motorista, então, cria-se uma nova função – talvez um engenheiro de *machine learning,* mas as habilidades e os *skills* que essa nova função precisa não são iguais ao do motorista de caminhão e, portanto, não necessariamente essa nova função será preenchida pelo motorista. Essa é a grande preocupação, essa transição que ainda não se sabe como tratar.

Formar novas pessoas, novos profissionais para as novas funções, é possível. Porém, o que fazer com as pessoas que tinham outras habilidades, que eram importantes e que agora deixaram de ser? Esse passa a ser o grande desafio nesse século, e esse processo de transição outros países estão tratando com muita seriedade, como os Estados Unidos, a China e na Europa; mas, aqui no Brasil, não vemos essa discussão. Ela permeia vários aspectos na sociedade, o governo precisa ter políticas públicas relacionadas a isso, as empresas precisam ter as suas preocupações, a academia precisa preparar seus alunos para essas novas funções, e não estou vendo isso acontecer. Existem algumas iniciativas, mas, de maneira geral, não vejo isso se disseminando.

Eu entendo também que são necessários alguns aspectos fundamentais para o uso da IA. O primeiro é entender os conceitos, e a maioria dos executivos não tem claramente internalizado esses conceitos e acabam olhando para a IA como alguma coisa mágica, mística, que vai chegar e mudar tudo. Porém, as coisas não acontecem dessa forma. O Segundo aspecto é que, uma vez que tenhamos os conceitos absorvidos, precisamos de talentos para fazer com que esses conceitos se materializem e se tornem realidade, porque vivemos uma escassez muito grande de profissionais no mercado para atuarem nessas oportunidades.

No Brasil, existe uma iniciativa do I2A2,[132] que foi criada justamente para preencher essa falta de talentos. Após vivenciar na pele a necessidade de profissionais para desenvolvimento de algorit-

---

132   https://www.i2a2.com.br/: Acesso em 08 de jul. 2019

mos para uma *startup* e não encontrar, o I2A2 acabou realizando a capacitação interna desses profissionais, e isso acabou gerando muito interesse por parte de várias outras empresas. Foi aí que surgiu o conceito de poder contribuir com a sociedade ajudando a desenvolver essa nova geração de pessoas preparadas para a IA. O terceiro aspecto, do qual já falei em capítulos anteriores, é estar aberto à inovação e à experimentação, até porque a IA é algo sobre a qual estamos apenas começando a aprender. Muita estrada ainda precisa ser trilhada, e imagino que poderíamos fazer uma analogia em que a IA hoje está no estado em que a internet estava há 20 anos – e, ao olharmos 20 anos atrás, o Google estava sendo lançado e a Amazon era uma simples loja de vendas de livros on-line (que hoje vale US $ 1 trilhão de dólares). Há 20 anos, não existia o *smartphone*, que surgiu apenas em 2007 e, obviamente, não existia WhatsApp, nem mídias sociais, muito menos se falava em unicórnios.

Fazendo esse paralelo, precisamos olhar para o futuro e saber que, ao falar em IA, estamos apenas engatinhando no potencial que ela possibilita, com muitas oportunidades. Porém, é claro, também há ameaças. Vai depender de como nos olhamos para o futuro.

Como país e como nação, no Brasil estamos muito atrasados em relação a IA quando comparamos outros países com iniciativas interessantes. A China tem uma estratégia para liderar o mundo em IA,[133] os Emirados Árabes Unidos que, em 2017,[134] foi o primeiro país a criar o Ministério da Inteligência Artificial como um projeto estratégico de nação, e a Arábia Saudita foi o primeiro país do mundo a conceder uma cidadania a um robô, a Sophia, um gesto simbólico do governo saudita para o lançamento do projeto NEOM,[135] um plano de investimentos de US $ 500 bilhões de dólares para a criação de uma "cidade do futuro", alimentada inteiramente por fontes de energias renováveis, e sua construção, assim como manutenção, será automatizada e ficará majoritariamente a cargo de robôs, que poderá vir a exceder a população humana, e fazer do PIB per capta da NEOM o maior do mundo em 2030.

---

133   https://www.fhi.ox.ac.uk/wp-content/uploads/Deciphering_Chinas_AI-Dream.pdf: Acesso em 09 de jul. 2019
134   https://ai.gov.ae/: Acesso em 24 de jun. 2019
135   https://discoverneom.com/: Acesso em 24 de jun. 2019

Voltando-se a China que vem investindo pesado para tentar ganhar a corrida mundial de IA. Durante o ano de 2019, o governo central da China vem lançando iniciativas de IA, uma após a outra, e um desses movimentos mais recentes foi o anúncio de US $ 2,1 bilhões para construção de um centro tecnológico de IA nos subúrbios ocidentais de Pequim.

A competição entre China e Estados Unidos é grande. Os Estados Unidos lideram em número de cientistas e experiência em IA, mas a China tende a obter uma vantagem, por ter mais dados (incluindo dados que não são de domínio público) para aperfeiçoar algoritmos, e aqui vale a pena alguns comparativos. Nos Estados Unidos, mais da metade dos cientistas tem acima de dez anos de experiência em IA, e na China, cerca de 40% dos cientistas tem menos de cinco anos. Os Estados Unidos são o primeiro do mundo em número de patentes, cerca de 15.317, contra 8.410 dos chineses e, no ranking global em abertura de dados, a China está em 93 e o Estados Unidos estão na posição 8, (e contando).

As vantagens da China na IA vão além do compromisso do governo, por causa do seu tamanho, do comércio on-line vibrante, das redes sociais e das escassas proteções de privacidade, ou seja, o país está repleto de dados e, como vimos, dados são uma força vital dos sistemas de aprendizagem de máquina. O fato de a IA ser um campo relativamente novo, ao meu ver, também funciona a favor da China, encorajando um crescente esforço acadêmico que colocou a China à frente dos Estados Unidos, que há muito tempo é líder em pesquisa de IA. Agora, para o campo científico tradicional, os cientistas chineses têm um longo caminho a percorrer para competir com os Estados Unidos. Mas, para a ciência da computação, é uma coisa relativamente nova: os jovens podem competir, os chineses podem competir.

O presidente do Instituto Broad em Cambridge (Massachusetts), Eric Lander, afirmou, em uma entrevista em fevereiro de 2018, que os Estados Unidos têm, na melhor das hipóteses, uma vantagem de seis meses sobre a China na IA, dizendo que a China não desempenhou nenhum papel no lançamento da revolução da IA, mas está fazendo um progresso exponencial.

Para vermos isso na prática, ao ir para Xangai, por exemplo, se você atravessar fora da faixa de pedestre, uma câmera de monitoramento identifica sua face e manda a multa direto na sua casa. Então, isso é uma coisa que já está acontecendo na China hoje. Aliás, é interessante ver como a China vem implementando IA, e ela vem liderando por não ter sido feliz durante a revolução industrial, porque a revolução industrial começou lá pelo pelo Japão, pela Alemanha e pelos Estados Unidos, e a China acabou ficando atrás. Então, ela começou nos últimos 20 anos a correr atrás de tudo isso, e é interessante observar porque, mesmo estando atrás, ela não montou a infraestrutura de internet industrial, eles pularam para a nova infraestrutura, da internet direto para a IA e acabaram por investir em inovação como um projeto de nação, e por meio dessas iniciativas é possível ter noção de como será o futuro.

Outro exemplo, no Hema,[136] que é uma rede de supermercado do Alibaba da China, você só pode usar seu aplicativo para fazer compras, ele não aceita dinheiro. Ele nasceu sendo digital e, agora, mais recentemente o aplicativo está sendo substituído pelo reconhecimento facial. Você simplesmente chega no caixa, pisca e a conta está paga.

E não para por aí, a China está fazendo um pouco mais do que isso. Ela está criando um sistema de crédito social, programa iniciado em 2014, uma espécie de pontuação social,[137] e que deve estar totalmente operacional até 2020, ou seja, uma espécie de ranking de crédito onde uma pessoa pode subir ou descer no ranking dependendo de seu comportamento, em infrações que vão desde a má direção, fumar em zonas para não fumantes, comprar muitos videogames, postar notícias falsas on-line, cruzar fora da faixa de segurança para pedestres, entre outras. Ela está fazendo o seguinte: se você deixou de pagar uma conta, você ganha um ponto negativo; se você atravessou fora da faixa, também ganha um ponto negativo mas, se você pagou a sua conta em dia e está se comportando corretamente, você ganha um ponto positivo, e assim ele vai montando um ranking muito pa-

---

136   https://www.alizila.com/video/take-tour-hema-supermarket-experience-new-retail/: Acesso em 09 de jul. 2019
137   https://chinacopyrightandmedia.wordpress.com/2014/06/14/planning-outline Acesso em 09 de jul. 2019

recido como o episódio de Black Mirror,[138] antologia de ficção científica do Netflix, em que as pessoas votavam umas nas outras, então todo mundo tinha que se comportar para ter mais votos.

Portanto, isso está acontecendo na China e é um assunto que assusta, sim, e tem um foco para o que vai acontecer próximo de 2025, porque, como já mencionei anteriormente, em 2025 a tecnologia de reconhecimento facial vai se tornar *mainstream*, ou seja, vai estar disponível para todo mundo. E ela estando disponível para todo mundo, nada mais é do que uma IA misturada com um grande banco da dados com imagens, e ainda com toda a camada de conectividade do 5G, outra tecnologia que promete muito, e com os dados disponíveis para mandar tudo isso para a nuvem. Com todas as tecnologias de nuvem operando, teremos um ambiente perfeito para que esse tipo de fenômeno aconteça. Porém, isso terá consequências: se a partir do momento em que eu saio na rua o governo, por exemplo, está me vigiando em tudo que eu estou fazendo, onde fica a minha privacidade? Então, é possível prever, por exemplo, que a partir de 2025 não vai mais haver privacidade, não faz sentido abrirmos mão da nossa privacidade para que tenhamos outros benefícios em troca disso, como segurança, como você não pegar filas, e por ai vai.

É interessante ver tantas previsões sobre o futuro, porém, ele chega de forma heterogênea, ou seja, não chega da mesma maneira, e não só para pessoas, mas para os países também chega de forma diferente, desde aspectos sócio culturais, econômicos, sócio ambientais e no nível de formação dos indivíduos.

A educação como base para a IA

Existe uma lista de novas profissões que estão surgindo, das quais falo no capítulo VIII, por demandas causadas pelas confluências, das quais demandam novas habilidades, novos *skills*, que hoje as universidades e a academia ao meu ver não estão preparando adequadamente. Percebo portanto, o nosso nível educacional muito baixo, e precisamos mudar esse cenário o mais rápido possível, se quisermos, como nação, estar entre os países mais tecnológicos e desenvolvidos.

---

138   https://www.netflix.com/br/title/70264888: Acesso em 09 de jul. 2019

Me preocupa ainda mais ao ver que três em cada dez jovens e adultos de 15 a 64 anos no País (29% do total, o equivalente a cerca de 38 milhões de pessoas) são considerados analfabetos funcionais. Esse grupo têm muita dificuldade de entender e se expressar por meio de letras e números em situações cotidianas, como fazer contas de uma pequena compra ou identificar as principais informações em um cartaz de vacinação, segundo o Indicador de Analfabetismo Funcional (Inaf 2018).[139] Já no ranking do Pisa[140] (Programa Internacional de Avaliação de Estudantes), de 70 países, o Brasil vem ocupando a posição 59 na avaliação da leitura.

Avaliando esse desempenho do Brasil, será que esses jovens possuem capacidade de assumir funções que não sejam robotizadas? Portanto, eu vejo esse também como um imenso desafio que nós temos como nação, onde a realidade é diferente de países como a Finlândia, que tem um sistema educacional muito mais aperfeiçoado, a Alemanha, a Coréia do Sul, os Estados Unidos e até a China que, por sinal, está investindo muito em educação.

É necessário, portanto, como nação, nos preparamos desde já, porque o futuro já chegou em alguns países e nós estamos bem atrasados. Entra em pauta outra boa discussão: nosso sistema educacional, tão linear e tão igual há mais de 150 anos. Tão incoerente com o mundo e o tempo de hoje.

Alguns dos CEOs que conheço e admiro sequer têm curso superior. Algumas agências norte-americanas de sites de empregos tem publicado que as Big Techs como Google, Apple e IBM não exigem mais diploma universitário de funcionários. No mínimo, tem algo diferente rolando, pois já vemos e ouvimos muitos comentários questionando o modelo de educação atual e, diante disso, novas escolas e modelos disruptivos começam a surgir. No Vale do Silício, já há uma universidade sem professores e sem livros, onde ninguém paga nada, a University 42, fundada em 2013, em Paris, por Xavier Niel, um magnata empresário de tecnologia. O modelo funciona baseado na colaboração e na experiência prática. Os alunos vivenciam o que aprendem e trabalham com total autonomia na solução de problemas reais. E eles mesmos ensinam, desenvolvem e avaliam os outros

139   http://acaoeducativa.org.br/wp-content/uploads : Acesso em 09 de jul. 2019
140   http://portal.mec.gov.br/component/tags/tag/33571: Acesso em 09 de jul. 2019

colegas. Eles vão evoluindo ao longo dos projetos, e se formam no final, depois de cerca de cinco anos, como qualquer curso superior tradicional que você conhece por aí. Muitos dos alunos que se formaram lá, hoje estão em grandes empresas como a Amazon e a Tesla, ou empreenderam em suas próprias empresas.[141]

A Singularity University é outro exemplo. Foi fundada com o objetivo de criar um tipo diferente de universidade, cujo currículo acompanhasse a velocidade das mudanças que estamos vendo no mundo. Lá, os alunos são estimulados, por meio do que aprendem sobre tecnologias exponenciais, a impactar positivamente a vida de bilhões de pessoas.[142]

Já a Universidade Minerva, criada por uma *startup* californiana, se propõe a reinventar o ensino superior apostando que a experiência é um dos elementos essenciais no processo de aprendizado, e vale mais do que a sala de aula.[143] Nesse modelo, os alunos vivem uma rotação internacional durante o curso e mudam de país seis vezes ao longo de três anos. Eles assistem às aulas por meio de uma plataforma digital e interativa, e aplicam o que aprendem em projetos reais de organizações nos lugares por onde passam.

A educação também está mais democrática. Qualquer pessoa com acesso à internet pode assistir às aulas de professores de Harvard, Yale, MIT ou de muitas das mais renomadas universidades do mundo.

A Khan Academy disponibiliza gratuitamente na internet mais de 3.200 aulas sobre diversas disciplinas e já tem mais de 40 milhões de "alunos".[144]

A leitura que faço é que os países ou as empresas que não estão participando ativamente da preparação para o futuro, que dificultam e impedem a coleta de dados e que lutam pela privacidade – o que, claro, tem seu lado positivo, mas também tem um lado muito negativo porque, como já vimos, no futuro, se você não tiver dados, é a mesma coisa que não ter o combustível para o motor da Inteligência Artificial.

---

141   https://www.42.us.org/: Acesso em 13 de jul. 2019
142   https://su.org/: Acesso em 13 de jul. 2019
143   https://www.minerva.kgi.edu/: Acesso em 13 de jul. 2019
144   https://www.khanacademy.org/: Acesso em 13 de jul. 2019

Somos nós que vamos desenhar o futuro, ele não vai simplesmente acontecer e quando vemos esses problemas como a aderência das políticas públicas e da educação, por exemplo, que parece não estar vendo o que está acontecendo nesse mundo exponencial, que não está organizando quase nada ou muito pouco, ainda discutindo o passado, isso mostra que podemos ter um futuro não muito bom. Agora, a partir do momento em que passamos a nos preocupar com o futuro, passamos a treinar as pessoas, passamos a abraçar as tecnologias de uma forma mais ampla e a entender essas mudanças, pode ser que tenhamos um futuro muito melhor. Isso não está definido ainda, veremos muita coisa acontecer.

>>>> *Capítulo V* <<<<

5 - COMEÇANDO A
TRANSFORMAÇÃO DIGITAL

Anotações

_____

_____

_____

_____

_____

_____

_____

_____

_____

_____

_____

Não existe fórmula para a transformação digital, porém entendimento, visão, estratégia e estrutura estão relacionados à mudança de aplicação da tecnologia, contudo, não se trata apenas da adoção de novas tecnologias, mas a transformação digital estar atrelada a pessoas e a seus processos. Veremos na prática como isso pode ser aplicado.

A transformação digital pode ser tratada como uma atividade criativa e inovadora, um processo de criação. Eis aqui um dos maiores desafios para as empresas colocarem em prática. Mas, porque é tão desafiador fazer? Simples, porque a criatividade e a inovação nas organizações são os processos, resultados, produtos e serviços que vêm das tentativas de introduzir novas e melhores formas de fazer as coisas, e isso tem como criatividade o processo de geração de ideias.

Gerar ideias e inovar é implementar ideias para criar melhores procedimentos, práticas, produtos, serviços. A combinação disso tudo pode tanto acontecer individualmente, em times, na organização como um todo ou a combinação deles, resultando em benefícios percebidos em níveis analíticos. Porém, isso só faz sentido quando o resultado acontece para o cliente, para o usuário final, quando tem algum impacto no mercado. Podemos dizer que a inovação por definição só acontece quando o mercado corresponde a ela.

Quando olhamos para o mundo no passado e para as ondas de inovação há 250 anos, no gráfico a seguir temos uma história sobre inovação partindo da mecanização para a ferrovia à vapor, do motor à combustão para o motor à eletricidade, da eletrônica para a aviação e do software para sistemas em rede.

Em particular, as três últimas ondas de inovação, da eletrônica digital, software e sistemas em rede, tendo surgido com a internet na década de 1990, o mobile na década de 2000 e os sistemas em rede, que estamos vivendo hoje, esses três fenômenos estão acontecendo ao mesmo tempo e a confluência dessas ondas estão transformando todos os setores e impactando todos os mercados.

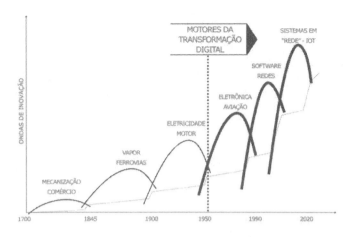

Gráfico: Ondas de inovação

5.1. A ruptura digital

A disrupção digital é uma oportunidade para as empresas reformularem seus negócios. Em todos os setores, a disrupção digital não é mais uma hipótese, é a realidade. A digitalização está mudando a forma como os produtos são fabricados, comercializados, entregues e consumidos, alterando o comportamento e as expectativas dos consumidores, por sua vez. Essas mudanças são diferentes de tudo o que o mundo já viu desde a 1ª revolução industrial. Aqueles que não se adaptarem serão deixados para trás. E hoje, quem não acompanhar o "bonde" para o futuro e não realizar a transformação digital do seu modelo de negócio, ficará parado no tempo de agora, onde no futuro, não haverão muitos mercados e você estará suscetível a sofrer o efeito Seneca, o mesmo que ocorreu com a Kodak exatamente quatro anos após o lançamento dos *smartphones*.

Avaliando a pesquisa da Harvard Business Review Analytics[145] (junho de 2018) feita com mais de 1.000 executivos do mundo inteiro e de todos os mercados, para 28% deles os mercados já passaram pelo ponto de ruptura digital e, a partir desse ponto, você já não consegue mais competir como plataforma analógica, ou seja, com um modelo de negócio off-line. Já para 56% deles, essa transição

---

145   https://bit.ly/2x0vKvs: Acesso em 01 de jul. 2019

está acontecendo agora (2018/2023), ou seja, depois dos setores de mídia, e-commerce e finanças no centro do vórtice digital, agora estamos fazendo isso nos setores de saúde, casas, automóveis e assim por diante e ficará para depois de 2023 a digitalização da indústria pesada, construção civil, estradas, pontes, portos e mineração, ou seja, as operações de grandes infraestruturas. Mas o fato é que para 84%, segundo a pesquisa – que está muito bem fundamentada, realmente nós já passamos do ponto de ruptura digital.

Paul Proctor, vice-presidente do Gartner Group em setembro de 2018, publicou no twitter que um mercado, ao chegar a 20% de sua receita digital, ele provoca uma ruptura e, a partir deste ponto, se o seu negócio não estiver razoavelmente digital, você já era, ou seja, com uma plataforma analógica não tem como competir.

O mais interessante é que esses fenômenos de disrupção vêm acontecendo por meio de algumas confluências: a primeira são modelos de negócios de fácil percepção, baixo custo de transação e alto potencial de retorno; a segunda são as redes de valor de alta escalabilidade e riscos mensuráveis para todos os agentes, ou seja, entramos em redes onde faz sentido estarmos e descobrimos que isso reforça o potencial da primeira; em terceiro lugar estão as tecnologias sofisticadas que simplificam a experiência de uso na solução de problemas; e, por fim, nada disso serviria se não estivesse dentro de um framework de políticas, padrões, regulações, educação e cultura que incentivam ou toleram mudanças mesmo dentro das empresas, não necessariamente sendo espaço regulatório externo aos negócios.

Portanto, pode e deveria ser, ao meu ver, o espaço onde deve-se deixar fazer, deve-se deixar errar para tentar errando e ir aprendendo com os erros dentro dos negócios, e isso é muito difícil de fazer, como todos sabemos. Mas o fato é que tem gente fazendo, e eu diria que muito bem: é só olharmos para o sucesso das nativas digitais, as *startups*, e até mesmo das empresas que já estão fazendo suas transformações digitais – um exemplo é a Husqvarna, a empresa de 300 anos citada no capítulo IV.

5.2. Transformar é inovar

Ao meu ver, a transformação digital não passa de um processo de inovação, é claro, sob plataformas digitais, sob um mindset digital. Mas deveríamos, nos últimos 50 anos, ter aprendido que inovação e que transformação digital não é algo simples de fazer, basicamente porque todos nós concordamos em mudar para melhor, desde que não mude o que nos afeta de forma peculiar, não mude o nosso trabalho, não mude a nossa forma de ver as coisas, não mude a nossa remuneração, não mude o nosso engajamento e assim por diante.

E digo mais, existem formas claras de literalmente matar um processo de transformação digital e inovação. Eu tenho visto e presenciado esse fenômeno em algumas empresas que tenho visitado, dentre as inúmeras faces como, por exemplo, desencorajar a criatividade, empurrar de cima para baixo, realizar uma avaliação superficial, criticar antes de tudo, rejeitar o novo, líderes que dizem saber de tudo e confiar que inovação vem lá de P&D ou até mesmo empresas que contratam estagiários para cuidarem da transformação digital.

Nas organizações, a mais clássica delas é avaliação superficial, onde tem-se uma proposta de mudança e o C-level do negócio não dedica energia, esforços e recursos suficientes no tempo que deveria dedicar para avaliar se vale a pena fazer aquilo e, obviamente, outro erro tradicional é criar um departamento de P&D ou um departamento de transformação digital em uma sala fechada e achar que a transformação digital vai vir de ambos os departamentos, combinado com remover todos os riscos de uma proposta inovadora, essa estratégia está fadada ao insucesso.

O verdadeiro processo de inovação realmente acontece na organização. Se não tiver recursos para avaliar as propostas de mudança dentro do mindset, você não vai fazer nada; se não conter os sabotadores, você não fará nada também. A transformação pode ser encontrada em dezenas de livros, em múltiplas estratégias e uma delas é a do Oceano Azul (2004), que envolve a criação de um mercado inexplorado, fora dos limites tradicionais com os quais estamos acostumados. Em vez de entrar na competição com empresas que já estão estabelecidas no mercado, seu foco deveria voltar a encontrar consumidores que estão negligenciados ou que atualmente estão sendo mal atendidos.

Na prática, o que estou dizendo é que, sem ser digital, não haverá processo de transformação do negócio, e esse dilema é uma luta permanente entre o empresariado, que são as pessoas que estão tocando o negócio atual, contra as pessoas que estão tentando criar um negócio novo em todos os seus níveis dentro da própria organização. Podemos chamar esse confronto de sistema imunológico das empresas contra a inovação, seu jeito único de sempre ver as coisas como elas foram, não abrir mão da distribuição de dividendos, aversão a risco, e que, portanto, a esse fenômeno pode ser dado o nome de matador de inovação, matador de transformação digital. Há um debate permanente em certas horas entre o nível gestor do negócio existente dentro do conjunto de suas habilidades de adquirir, coordenar e executar, com um novo conjunto de habilidades de P&D, que envolve descobrir, envolve o processo de criação que falamos anteriormente e envolve refinar algo como oportunidade e trazer um novo posicionamento de mercado. Vemos esses dois mundos em uma intersecção, onde um quer recursos para manter o negócio atual, como ele vem sendo feito há décadas e que pode ser e até parecer lucrativo nesse momento; e outro que está querendo se reposicionar de maneira diferente no mercado, e podemos imaginar que esse episódio é normalmente tenso, pois envolve meio que uma disputa de *status quo*, de ego e de recursos. Mas não pense que esse fenômeno só acontece aqui no Brasil, ele acontece em qualquer lugar do mundo e em qualquer tipo de empresa.

5.3. Elementos chave da mudança

Destacando os elementos chave que irão impulsionar essa mudança, primeiramente, a jornada do consumidor passa a ser a experiência do consumidor. Ao olharmos para empreendedores de sucesso, eles constroem negócios e não tecnologias ou produtos, e o valor real da criação de novos negócios, de empreender, está em criar e entregar novas experiências ao consumidor. A experiência de ponta-a-ponta do usuário é feita através da combinação de dispositivos, canais, conteúdos, pessoas, marcas e serviços no tempo. Portanto, é um processo muito mais amplo do que estamos acostumados a pensar e fazer, existe um conjunto enorme de fatores que precisam ser coordenados e articulados no tempo, que não necessariamente consegue ser feito apenas por uma empresa isolada, porque o mundo digital on-line é em rede. Se você não tiver fazendo as coisas em rede, as chances de não dar certo são grandes, porque a grande maioria, talvez quase e praticamente 99% dos que lhe interessam, não trabalham no seu negócio. Eis que você precisa fazer com que essas pessoas trabalhem para o seu negócio, e isso só será feito se elas tiverem incentivos suficientes para participarem das comunidades de valor que estão eventualmente associadas ao seu negócio, quer você pilote, articule ou gerencie essas comunidades ou não.

Se redescobrirmos uma experiência, talvez o passar de uma organização legada seja fazer uma transformação operacional, achar um nicho dentro do negócio onde seja mais fácil experimentar ao invés de tentar experimentar no processo como um todo, algo para a qual provavelmente não se tem conhecimento, energia, foco e experiência. O ideal é que se façam experimentos em algo menor para fazer uma transformação operacional que possa gerar novas experiências de consumo, para então criar novas experiências de entrega e ver como isso afeta a organização. Uma vez feito isso, talvez se tenha adquirido capacitação suficiente para tentar a transformação do negócio como um todo.

Esse modelo de três passos incrementais onde você concentra esforços na transformação operacional do ponto de vista da organização e do ponto de vista de relacionamento é muito mais pragmático, mais prático e tem maiores chances de dar certo do que partir diretamente, de uma vez por todas, para uma experiência de transformar o negócio como um todo.

Disposto a fazer isso, o primeiro passo é começar por meio de uma plataforma (como vimos no tópico 3.4), criando uma própria plataforma ou agregando valores em uma plataforma já existente. A plataforma, do ponto de vista digital, é o conjunto de infraestruturas e serviços para criar as aplicações de maneira muito mais simples, ou seja, eu não preciso escrever nenhum código de software em cima da infraestrutura como se fazia na década de 1970; agora, é em cima de serviços. Portanto, essa combinação de infraestrutura com serviços nos habilita a escrever aplicações mais rápidas e eficazes, como o iOS é uma plataforma, o Android é uma plataforma, a AWS da Amazon é uma plataforma. Ou seja, escrevemos aplicações sem precisar nos preocupar como é que o hardware do Android ou iOS funciona. Uma plataforma pode ser entendida por uma camada de infraestrutura e serviços associadas a sistemas de governança que habilitam múltiplos agentes a participar de redes de criação de valor em benefício próprio e do ecossistema, e tudo isso graças as APIs, (como vimos no tópico 4.7).

5.4. Habilitando algoritmos

Nesse século, tudo é software. Para competir, você depende da sua capacidade de inovar usando softwares, tudo é plataforma, e é preciso estar presente em plataformas competitivas no mercado em que você está ou quer ser inserido. No passado, desenvolvia-se softwares para dentro da organização. Porém, quando você adiciona uma plataforma mediadora entre o negócio e o mundo, passamos a desenvolver software para fora da organização, e aqui entra um exemplo classico: a Amazon fez isso ao construir uma plataforma para uso próprio e, ao perceber que era boa para resolver seus problemas, ela passou a vender sua plataforma para uso externo.

Todas as plataformas tem um problema adicional, que são os dados, hoje advindos da internet de tudo, não só de pessoas, instituições e processos, mas das coisas conectadas dentro de uma rede que já existe, e a cada dia cresce em número exponencial. Se estamos falando de 7,7 bilhões de habitantes, a internet das coisas terá centenas de bilhões de dispositivos conectados gerando dados e informações o tempo todo, e isso acaba por mudar o nosso comportamento como pessoas e como sociedade.

Antes mesmo da criação do primeiro telefone, os fenômenos acabaram por mudar a nossa sensação de presença, e a presença é radicalmente modificada quando olhamos para a rede desta forma. Até 1800, a presença significava você estar no mesmo lugar. Depois da invenção do telefone, a partir de 1875, a presença significava, você ter feito uma ligação para alguém, não estando no mesmo espaço e tempo isso acabou deslocalizando o mundo, ou seja, eu estava no mesmo tempo, mas em espaços diferentes. Agora, quando adicionamos a rede, passando a "invadir" o mundo a partir de 1995, a presença significa você estar conectado, o que deslocaliza e dessincroniza, ou seja, eu passo a ter uma versão minha digital, seja no Facebook, no LinkedIn, no Twitter ou no WhatsApp, e as pessoas estão falando comigo independentemente de eu estar lá ou não.

Cenário Futuro:

"Agora, com as coisas adquirindo inclusive inteligência, o que muda é que, de repente, estaremos integrando a IA ao nosso dia a dia, a realidade virtual, as novas tecnologias de moedas, de bem estar e de conveniência. É a tecnologia a serviço de uma vida mais leve e mais simples. Teremos assistentes digitais que conhecerão nossa agenda, nos avisarão dos nossos compromissos em função da rota estudando o trânsito, irão nos despertar sabendo que temos um compromisso, e conhecerão os nossos hábitos, inclusive, já ligando a cafeteira e preparando nosso café da manhã favorito. A IA e a realidade virtual nos ajudarão não só a nos comunicarmos, mas também a realizarmos tarefas do nosso dia a dia, como, por exemplo, sendo possível repensarmos toda nossa rotina em relação com o nosso tempo, nosso trabalho e com as pessoas. Essa mudança de estilo de vida nos impacta diretamente porque as novas tecnologias irão mudar os nossos hábitos."

Tudo isso se torna possível quando tudo, literalmente, estiver conectado – e isso significa tudo mesmo. Porém, só será possível com ideias digitais e não com ideias analógicas, as idéias analógicas não resistirão ao digital. Ideias digitais, criatividade e inovação digital serão baseadas em conexões entre plataformas e, se olharmos para o que temos na rede hoje, temos inúmeras aplicações que possuem suas APIs, e quando as plataformas passam a ter conexões que permitem interligar aplicações a elas e as plataformas entre si, o Cenário Futuro que eu acabei descrevendo faz todo o sentido do mundo e começa ser útil.

Mas adianta só conectar tudo, essa quantidade imensa de aplicações, de plataformas, bilhões de coisas e bilhões de pessoas, só para termos o mundo na mão? Isso só fará sentido se tudo isso passar a gerar eventos e as tomadas de decisões passarem a ser em tempo real, ou seja, precisamos tratar o mundo em tempo real. O mundo passou a ser um organismo vivo, e aqui começam as etapas evolutivas, ou seja, passamos a evoluir dos famosos *business inteligence,* que nada mais são do que humanos juntos a outros humanos auxiliados por software – que é onde a maioria das empresas e negócios estão hoje – para então o Big Data, que é máquina se relacionando com humanos independente de software. Mas não para por aí, necessitamos ir para o cognitivo, que será máquinas se relacionando com máquinas, que passam a nos representar, como no exemplo do evento do Cenário Futuro, quando a estratégia e ação serão executadas por algoritmos, literalmente.

Nós vamos escrever as regras para executar coisas e fazer as escolhas, e isso quer dizer que os algoritmos começam a fazer parte dos processos de ruptura e aí é óbvio, do ponto de vista dos processos de disrupção do analógico para o digital, também passam a ser diferencias competitivos, ou seja, passam a ser parte da essência do processo de realização de mais e melhores transações, e ainda, passando a ser parte dos processos de desenvolvimento da estratégia de maneira radical e dramática. Passa também muito mais entendimento pela corporação do que é o ciclo de vida por serem sistemas evolutivos, por isso é importante que os algoritmos por si só passem a evoluir, pois, sem evoluir, correm o risco de ficarem obsoletos, passando ser importante possuir capacidade de mudar as regras do negócio na medida em que as regras do contexto são mudados por competidores, por usuários, por consumidores ou até mesmo pelos órgãos reguladores. Nesse cenário, a efetividade de qualquer tipo de algoritmo será e deverá ser tão boa quanto os objetivos da companhia, portanto, isso reflete aos humanos continuarem com a responsabilidade da tomada de decisão, da estratégia dos negócios, e quais serão os tipos de algoritmos que iremos escrever.

O surgimento de algoritmos são parte da tendência mais ampla que envolve a digitalização de empresas, negócios e coisas. As organizações estão se movendo em um *continuum* de interações entre humanos e interações máquina-a-máquina.

Os algoritmos são catalisadores para injetar mais análise de dados em um processo de negócios, ou seja, eles automatizam as análises à medida que coletam e calculam usando produtos extraídos de variáveis em crescimento e fluxos constantes de dados sobre operações, desempenho, clientes existentes, clientes potencias e o mercado mais amplo.

A Decathlon, uma varejista francesa de produtos esportivos, fixa etiquetas RFID em seus produtos e equipa seus colaboradores com bastões especiais em lojas e armazéns para verificar regularmente o estoque. Um algoritmo processa os números e fornece uma melhor visibilidade do estoque disponível nos corredores, solução que proporcionou um aumento de 11% nas vendas e a uma redução de 9% nos roubos de estoque.

A Cox Communications, uma empresa de telecomunicações, implementou um algoritmo de análise preditiva para ajudar suas equipes de marketing a identificarem o que levaria os seus clientes existentes a comprar mais e quais novas ofertas oferecer aos clientes em potencial. Seus algoritmos consideram mais de 800 variáveis de dados e pontuando centenas de modelos preditivos antes de decidir quais campanhas implementar. Em 2014, a empresa obteve uma taxa de melhoria de 18% em algumas campanhas.

O eBay emprega algoritmos para ajudar analistas de marketing a prever padrões de compra em sua categoria de produto como, por exemplo, *smartphones*. Os algoritmos substituem as planilhas do Excel que já foram enviadas por e-mail pela empresa. Agora, os analistas podem fornecer aos vendedores previsões e informações em tempo real sobre os clientes, incluindo os gostos dos clientes com base nos históricos de compras, bem como informações de oferta e demanda do mercado. As visualizações de dados ajudam os analistas a identificarem padrões de mercado e fornecerem respostas em um dia a perguntas que costumavam levar um mês para serem respondidas.

A consultoria de tecnologia japonesa Mitsui desenvolveu aplicações de bioinformática para ajudar pesquisadores médicos a projetarem novos medicamentos para tratar o câncer e outras doenças.

Seus sistemas significam um avanço em relação às aplicações anteriores, analisando o genoma de um paciente em 20 minutos, em comparação com o padrão anterior de três dias. Isso pode levar a diagnósticos médicos mais rápidos e precisos para pacientes com câncer, bem como acelerar o processo de descoberta de medicamentos.

Algoritmos se saíram melhores que juristas ao preverem decisões tomadas pela Suprema Corte dos Estados Unidos, mesmo com menos informações. O experimento, conduzido por pesquisadores americanos e publicado na Revista Científica Americana consistiu em desenvolver um algoritmo que interpretasse todos os casos e julgamentos em dois séculos e que, a partir destes dados, fizesse previsões baseado em análises estatísticas. Em 2011, outro algoritmo levou em conta os votos de oito juízes em casos de 1953 a 2004 para prever o voto do nono juiz nestes mesmos casos por meio de estatísticas, (a Suprema Corte Americana é formada pelo chefe de Justiça dos Estados Unidos e outros oito juízes associados nomeados pelo presidente e confirmados pelo Senado, de modo vitalício), surpreendentemente, o computador teve uma taxa de acertos de 83%. Em 2004, outro estudo havia computado votos de nove juízes que estavam na corte desde 1994 para prever o resultado de casos a serem julgados de 2002 a 2003, com 75% de acertos.

Bancos e operadoras de cartões de crédito estiveram entre os primeiros a usar algoritmos. Eles costumam usar a tecnologia para identificar transações que podem ser fraudulentas. Se a sua operadora de cartão de crédito o telefonar para validar uma compra específica que você tenha feito recentemente, a empresa provavelmente usou o aprendizado de máquina para sinalizar uma transação suspeita em sua conta.

Os mecanismos de recomendação on-line usados por empresas como Amazon e Netflix estão entre os exemplos mais cristalinos de algoritmos de aprendizado de máquina. Usando dados coletados de milhões de compradores e usuários, esses algoritmos são capazes de prever itens que você pode gostar, de acordo com suas compras anteriores ou hábitos de visualização e seleção de músicas.

Google, Microsoft Bing e outros mecanismos de busca usam os algoritmos de aprendizado de máquina para melhorarem suas capacidades minuto a minuto. Eles podem analisar dados sobre quais links os usuários clicam em resposta a consultas para melhorar seus resultados. Também estão usando algoritmos para melhorar seu processamento de linguagem natural e fornecer respostas específicas para algumas questões.

Os algoritmos de aprendizado de máquina permitem que os sistemas de reconhecimento facial melhorem o tempo todo. Em alguns casos, esses sistemas podem identificar criminosos conhecidos, ou podem ser capazes de identificar comportamentos ou atividades que estão fora das normas ou infringem as leis.

A IoT oferece muitos casos de uso de algoritmos de aprendizagem de máquina, incluindo a manutenção preditiva. As empresas podem usar dados históricos de equipamentos para prever quando as máquinas provavelmente falharão, permitindo que façam reparos ou instalem peças de reposição de forma proativa antes que operações comerciais ou da fábrica sejam afetadas.

Veículos autônomos são uma das aplicações mais fascinantes de algoritmos de aprendizagem de máquina. Em um futuro não muito distante, veículos capazes de navegar por conta própria podem se tornar a regra – exemplo disso é um estudo da Columbia University dizendo que cerca de 9 mil carros autônomos podem substituir cerca de 150 mil táxis em Manhattan. Eles chegam em menos de três minutos e custariam cerca de 1/3 do valor atual cobrado pelo Uber.

Os exemplos de aplicações são inúmeros. Portanto, o que está acontecendo agora, neste exato momento em qualquer lugar do mundo, é que a tecnologia impulsionada principalmente pelo software e pelos poderosos algoritmos que acabamos de ver, estão aumentando de forma exponencial, enquanto a capacidade de adaptação humana só aumenta a uma taxa linear, mais lenta, e isso nos remete alguns posicionamentos sobre a própria tecnologia em si, a sociedade, os indivíduos, as políticas públicas, o contexto social e econômico ao redor deles.

5.5. Desafios e oportunidades

Os registros históricos da globalização revelam que as quebras de paradigmas na economia mundial, provocada pelas mudanças tecnológicas que, a partir de 1990, começaram a ocorrer de forma mais exponencial, têm impactado no desempenho e no comportamento da humanidade, provocaram um distanciamento entre as tecnologias, as pessoas, os negócios e ainda mais das políticas públicas na sociedade moderna. Nesse sentido, as revoluções tecnológicas se apresentam como fator determinante para fomentar transformações profundas na sociedade, especialmente nas dimensões econômica, social, política e cultural.

O nível de compreensão da sociedade moderna sobre a necessidade e a importância de preparar o Brasil, em termos de recursos humanos, conhecimento, infraestrutura e estímulos tributários, para fazer parte do seleto grupo de Estados-nações que vão poder se beneficiar da onda de inovação e utilização de tecnologias de informação e comunicação, também é muito baixo.

Apesar de várias tentativas dos patamares de usabilidade das tecnologias para aumentarem performance e produtividade, os negócios e, ainda mais radicalmente, as políticas públicas, estão cada vez mais longe das pessoas e muito mais distante de onde as tecnologias estão agora. Vejo isso como uma oportunidade revolucionária, na condição de empreendedor, em ajudarmos a diminuir essas distâncias entre as tecnologias e os indivíduos, dos próprios negócios, da sociedade, dos governos e de nós mesmos.

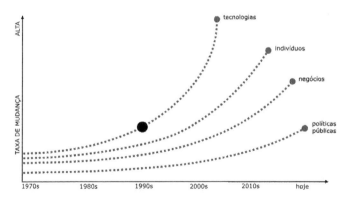

Quadro: Desafios e oportunidades

É preciso alerta máximo para que, como nação, o Brasil possa se beneficiar desse inexorável mundo novo, mas será necessária a realização de mudanças estruturais e culturais na gestão pública, conectando-a com a sociedade, por meio da utilização intensiva das inovações já desenvolvidas e em desenvolvimento, geradas pela 4ª revolução tecnológica, combinadas pelo impacto da confluência das tecnologias.

Ao analisarmos o quadro da página anterior nós precisamos dar um salto monumental. Necessitamos, literalmente, passar à frente dos indivíduos em sua capacidade de pensar e usar a tecnologia, e isso não será trivial. Novamente afirmo que esse será o maior desafio da transformação digital, ao termos que voltar a liderar as pessoas novamente, depois de praticamente quinze anos, quando as pessoas é que estão liderando o uso do digital em relação as empresas.

A transformação digital é um processo de transformação de pessoas dentro das organizações e, em parte, de pessoas fora da organização, e isso inevitavelmente trata-se de um processo cultural, a criação de uma cultura digital, uma cultura que estimule a criatividade, a inovação e o empreendedorismo. Que não tenha aversão a risco, baseado em dados reais e, olhando para nossos negócios, já deveríamos ter dados suficientes para pensar em forma de rede, para olhar o mundo de uma forma digital, de uma forma quantificada, e isso realmente seria jogar um grande jogo, ou seja, como eu uso dados do mundo de fora para mudar os negócios internamente, isso vale tanto para o setor privado quanto para o setor público.

Nas organizações, em todos os seus meios e extremos, estamos falando de design e estratégia de negócios, das tecnologias que afetam os negócios e de pessoas que criam e são parte da cultura. Pessoas que são os fatores de uso das tecnologias, que são modificadas do ponto de vista pelo seu comportamento pelas próprias tecnologias e tecnologias que habilitam a organização, o design e a estratégia dos próprios negócios.

Quando colocamos isso em um cenário mais amplo, as pessoas e seus comportamentos trazem à tona novos processos que precisam ser governados, e esses processos ou já são pré habilitados por tecnologias ou precisam de tecnologia para serem habilitados, e aí, novamente, voltamos para nossa capacidade de desenvolver software, de entender de tecnologia como um motor estratégico dos negócios, associados ao que as pessoas são capazes de fazer e a cultura de tecnologia digital das pessoas na nossa organização.

Tenho presenciado, em algumas empresas que estão tentando fazer a transformação digital, porém, com práticas e métodos completamente analógicos, hierárquicos e tentando fazer transformação digital com pessoas completamente analógicas, que não querem, por várias razões, serem digitalizadas. Ao meu ver, tem tudo, mas praticamente tudo, para não dar certo, porque os processos no coração da organização precisam ser digitais e em rede para que ela possa se transformar em um negócio que é percebido por seus clientes e usuários, e executado internamente como um negócio verdadeiramente digital.

5.6. Quem está provocando a verdadeira disrupção

Já foi o tempo em que a principal ameaça às empresas de modelos de negócios legados era uma *startup* qualquer, e passou a ser as próprias organizações analógicas que vem descobrindo como fazer e estão fazendo, com todo seu potencial, a sua transformação digital.

Digo isso com base no estudo de caso da Husqvarna e também com base na pesquisa da IBM Global C-suite Study de 2017[146] mostrando que, para 64% dos mais de 6.000 CxOs pesquisados, o principal desafio do modelo de negócio eram as próprias companhias das quais estão se digitalizando, associadas a empresas de outros mercados que estão atacando o mercado dessas empresas. As *startups* vêm em segundo, com 35%, e para 10% dos CxOs, o negócio é a própria disrupção do mercado em que ele atua.

Ou seja, vemos aqui que as empresas estão descobrindo como fazer transformação digital em larga escala em seus negócios e seus mercados, usando todo o poder que detêm para fazer isso. Já para 41% dos CxOs, quem está causando a disrupção no mercado ou entre os mercados são as Big Techs, e aí podemos trazer o caso da própria Amazon ou então a SpaceX uma empresa aeroespacial, que na ver-

---

146   https://www.ibm.com/services/insights/c-suite-study: Acesso em 30 jun 2019

dade veio de um indústria de veículos elétricos e agora entrando no setor de telecomunicação.

5.7. Adquirindo uma cultura digital

Após tudo o que vimos até aqui, para adquirir uma cultura digital é necessário que os resultados mudem a cultura e o mindset dos indivíduos, que se dará entre pessoas e times. Mas não basta só isso, porque pessoas e times podem estar alinhadas entre elas mas, na organização, o que precisa é de alinhamento entre todos, porque isso é a base para fazer algo novo, diferente, e esse alinhamento tem a ver com propósitos, visão e estratégia, onde o trabalho é diferente de resultado, que é diferente de solução, e portanto, em algumas vezes, podemos até ter resultados, mas não são soluções para coisa alguma.

Jonny Schneider, autor do livro "Entendendo o Design Thinking, o Lean e o Agile" (2017), defende que o cruzamento das três mentalidades juntas ajudam entender melhor onde a empresa está, onde ela quer estar no futuro e busca, por meio da exploração, experimentação e aprendizado, chegar no objetivo.

As habilidades de explorar problemas e oportunidades com muitas opções em Design Thinking combinam com o Lean, uma prática do pensamento científico de aprender fazendo.

Design Thinking e Agile são uma colaboração em soluções realistas, no qual o software é o meio, os engenheiros e os designers são os artesãos em meio a esse processo.

Nesse ponto de vista, defendo o entendimento e a combinação de ambas, porém, incluindo o uso do BMC, ou seja, é preciso adquirir habilidades para explorar problemas e pensar em possíveis soluções; em segundo lugar, combinar isso com nossa capacidade de aprender enquanto estamos construindo as possíveis soluções no que nos propomos a fazer; e em terceiro, é necessário adquirir habilidade de adaptação à medida em que estamos construindo aquilo que nos propomos a construir.

habilidades	aprendizado	adaptação
DESIGN THINKING	LEAN MINDSET	AGILE MINDSET
EXPLORAR problemas	CONSTRUIR a coisa certa	CONSTRUIR, certo a coisa

Quadro: As 3 Mentalidades

As mentalidades Design Thinking, Lean e Agile não são mutuamente exclusivas. Na verdade, há muita sobreposição, o que pode até ficar confuso porque, muitas vezes, preferimos explicações simples e, no mundo confuso em que vivemos, tendemos a misturar mentalidades em formas de trabalho que fazem sentido para o trabalho em questão, embora alguns possam até discordar. Quando combinamos abordagens diferentes de maneira significativa, estamos exercitando nossa capacidade inata como humanos para resolver problemas, portanto, estaria correto usar Lean, Agile e Design Thinking.

A mentalidade Lean impulsiona a experimentação contínua para aprender o caminho a fim de obter as respostas corretas, ajudando a identificar as ferramentas mais adequadas para construir, bem como melhorar o sistema de trabalho que agrega valor a qualquer tipo de atividade, setor, produto ou serviço.

A mentalidade de Design Thinking é toda sobre a compreensão de restrições, vendo oportunidades e explorando as possibilidades, ou seja, uma missão para encontrar oportunidades e explorar soluções que criam valor para os clientes ou para a organização.

A mentalidade Agile é alcançar resultados com software da melhor maneira. É como as equipes de TI geram valor continuamente, adaptam-se às necessidades em constante mudança e criam qualidade nos softwares que desenvolvem.

É no cruzamento dessas três mentalidades que vemos como tudo pode se encaixar.

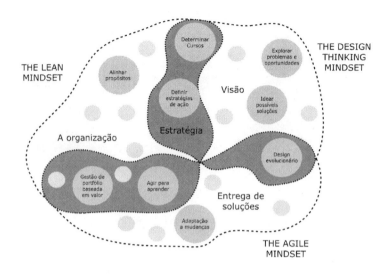

Quadro: Estratégia na visão de Schneider

Schneider ainda ressalta que é no Lean mindset e o alinhamento de propósito, onde se encontra o principal desafio das organizações. Concordo plenamente, pois cada indivíduo tem sua personalidade, seus valores e seu propósito. Uma vez que eles estejam alinhados com os da organização, tudo tende a fluir melhor, a dedicação, a motivação e aderência aos processos.

Sobre o Design Thinking, concordo com Schneider sobre o ponto de vista de criar uma visão de mundo explorando, problemas e oportunidades, e ideando as possíveis soluções, até porque é a essência do Design Thinking, que surgiu pela primeira vez em 1969, publicada no livro "The Science of the Artificial", de Herbert A. Simon, e mais especificamente na engenharia, a partir de 1973, com "Experiences in Visual Thinking", de Robert McKim. Eles reforçam o Design Thinking como um método prático-criativo de solução de problemas ou questões, com vistas a um resultado futuro, uma forma de pensar baseada ou focada em soluções, com um objetivo inicial, em vez de começar com um determinado problema. Já para o autor de "Design Thinking" (2017), Tim Brown, resume-se que Design Thinking é converter necessidade em demanda.

Do ponto de vista do Agile mindset é onde ocorre a entrega de soluções, tendo como característica principal a adaptação a mudanças. Na interface entre entrega de soluções e a organização é agir para aprender e implementar a gestão de portfólio baseado em valor. Do ponto de vista da interface de Design Thinking com Agile mindset e visão com entrega de soluções, ou seja, é um design evolucionário e, do ponto de vista da combinação de Lean mindset e Design Thinking, é determinar cursos e definir estratégias de ação, segundo o próprio Schneider.

Avaliando a metodologia de Schneider em Lean, Agile e Design Thinking, eu acabei modificando e adaptando em um único template para facilitar o entendimento complementar, incluindo a entrega de experiência, resiliência e colocando o cliente no centro, para aplicação na prática de um processo de transformação digital de negócio, envolvendo a mudança de mindset do analógico para o digital.

Diferentemente de Schneider, acredito que estratégia seja um pouco mais do que ele defende. A definição de estratégia seria levar a entrega adaptativa do Agile mindset para entrega da experiência dentro da estratégia como um todo e fazer uma intercessão integral de Lean mindset, Design Thinking e Agile mindset, em uma espécie de framework contemplando ambos, e isso vira a estratégia de um negócio que quer se transformar para o digital, tendo o cliente no centro.

Portanto, o Lean e o Design Thinking nos ajudam a entender onde estamos hoje, onde queremos estar amanhã e buscar o sucesso por meio da exploração, experimentação e aprendizado validado. A habilidade de enquadrar problemas e oportunidades em Design Thinking combinam maravilhosamente com o Lean, prática do pensamento científico de aprender fazendo.

Agile e Lean é onde a estratégia atende à execução. Lean dá uma estrutura para testar nossas crenças e refinar estratégias através do aprendizado. A abordagem de aprender fazendo funciona somente se todas as partes do sistema forem altamente adaptáveis.

O Agile fornece a flexibilidade para responder à mudança, que é um recurso primário para alinhar sempre a entrega de tecnologia ao valor real. Os pontos fortes de cada mentalidade se unem para nos ajudar a alcançar os resultados corretos, que são a melhor experiência ao cliente, estando ele no centro do processo de transformação digital de negócios.

FRAMEWORK PARA TRANSFORMAÇÃO DIGITAL

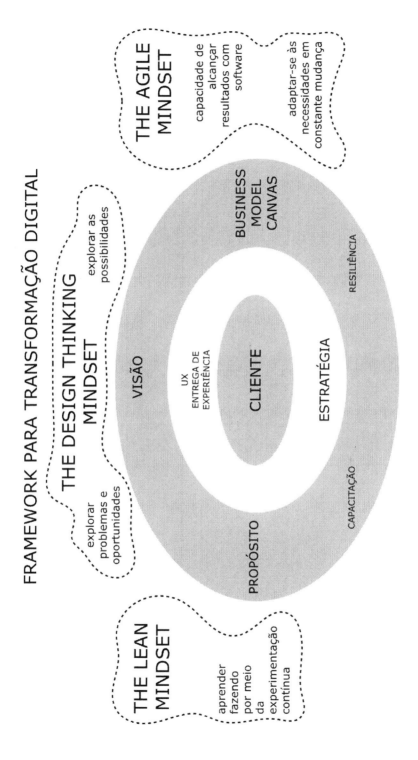

THE AGILE MINDSET

capacidade de alcançar resultados com software

adaptar-se às necessidades em constante mudança

THE DESIGN THINKING MINDSET

explorar as possibilidades

explorar problemas e oportunidades

THE LEAN MINDSET

aprender fazendo por meio da experimentação contínua

VISÃO

UX ENTREGA DE EXPERIÊNCIA

CLIENTE

PROPÓSITO

ESTRATÉGIA

BUSINESS MODEL CANVAS

RESILIÊNCIA

CAPACITAÇÃO

Para concluir o tópico sobre adquirir uma cultura digital, ficam claras as diferentes origens das mentalidades do Design Thinking, Lean e Agile, e passam a nos ajudar a pensar diferentes possibilidades para criar maneiras diferentes de resolver esses desafios.

Design Thinking nos traz uma certa disciplina para ajudar a explorar oportunidades, encontrar possíveis soluções junto ao mercado e aos nossos clientes atuais.

O pensamento Lean traz disciplina ao modo como aprendemos, tomamos decisões e coordenamos nossos esforços em busca de alcançar nossos objetivos.

A metodologia Agile proporciona a disciplina para construirmos soluções tecnológicas que evoluem e se adaptam à medida para respondemos às necessidades da mudança, para entregar sempre a melhor experiência.

BMC nos ajuda a desenhar o fluxo desses processo usando as forças de Porter, como já vimos, permitindo atualizar de maneira fácil o processo durante a jornada, usando ainda métodos para melhorar continuamente nossos esforços, buscando capacitação por meio de cursos e a resiliência para lidar com problemas, adaptar-se a mudanças, superar obstáculos ou resistir à pressão de situações adversas sem entrar em surto psicológico, emocional ou físico, por encontrar soluções estratégicas para enfrentar e superar as adversidades.

Importante frisar que não há um único caminho e nem uma única mentalidade certa, mas a confluência dos elementos de cada mentalidade podem servir de bússola para nos ajudar a encontrar um caminho menos lento e melhor a seguir. Quando as pessoas são capacitadas com verdadeira autonomia e alinhadas ao propósito, elas não são apenas mais motivadas, mas também capazes de superar desafios e alcançar resultados em ambientes e situações em constante mudança.

Embora eu tenha incluído métodos e ferramentas práticas, juntamente com alguns modelos para orientar a forma como pensamos e agimos, fazer com que isso funcione na prática dependerá única e exclusivamente de pessoas. Em vez de nos concentrarmos no processo, devemos desafiar a maneira como pensamos, tentar novas maneiras de fazer, adotar as coisas que deram certo ao longo da experiência, e também aprender com o que não deu certo.

Isso será muito diferente e um grande desafio para todos, porém, o sucesso é sobre como desenvolvemos novas habilidades, sobre os aprendizados durante a jornada do fazer e sobre manter a resiliência, que nada mais é do que nos adaptar constantemente ao novo, a esse mundo que agora é vivo, muda tudo o tempo todo a toda hora, onde o novo se torna obsoleto muito rápido, e a melhor maneira de adquirir uma nova habilidade é tentar algo diferente, ver o que acontece e se adaptar à medida que aprendemos.

5.8. Porque as transformações digitais falham

Apesar de tantos métodos, ferramentas e muita informação disponível hoje na Web sobre transformação digital, acredite, existem muitas que ainda falham. A IDC[147] divulgou que os gastos mundiais em transformação digital ultrapassariam US $ 1 trilhão em 2018, liderados pelas indústrias de transformação. Porém, apesar do investimento ser uma cifra surpreendente, muitos projetos digitais falham ou têm desempenho inferior.

A Forbes[148] publicou, em janeiro de 2019, que a grande maioria das empresas falhará se não conseguirem lidar com o que estão fazendo com os dados dentro de suas organizações, especialmente contra concorrentes que utilizam com sucesso o que está ao seu redor.

Já a McKinsey[149] afirmou que os principais motivos de falharem é porque muitas empresas ainda estão presas a processos de desenvolvimento de estratégia que se desenvolvem em ciclos anuais, subestimando o crescente momento de digitalização, as mudanças comportamentais e as novas tecnologias.

Na visão da Forrester, o ritmo das mudanças no mundo digital, de seus clientes, seus concorrentes e das capacidades da tecnologia, significa que as abordagens tradicionais para o gerenciamento de mudanças em grande escala simplesmente não funcionam mais.

---

147   https://www.idc.com/getdoc.jsp?containerId=prUS43979618: Acesso em 29 jun. 2019
148   https://www.forbes.com/sites/cognitiveworld/2019/01/07/why-most-digital: Acesso em 13 de jul. 2019
149   https://www.mckinsey.com/business-functions/digital-mckinsey: Acesso em 13 de jul. 2019

Estudos de casos

BBC

A BBC em muitos aspectos, um player digital sofisticado, sob a liderança do diretor-geral Tony Hall, os ativos digitais da BBC, como o iPlayer e o Playlister, estavam ajudando a impulsionar a organização para a era digital. No entanto, em maio de 2013, a BBC cancelou uma transformação digital de 100 milhões de libras. A PwC, engajada em auditar a falha, apontou para uma "grave fraqueza no gerenciamento de projetos e relatórios, bem como uma falta de foco na mudança de negócios." A BBC viu a transformação digital como um problema técnico, não uma transformação cultural.

Co-op

Em 2013, o banco da Co-op cancelou um grande programa de transformação, resultando na baixa de 300 milhões de libras de investimentos, aumentando o déficit de capital já debilitado. Um relatório independente citou mudanças desestabilizadoras na liderança, falta de capacidade apropriada, coordenação deficiente, complexidade excessiva, planos subdesenvolvidos em fluxo contínuo e orçamentos reduzidos. Gerenciar mudanças em grande escala é uma tarefa difícil, com a qual muitas organizações lutam. As lições aqui são simples. Em primeiro lugar, a consistência da liderança é imensamente importante em qualquer projeto, mas, quando o projeto é de uma magnitude imensa, mudanças frequentes de liderança são uma receita para o desastre. Combinado à resistência da administração de nível superior para se engajar com o projeto, não é de admirar que a revisão dos sistemas tenha permanecido por dois anos antes de finalmente ser cancelada.

Nike

A gigante da moda esportiva Nike agora é líder em negócios digitais, mas o varejista enfrentou falhas na transformação digital quando lançou uma nova unidade de negócios chamada Nike Digital Sport em 2010 para assumir a liderança em iniciativas digitais e criar novas capacidades tecnológicas em toda a empresa. Dois anos após o desenvolvimento da Nike Digital Sport, a empresa lançou seu inovador FuelBand, que inicialmente se mostrou popular entre os clientes. Graças, em parte, ao trabalho da Digital Sport, o rastreador de atividades poderia fornecer aos usuários estatísticas detalhadas e tornar a Nike líder em dispositivos portáteis. No entanto, até 2014, foi relatado que a Nike cortaria de 70 a 80% da força de trabalho da Digital Sport e descontinuaria a FuelBand depois de não conseguir explorar os dados gerados, além de margens baixas e dificuldade em encontrar engenheiros suficientemente qualificados. A Nike claramente aprendeu as lições desse revés e se afastou da fabricação de hardware internamente para se concentrar em sua oferta de software, ampliando ainda mais a marca digital Nike Plus.

As empresas que estão considerando passar por uma transformação digital devem garantir que não repitam o passo errado da Nike, tendo um plano de transformação bem definido e não lançando um serviço ou produto digitalmente habilitado, como o FuelBand, sem uma plataforma de análise de dados adequada para dar suporte à implementação.

Kuoni

A Kuoni foi fundada em 1906 para se concentrar em oferecer oportunidades de viagem acessíveis e, durante décadas, fez exatamente isso, com grande sucesso. Apesar da adoção antecipada de sistemas informatizados de reserva nos anos 1980, a empresa acabou fracassando na transformação digital no novo milênio. No final, a Kuoni não conseguiu reconhecer as mudanças dramáticas e permanentes que se desenvolveram no mercado de viagens, e percebeu tarde demais que as viagens estavam se tornando digitais. E, no entanto, quando a empresa finalmente chegou a entender a mudança digital, a resistência à mudança que vinha de dentro da própria empresa garantiu que, quando a Kuoni se tornasse digital, já era tarde demais. Por fim, a empresa vendeu suas atividades operacionais de turismo em 2015 após um longo período de declínio. Apesar de seus problemas, a Kuoni continua sendo uma operadora de turismo de luxo bem-sucedida e premiada – depois de cortar suas perdas para se concentrar no que faz melhor.

O principal erro da Kuoni foi o mesmo de inúmeras outras empresas que não conseguiram reconhecer a importância das tecnologias e modelos de negócios disruptivos, acreditando que poderiam continuar a prosperar confiando em seu modelo de negócio estabelecido, em vez de reservar viagens através de métodos digitais. Eles também não conseguiram entender que a recusa em se tornar digital significava que eles não eram capazes de fornecer um nível competitivo de valor e, finalmente, a incapacidade da empresa de entender o valor da transformação digital significava que, quando ela começou a tentar a transformação, a resistência interna da empresa era forte o suficiente para impedir qualquer chance real de sucesso.

A história de Kuoni prova a importância de entender seus clientes. Se a empresa tivesse entendido o que seus clientes queriam, ela poderia ter se esforçado para se tornar digital mais cedo, com mais entusiasmo e com mais comprometimento de seus próprios colaboradores.

Toys R Us

Em março de 2018, a Toys R Us declarava que estaria fechando ou vendendo suas mais de 800 lojas nos EUA por uma decisão tomada há quase duas décadas. A temporada de festas de 1999 foi particularmente boa para a Toys, atolados com pedidos on-line, eles ficaram para trás no envio e não conseguiram presentes de Natal para clientes pagantes que haviam comprado seus produtos, às vezes, com um mês de antecedência. Isso resultou em duas coisas: uma multa de US $ 350.000 da Federal Trade Commission (FTC) dos EUA e, vários meses depois, uma parceria de dez anos para a Toys vender brinquedos on-line com a Amazon. Nesse caso, a Toys iria estocar e vender uma grande variedade de seus brinquedos mais populares na Amazon em troca de ser o único vendedor de brinquedos e produtos para bebês da Amazon.com. Eles também concordaram que o domínio do site ToysRUs.com iria redirecionar todos os acessos de compras de volta para a Amazon, desistindo de toda a sua presença na web. Essa estratégia duvidosa acabou custando à Toys cerca de

US $ 50 milhões por ano mais uma porcentagem de suas vendas da Amazon. Na primavera de 2003, a Amazon permitiu que outros comerciantes vendessem brinquedos e produtos para bebês e, embora a Toys tenha vencido na corte Americana, fazendo um acordo com a Amazon e ganhando US $ 51 milhões, o dano foi causado – e a Toys nunca conseguiu recuperar os anos perdidos sem um site próprio.

Sears

A Sears foi outra empresa que acabou pagando o preço por um erro crucial cometido décadas atrás. Havia o famoso catálogo da Sears (a Sears era a Amazon antes de a Amazon aparecer), mas, em 1993, citando baixas vendas, a Sears eliminou o catálogo, duplicando as lojas físicas. Em vez de abraçar a nova Internet e simplesmente carregar o seu catálogo on-line, a Sears adotou uma marca que existia desde 1886 e lenta, que seguramente a enterrou. Hoje, se você perguntar à maioria das pessoas nos Estados Unidos ou no Canadá de que lojas elas compram, a Sears nem está na lista.

Borders Books

A Borders Books fez a mesma coisa que a Toys nos primórdios da internet, confiando na Amazon para distribuir seus livros e músicas em vez de construir sua própria presença na web. Em 2011, a Borders já havia falido. O grande vencedor aqui foi a Barnes & Noble, que acabou de ver seu maior concorrente sair do mercado. A Barnes & Noble até mesmo viu a ameaça da Amazon e decidiu permanecer na batalha, adicionando cafeterias às suas livrarias para atrair pessoas e lançando seu próprio leitor de livros eletrônicos, o Nook para enfrentar o Amazon Kindle. Mas então, eles simplesmente pararam. A Barnes & Noble poderia ter alavancado sua influência para reunir com firmeza autores e editores ao seu lado, mas preferiu não fazer nada. O canal da Barnes & Noble no YouTube tinha apenas 6.145 assinantes em 2019. Seu podcast foi lançado em agosto de 2017. Recentemente, a Barnes & Noble demitiu 6 mil funcionários para economizar US $ 40 milhões em despesas, enquanto a Amazon, em 2017, começou a abrir livrarias físicas para competir com a Barnes & Noble em seu próprio território.

Várias lições fundamentais são obtidas diante desses exemplos, quando investimentos pesados no desenvolvimento de capacidade digital se deparam com problemas básicos de desempenho financeiro.

O fracasso de alguns projetos digitais é emblemático da síndrome mais ampla que afeta todos os projetos – quanto maiores os projetos e mais ambiciosos o alcance e o escopo, maior a probabilidade de eles falharem ou apresentarem um desempenho inferior.

Ao avaliar os projetos que falharam, as razões que se destacam são: a) não compreender o que é uma transformação digital; b) baixo apoio e adesão da liderança C-level; c) iniciar sem o roteiro da estratégia de transformação digital; d) subestimar a magnitude da transformação sob dois fatores, orçamento e falta de recursos talentosos; e) concentrar-se em aplicativos brilhantes, coisas não fundamentais; f) subestimar o gerenciamento de mudanças; g) não abordar a cultura digital.

Em meio ao entusiasmo e à incerteza de uma nova era tecnológica, pode ser muito difícil distinguir entre os investimentos que devem ser feitos à frente do mercado e os investimentos que devem estar em sincronia com as mudanças do mercado. Como líder de uma organização, pode ser tentador pensar nas fases iniciais da mudança tecnológica radical como uma chance de dominar um novo mercado em vez de aprender sobre o mercado. Investir à frente da curva faz sentido quando sabemos qual é a curva. Mas, com a transformação digital, há muito a ser explorado e compreendido antes que a curva comece a tomar forma.

Quando os investimentos digitais não trazem retorno rápido, os CEOs podem achar que o problema foi não ter gasto o suficiente, em vez da falta de conhecimento por parte da empresa ou do mercado sobre como será o estado final. Talvez eles temam que diminuir o compromisso com o novo negócio seja visto como uma falha, e não como uma tomada de decisão inteligente. Talvez eles dobrem a aposta na estratégia escolhida, em vez de mudar para uma abordagem lucrativa, na esperança de intimidar o mercado em vez de aprender mais sobre ele. Com o tempo, os mercados aprendem mais sobre o que querem, os produtores aprendem como entregar seu produto e o caminho a seguir fica mais claro. Nesse ponto, é muito mais fácil tomar decisões sobre o digital. Mas, nesse processo de descoberta, o financiamento de uma grande estratégia digital pode exigir mais paciência do que têm os investidores.

Naturalmente, nem todas as empresas com "indigestão" digital de curto prazo estão tomando decisões erradas. No comércio digital, o que começou há 20 anos como uma inovação radical e depois se tornou um destruidor radical do valor de mercado, agora é uma prática padrão em todos os setores. As empresas líderes, mesmo aquelas que fizeram grandes investimentos não lucrativos logo no início da transição, foram capazes de se direcionar para estratégias de comércio eletrônico mais lucrativas (me refiro aqui à Amazon).

Portanto será necessário enfrentar o período turbulento de fazer a transformação digital, ou seja, fazer a transformação digital envolve a administração da empresa existente e a construção para o futuro ao mesmo tempo. Será como trocar a turbina de um avião em pleno voo. O avião vai descer antes de voltar a subir, será um período assustador, ainda mais quando todos na empresa passarem a questionar as estratégias adotadas. Embora as empresas existentes estejam sob ameaças e necessitem de mudanças, em geral elas ainda são lucrativas no curto prazo e será difícil abrir mão desse lucro em troca de um futuro incerto, mas será imprescindível.

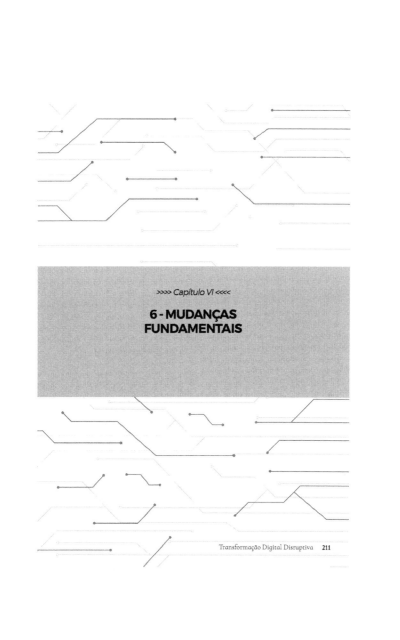

>>>> *Capítulo VI* <<<<

6 - MUDANÇAS FUNDAMENTAIS

Anotações

Transformação Digital Disruptiva

À medida que a Internet se torna incorporada profundamente em todos os aspectos de nossas vidas, os governos desempenharão um papel muito importante e mais ativo de maneiras que afetarão a economia, os direitos civis, a liberdade e a própria Internet. Na medida que se expande ainda mais em nossa economia e sociedade, os governos serão ainda mais ativos, tanto como legisladores quanto como usuários da Internet. Da cibersegurança às questões sociais, passando por tecnologias como a IoT e a IA, os governos enfrentarão uma série de novas e complexas questões que desafiarão todos os aspectos de sua tomada de decisão. A tecnologia influenciará cada vez mais a relação entre os governos e outras partes interessadas na medida que os serviços públicos e a coleta de dados mudam para empresas privadas, os papéis dos setores público e privado continuarão a se confundir, dificultando a maneira como os cidadãos responsabilizam os governos.

A maneira com a qual os governos responderão a esses desafios no futuro impactarão não apenas nossa liberdade, direitos e economia, mas também a própria Internet. Internacionalmente, a cibersegurança conduzirá as discussões sobre governança global no futuro previsível, com o risco crescente de os governos limitarem a liberdade ou prejudicarem a natureza global da Internet, que por si só não estará imune às tensões geopolíticas em evolução impulsionadas pelo nacionalismo, pelo multilateralismo e pela dinâmica global do poder.

A maneira como as nações resolverem essas tensões nos próximos anos terão implicações tangíveis para o alcance global da tecnologia, bem como para o crescimento geral da economia digital. Na medida em que a cooperação internacional continua no espaço digital, imagino que a tensão entre múltiplas partes interessadas e abordagens multilaterais à política de Internet vão continuar.

O futuro da Internet dependerá de como os governos lidam com a crescente pressão para responder aos desafios de segurança.

Novas tecnologias e novos modelos de negócios vão forçar os governos a trabalhar de forma diferente e mais inclusiva. Papéis e responsabilidades nos setores público e privado continuarão a se confundir, criando desafios de responsabilização. As políticas e estruturas do governo precisam evoluir e se aperfeiçoar para acompanhar o desenvolvimento tecnológico. Portanto, as políticas nacionalistas colocarão em risco fluxos de dados transfronteiriços valiosos, desencadearão a fragmentação da rede e silenciarão as partes interessadas críticas.

6.1. Futuro desafio da cibersegurança

A resposta dos governos aos futuros desafios da cibersegurança, desde o escopo e a complexidade dos ataques cibernéticos, continuarão a se intensificar. Os governos enfrentarão uma pressão crescente para agir com força para proteger a segurança nacional, seus cidadãos e suas economias domésticas. De fato, acredito que estamos diante de um futuro de maior regulamentação ou legislação da Internet, que precisa ser discutido com extrema seriedade.

No entanto, a formulação de políticas que são reativas e não a longo prazo pode fragmentar ainda mais a Internet ao longo das fronteiras dos estados-nações e também prejudicar os direitos das pessoas, além, é claro, dos próprios negócios. À medida que a Internet se expande em todos os setores da economia, a enorme complexidade do cenário de segurança testará até mesmo a coordenação, a capacidade e a eficácia dos governos mais sofisticados, dos quais já estamos presenciando. O desafio para os países em desenvolvimento será ainda mais intenso.

De acordo com uma publicação da Internet Society,[150] uma organização global orientada por causas, em um relatório de 2018 sobre incidentes cibernéticos, mencionou por exemplo que a África está confiante de que seus governos veem o desafio da segurança cibernética, mas preocupados que os governos não terão as habilidades e capacidade de lidar com os problemas de forma eficaz. Já os entrevistados na América do Norte previram que futuras reações

---

150   https://www.internetsociety.org/about-internet-society/: Acesso em 11. de jul. 2019

do governo ao desafio da segurança seriam significativamente mais drásticas do que suas contrapartes na África, Ásia e América Latina.

Atualmente, existe uma tendência de que governos exijam mais controle sobre o conteúdo da Internet dentro de suas fronteiras, de forma a prejudicar a abertura da Internet, comprometer liberdades, direitos e ameaçar a fragmentação global da Internet.

Esse cenário poderá se tornar realidade se os governos priorizarem interesses nacionais de curto prazo, a chamada soberania cibernética. Alguns especialistas acreditam que as regulamentações governamentais do futuro serão mais intrusivas e restritivas do que hoje.

Porém, a maneira como os governos respondem aos desafios de segurança fortalecerá a confiança das pessoas na Internet, ou a prejudicará. Em uma época de ataques cibernéticos e até de ciberguerra, alguns formuladores de políticas vão sacrificar liberdades e inovações em nome da segurança nacional e da ordem pública.

O cenário mais pessimista para o futuro da Internet global é a fragmentação devido ao isolamento nacionalista com acesso altamente filtrado à Internet. A tensão continuará entre a necessidade de garantir a comunicação por razões econômicas e de privacidade, e a necessidade dos governos de acessarem essas comunicações para a segurança nacional. Se os governos persistirem em tentar impedir o uso da criptografia, eles colocarão em risco não apenas a liberdade de expressão, a privacidade e a confiança do usuário, mas também a economia da Internet no futuro. Além disso, interferir ou enfraquecer as tecnologias de criptografia criará novas vulnerabilidades e ameaças cibernéticas.

A IDC[151] afirmou em um evento em fevereiro de 2019 que o setor de segurança cibernética será pioneiro na integração de novos serviços de IA para enfrentar um cenário cada vez mais amplo e distribuído com um nível de ameaça altamente profissionalizado e inteligente. As revelações de Edward Snowden[152] trouxeram a questão da segurança em tecnologia da informação de volta ao topo das agendas das nações, fazendo com que muitas dessem prioridade à atualização das estratégias nacionais. Apesar de muitas delas serem

---

151   https://www.incibe.es/agenda/idc-ciberseguridad: Acesso em 11 de jul. 2019
152   https://canaltech.com.br/espionagem/Edward-Snowden: Acesso em 11 de jul. 2019

recentes, nenhuma, mesmo com as revisões propostas, garante as condições para segurança total dos sistemas.

A França, desde 2011, vem empenhando esforços em fortalecer os sistemas de informação para resistir a ataques que possam comprometer a disponibilidade, a integridade e a confidencialidade dos dados. A estratégia francesa enfatiza tanto o aperfeiçoamento tecnológico da segurança dos sistemas de informação quanto a luta contra o crime na rede e a criação de ciberdefesas. Em 2017, criou seu comando de defesa cibernética, aumentando as estruturas, os investimentos e consolidando infraestruturas.

A Alemanha privilegia em estratégia definida desde 2011, a prevenção e a repressão de ataques cibernéticos e também a prevenção de falhas de TI, especialmente em relação a suas infraestruturas críticas. A atual estratégia de segurança cibernética da Alemanha foi publicada em 2016, e um dos poucos parágrafos com relevância estratégica foi dedicado ao papel da criptografia para manter a Alemanha segura. As funções básicas de segurança são certificadas pelo Estado alemão, porém, as autoridades do país acham que há necessidade de estabelecer novos poderes para garantir a manutenção da disponibilidade e confiabilidade dos seus sistemas.

Já o Reino Unido lançou em 2017 sua nova estratégia nacional de segurança cibernética, reconhecendo que os ataques no Reino Unido são uma das principais ameaças à segurança nacional, que relaciona entre os objetivos do país tornar-se a maior economia em inovação, investimento e qualidade de tecnologia da informação para ser capaz de explorar plenamente o potencial e os benefícios da rede mundial. Eles estão focados ainda em reduzir os riscos do ciberespaço, sejam eles a atuação de criminosos, ataques terroristas ou a espionagem por parte de outros estados/nações.

Para a Holanda e a República Tcheca, o principal objetivo é garantir a segurança, a confiabilidade e a disponibilidade dos seus sistemas, prevenindo abusos e interrupções em larga escala. Mas a estratégia holandesa reconhece a necessidade de proteger a liberdade da internet, ainda que defenda a confidencialidade das informações armazenadas e a necessidade de evitar quaisquer danos à integridade das informações.

Segurança também é o foco da Estônia, da Finlândia e da Eslováquia, sendo que, para os dois últimos, o papel da internet no desenvolvimento econômico é considerado essencial. A Estônia privilegia ainda a regulamentação, a educação dos usuários e a cooperação entre os setores público e privado, países credenciados pela OTAN.

Já a estratégia dos Estados Unidos, descrita como a primeira política totalmente articulada da Casa Branca em quinze anos, a nova estratégia cibernética nacional, assinada pelo presidente Donald Trump em setembro de 2018, descreve quatro principais pilares, entre eles defender o povo americano, a pátria e o modo norte-americano de vida, promovendo a prosperidade dos Estados Unidos, preservando a paz através da força e avançando a influência dos Estados Unidos.

Já o governo brasileiro precisa empenhar esforços da maneira mais rápida possível para implementar a política nacional de cibersegurança. O Exército brasileiro criou, em 2011, o Centro de Defesa Cibernética[153] (CDCiber), que está à frente do programa, mas, pelo visto até o momento de publicação deste livro, não encontrei fontes sobre a política nacional estabelecida.

A comissão de relações exteriores e defesa nacional - CRE, decidiu, em maio de 2019, avaliar a política de defesa cibernética durante o ano, e um fato me chamou atenção, pois percebe-se uma vulnerabilidade muito grande. Veja que a iniciativa partiu de um senador para quem o setor cibernético é, ao lado do espacial e do nuclear, muito estratégico para a defesa do país, em um pedido que requer o fortalecimento, o aperfeiçoamento de dispositivos de segurança e a adoção de procedimentos visando diminuir a vulnerabilidade dos sistemas que possuem suporte de tecnologia da informação e comunicação. Além disso, a área permite o fomento de pesquisas científicas e o estabelecimento de parcerias com a indústria nacional, na produção de sistemas inovadores, tendo como a estratégia nacional de defesa evoluir para o comando de defesa cibernética das forças armadas.

Outro fato interessante é que, durante o VII Fórum da Internet no Brasil (2017), Cristiane Hoepers, gerente do CERT.BR, afirmou "que o Brasil possui mais de 5 mil sistemas autônomos, porém,

---

153   http://www.dct.eb.mil.br/index.php/2013-02-01-13-23-38: Acesso em 13 de jul. 2019

1/3 deles possuem problemas de configurações que permitem o abuso de serviços. Ataques envolvendo câmeras de segurança, dispositivos médicos, roteadores e infraestruturas críticas, como gasodutos, oleodutos, semáforos, iluminação pública, entre outros." No mesmo evento, Adriano Cansian, da Unesp, acrescentou que "precisamos ampliar a formação em cibersegurança", afirmando que há um descompasso entre a academia e o mercado, uma vez que as universidades não formam profissionais com habilidades e atitudes para trabalhar nesta área.

Diante dos fatos, ao que me basta entender, é que, desde 2017, o Brasil ainda não conseguiu formatar uma política de cibersegurança nacional, o que nos torna vulneráveis a todo segundo. Além disso, é preciso ainda nortear a cibersegurança de estados e municípios, pois, para a Associação Brasileira das Empresas de Tecnologia da Informação e Comunicação - Brasscom, em posicionamento divulgado em maio de 2019, afirmou que a segurança cibernética de estados e municípios brasileiros precisam de um norte indicado pela administração federal.

Além disso, não se faz segurança cibernética sem cooperação internacional. Esses são pontos fundamentais que o Brasil deve seguir nos próximos anos, na medida em que avança a digitalização tanto no setor privado quanto no governo brasileiro. Com a transformação digital da administração, cada etapa traz complexidades para a garantia da segurança dos dados e, diante disso, a demanda por profissionais qualificados na área também foi destacada novamente, apontando que, até 2024, serão necessários cerca de 45 mil profissionais especializados em cibersegurança, sendo que hoje essa oferta ainda está com um déficit muito alto desses profissionais. E ainda, há a conformidade frente à Lei Geral de Proteção de Dados - LGPD, sobretudo no caso das empresas de menor porte, que devem enfrentar maiores dificuldades durante o processo de implementação em comparação com as multinacionais.

Diante desses fenômenos, temos, como nação, o grande desafio de unir todos os esforços, capacidades e habilidades para suportarmos essa onda de mudanças rápidas para que possamos nos proteger, como pessoas, como governos, como empresas, como economia e como país.

6.2. Formulação de políticas na era digital

O compartilhamento de dados dos cidadãos entre os setores público e privado continuará a crescer, assim como o enfraquecimento dos papéis e responsabilidades entre os setores público e privado, à medida que a prestação de serviços públicos se deslocar para o setor privado. Isso poderia resultar no setor privado assumindo responsabilidades que são tradicionalmente de responsabilidade dos governos? Se assim for, estarão sujeitos aos mesmos mecanismos de prestação de contas e governança que os governos? No futuro da economia da Internet, o uso de IoT e IA aumentarão a necessidade de estar vigilante sobre transparência e responsabilidade na tomada de decisões e governança. Transparência e prestação de contas também serão necessárias para entender e gerenciar uma relação cada vez mais complicada entre os setores público e privado.

Embora as preocupações com a segurança cibernética continuem a estar na frente e no centro, os governos também lidarão com IoT e IA. Diante das novas tecnologias, as ferramentas políticas existentes são capazes de lidar com a complexidade dos desafios futuros?

De acordo com especialistas, os formuladores de políticas terão dificuldades para acompanhar as mudanças na tecnologia da Internet no futuro. No caso do Brasil, que ainda não deu sinais de ter publicado a sua política de cibersegurança, será que já estão sendo previstas as questões de usabilidades de IoT e IA?

Vimos no capítulo V, que a tecnologia avança mais rapidamente do que a política e o ambiente regulatório. A velocidade com que a legislação e os marcos regulatórios evoluem e afetam os serviços da Internet em comparação com as mudanças tecnológicas.

Haverá mais pressão sobre os governos para agir, mesmo que a sociedade se esforce para acompanhar o ritmo da mudança, muito menos para considerar as implicações de longo prazo das escolhas de hoje. Os governos precisam se preparar para mudanças drásticas na economia, especialmente nas indústrias tradicionais mais desafiadas pela tecnologia.

A tendência do governo de aplicar modelos legados de regulamentação a questões novas e emergentes é particularmente preocupante. Se os governos escolherem ou não adotar tal abordagem, o escopo da mudança de mercado impulsionado por avanços dramáticos na tecnologia inevitavelmente forçará uma reconsideração fundamental das abordagens existentes na lei de concorrência e na regulamentação tradicional de comunicações. Os dados serão cada vez mais vistos como um ativo vinculado à vantagem competitiva, mudando a natureza das revisões de fusões, avaliações de posição dominante e, principalmente, proteção do consumidor.

Os governos podem recorrer a modelos multi stakeholders de desenvolvimento de políticas por necessidade, já que as abordagens tradicionais de regulamentação de telecomunicações e Internet são mais vistas como adequadas ao propósito.

Será que os governos aceitarão a globalização ou responderão às pressões internas para fortalecer as fronteiras físicas e virtuais? Irão apoiar e promover abordagens multi stakeholders às políticas, ou irão recuar para trás dos muros do multilateralismo? A ascensão do nacionalismo e do populismo em todo o mundo poderia levar os governos a construir barreiras políticas nacionais que fragmentam a Internet?

Se as tendências atuais forem uma indicação, mais e mais governos restringirão e controlarão o acesso e o uso da Internet por meio de censura, desligamentos de rede e outros meios.

É essencial fortalecer radicalmente os usuários e os poderes da sociedade civil no modelo multissetorial para compensar o declínio relativo da influência direta do governo. Será que veremos novos modelos de governança da Internet nesse mundo em evolução? Como esses modelos divergentes e o surgimento de novos poderes moldarão a Internet global e seus princípios centrais?

Se o sistema internacional continuar voltado para dentro, as implicações para a Internet global se tornarão cada vez mais profundas.

Ficam aqui muitas perguntas para encontrarmos respostas a esses futuros desafios, uma vez que esses assuntos estão em voga em inúmeros países, devem ser discutidos e levados em pauta pelas lideranças e formadores de políticas públicas de todas as nações.

O que isso significa na prática? Em 2020, começa a batalha do carro autônomo nos Estados Unidos, alias essa batalha teve início em meados de 2016, e o Uber tem até lá para se transformar na disruptura tecnológica e competir com o veículo autônomo. Se não fizer isso, ele corre o risco de desaparecer. Então, o Uber criou uma empresa para competir com táxis e, agora, ele precisa competir com o Google e com a Tesla. Você acha que a engenharia é a mesma, que a cultura, as pessoas e o CEO são os mesmos? Muda tudo, e eles mudaram tudo, e estão mudando tudo pra poder competir em 2020 com o veículo autônomo, e é interessante ver o resquícios dessas batalhas. Por exemplo, sobre a Lei da Califórnia[154] do veículo autônomo, a briga é o seguinte: terá volante, e o Google fala que, se for autônomo, não precisa de volante; já o Uber diz que precisa sim ter volante. O legislador fala "precisa de volante por quê"? Bom, vai que o ser humano precisa pegar no volante. Vem o Google e fala: "se tiver que pegar no volante, já morreu". Mas a lei falou que vai ter que ficar o volante, e sabe o porquê dessa briga? São os lobistas do Google e do Uber brigando sobre o volante porque, se precisa do volante, quem sai na frente nesse mercado de trilhões de dólares é o Uber, porque ele tem os motoristas, só troca o veículo autônomo e mantém a base. Se não precisar do volante, o Google sai na frente, porque não precisa de motorista. Mas até aí, tudo bem. Porém, as leis foram feitas no século passado. Então, se o veículo autônomo está andando e uma criança atravessar na frente e ser atropelada, de quem será a culpa pelo acidente? Pois bem, nesse cenário, ao analisarmos a lei: se o veículo é autônomo mas a criança entrou na frente e morreu, tal fato é considerado como homicídio doloso; só que o sensor identificou e poderia ter desviado, então tem um agravante, é culposo. E agora, prende quem? Prende o veículo, prende quem desenvolveu o software, prende o Uber, prende a montadora do veículo, prende o passageiro? Portanto, o formato das leis atuais não comportam essas inovações, e poderíamos citar inúmeros outros exemplos em que as leis atuais acabam por sufocar a inovação e a competitividade.

Essa foi apenas uma introdução a uma visão para repensarmos nossa legislação que está tão envelhecida para os dias atuais.

---

154 https://www.dmv.ca.gov/portal/dmv/detail/vr/autonomous/bkgd: Acesso em 14 de jul. 2019

6.3. Regulamentação na era digital

À medida que mais empresas passam pelo processo de transformação digital, outra questão entra em pauta: a ética digital. Por gerações, as empresas coletaram grandes quantidades de informações sobre os consumidores e as utilizaram para fins de marketing, publicidade e outros negócios. Eles regularmente inferem detalhes sobre alguns clientes com base no que os outros revelaram – muitas demonstrações de vazamentos de dados ultimamente mostraram isso.

Além disso, as empresas de marketing podem prever quais programas de televisão você assiste e que tipo de comida para gatos você compra porque os consumidores em sua área demográfica revelaram essas preferências. Eles adicionam essas características inferidas ao seu perfil para fins de marketing, criando o que James Barszcz chama de uma "externalidade de privacidade", na qual as informações que os outros divulgam sobre elas mesmas também envolvem você, como quando somos marcados em fotos nas famosas hashtags.

O aprendizado de máquina, por exemplo, aumenta a capacidade de fazer essas inferências. Os padrões encontrados pela análise de aprendizado de máquina do seu comportamento on-line revelam suas crenças políticas, afiliação religiosa, raça, etnia, condições de saúde, gênero e orientação sexual, mesmo que você nunca tenha revelado essas informações a ninguém on-line. A presença de um "Sherlock Holmes digital" em praticamente todos os espaços on-line fazendo deduções sobre você significa que dar aos consumidores o controle sobre suas próprias informações não os protegerá de divulgar, indiretamente, até mesmo suas informações mais confidenciais, (como já vimos no tópico 4.4 sobre o *Code Halo*).

Por essa razão, os formuladores de políticas precisam criar novas legislações de privacidade que expliquem as inúmeras limitações que os estudiosos, como Woody Hartzog no livro "Modelo de privacidade, a batalha para controlar o design de novas tecnologias" (2018), identificaram nos modelos e consentimentos de privacidade que orientaram o pensamento de privacidade por décadas.

O aumento de externalidades de privacidade criadas por técnicas de aprendizado de máquina é apenas mais uma razão em relação à necessidade de novas regras de privacidade, diferentes, na minha opinião, das quais hoje estão em vigor.

Não se engane ao achar que ao menos as grandes empresas de tecnologia do mundo estão preparadas para esse debate. Apenas um dia depois da notícia de que poderiam ser investigadas por práticas de concorrência desleal, Apple, Amazon, Google e Facebook perderam US $ 131 bilhões em valor de mercado. O Facebook, aliás, tem se envolvido com escândalos de privacidade desde 2016, quando estourou o caso da quebra de privacidade de usuários explorada pela Cambridge Analytica durante as eleições presidenciais dos Estados Unidos. Porém, um fato mais antigo ainda, em 2014, quando o Facebook descobriu na reação ao seu estudo de contágio emocional[155] nos Estados Unidos, quando muitas pessoas ficaram preocupadas com essa lacuna e pediram maiores controles sobre a pesquisa patrocinada pela empresa, o que estimulou discussões sobre a ética da manipulação de conteúdo de mídia social. Algumas empresas responderam criando conselhos internos de revisão para avaliar as questões éticas associadas a seus projetos, que podem ter conseqüências éticas significativas. Curiosamente, essas revisões vão além de tentar proteger os sujeitos de pesquisa humana e abordar a questão mais ampla de saber se os insights obtidos com a pesquisa podem ter consequências prejudiciais ao vazamento destas, em uma população mais ampla.

Há controvérsia sobre o desenvolvimento do software de reconhecimento facial (2017) que pode predizer a orientação sexual das pessoas com base em suas características faciais, o que revela porque a revisão ética deve ir além da proteção dos seres humanos. Apelidado de "gayface," o software é uma ferramenta de reconhecimento facial experimental que foi treinada em fotografias publicamente disponíveis e afirma a previsão da orientação sexual apenas a partir de características faciais. Sem o uso benéfico previsível dessa tecnologia, pode não ser ético desenvolver um algoritmo quando ele só pode ser usado para fins prejudiciais e discriminatórios.

A revisão ética desta pesquisa não tem quase nada a ver com a proteção dos direitos dos seres humanos envolvidos no treinamento do software. O verdadeiro problema ético é o uso do vazamento

---

155 https://journals.sagepub.com/doi/pdf/10.1177/1747016115583379: Acesso em 12 de jul. 2019

da tecnologia que poderá prejudicar outros indivíduos. Claramente, universidades, instituições de pesquisa, empresas e agências governamentais terão que avaliar programas de pesquisas como esses com mais afinco do que apenas proteger os direitos dos seres humanos.

Com o desenvolvimento de capacidades de aprendizado de máquina capazes de prever os aspectos mais íntimos e sensíveis da vida das pessoas, essas questões éticas precisam ser urgentemente abordadas em nossas legislações atuais.

Portanto toda e qualquer empresa vai se deparar com essa discussão, cedo ou tarde. Isso vai acontecer com a disseminação de tecnologias digitais, como IA, Big Data e IoT. Esses dilemas éticos envolvem dúvidas como até onde dados de usuários podem ser coletados e usados.

Na pesquisa da Avanade, uma joint-venture entre a Microsoft Corporation e a Accenture LLP com sede no Brasil, essas questões já fazem parte do ambiente corporativo, onde cerca de 82% dos C-levels de 12 países concordam que ética digital é necessária para a popularização da IA. Por outro lado, 81% afirmam não confiar na capacidade das organizações em criar tecnologias que sejam éticas, afirmando que o caminho que respeita os preceitos éticos são aqueles que inserem essa preocupação em todas as etapas, do desenvolvimento até a relação com o consumidor.

Uma preocupação exposta pela pesquisa é em relação a algoritmos que não sejam inclusivos e adaptáveis, ou seja, aqueles que contenham viés discriminatório, pois os efeitos de uma tecnologia ética podem ser sentidos em todas as áreas nas quais as inovações podem ser aplicadas, do processo seletivo automatizado que não discrimine candidatos, como do Mya (chatbot), até uma campanha de marketing digital que não colete dados pessoais de usuários.

Muitos programas de IA levantam novas questões a serem explicadas ainda. Os modelos derivados da IA são difíceis de explicar, mesmo que os algoritmos sejam transparentes para o usuário, porque o padrão de interações é muito complexo e geralmente usa grupos de fatores que não fazem sentido intuitivo ou teórico.

A DARPA (Departamento de Pesquisa Avançada de Defesa dos EUA), documentou essa troca entre exatidão e explicabilidade e financiou pesquisas destinadas a aumentar o nível de explicabilidade para cada nível de precisão, não precisando ser ditado por uma abordagem de tamanho único que se enquadra na lei. A melhor troca será diferente por setor, porque os riscos e benefícios das técnicas analíticas dependem menos de suas características intrínsecas e mais de seu domínio de uso.

As comunidades de ciência da computação e IA estão começando a despertar para as formas profundas com que seus algoritmos terão impacto na sociedade, e agora estão tentando desenvolver diretrizes sobre ética para o nosso mundo cada vez mais automatizado.

A UE desenvolveu princípios para a IA ética, assim como o IEEE, o Google e a Microsoft.

Entre os esforços mais recentes e proeminentes está um conjunto de princípios elaborados pela Organização para Cooperação e Desenvolvimento Econômico (OCDE), uma organização intergovernamental que representa 37 países por questões econômicas e comércio mundial.

Esse foi apenas um apanhado inicial para futuras questões que ainda virão, é um assunto muito novo. Algumas nações já começaram seus estudos, além de empresas e outras organizações e, portanto, no Brasil também necessitamos colocar esse assunto em pauta.

6.4. O futuro da legislação de privacidade

As novas leis de privacidade publicadas em fevereiro de 2019 pelo Congresso Americano, criariam novas obrigações em relação à divulgação, consentimento, acesso, correção, portabilidade e uso razoável de informações pessoais que, certamente, se aplicarão aos sistemas de IA, e que dependerão muito do contexto.

O progresso será feito não tentando regular a tecnologia como tal, mas examinando seu uso em cada setor e definindo diretrizes específicas que governam esse uso.

A União Européia publicou em abril de 2019 um conjunto de diretrizes[156] sobre como as empresas e os governos devem desenvolver aplicações éticas de IA. Essas regras não são como "As Três Leis da Robótica" de Isaac Asimov. Elas não oferecem um arcabouço moral vigoroso que nos ajudará a controlar robôs assassinos; em vez disso, elas abordam os problemas obscuros e difusos que afetarão a sociedade à medida que integramos a IA em setores como saúde, educação e tecnologia de consumo.

Assim, por exemplo, se um sistema de IA te diagnosticar com algum tipo de câncer no futuro, as diretrizes da União Européia gostariam de assegurar que várias coisas acontecessem, como, por exemplo, que o software não seja influenciado por sua raça ou gênero, que não se sobreponha às objeções de um médico humano e que dê ao paciente a opção de ter seu diagnóstico explicado a ele.

Na China, o escândalo de privacidade do Facebook reforçou a visão de que o governo está no caminho certo, estabelecendo regulamentações à medida que os casos de dados pessoais se entrelaçam com a implantação de IA, Big Data e cidades inteligentes. Mas também destaca que o significado da privacidade de dados na China é bem diferente do ocidente, já que muitos usuários não estão em posição de impedir o acesso do governo a informações pessoais e têm maior probabilidade de expressar preocupações sobre como as empresas privadas fazem uso indevido de seus dados.

O surgimento de novas regras que regem o processamento de dados pessoais coincide com o acirrado debate na China sobre a privacidade dos dados. O então escândalo do Facebook forneceu combustível adicional para uma conversa cada vez mais pública sobre como as empresas lidam com dados pessoais. Autoridades chinesas, empresas e usuários da Internet estão lidando com o impacto das tecnologias emergentes na propriedade e proteção de dados pessoais. Essas questões estão longe de serem resolvidas na China. No entanto, com a GDPR da União Europeia prestes a entrar em vigor na China e a legislação sobre privacidade nos Estados Unidos de volta à agenda. A abordagem da China sobre governança de dados desempenhará um papel importante na formação de mercados glo-

---

156   https://ec.europa.eu/digital-single-market/en/news/ethics-guidelines-trustworthy-ai: Acesso em 12 de jul. 2019

bais, desenvolvimento de tecnologia e política. Ao contrário do Regulamento Geral de Proteção de Dados da União Europeia, a China tem uma severa punição por transferência ou venda ilegal de dados, assegurando que o problema de privacidade de dados que aconteceu com o Facebook não ocorra no país.

Zeng Liaoyuan, professor associado da Universidade de Ciências e Tecnologia Eletrônica da China, disse que a "lei de proteção de dados privada da China será liberada e implementada em breve, devido ao rápido desenvolvimento da tecnologia e à enorme demanda da sociedade. A tecnologia está mudando rapidamente a vida na China, mas as regulamentações relevantes ainda precisam ser atualizadas".

Já no Brasil, a Lei Geral de Proteção de Dados - LGPD vem sendo calorosamente debatida e os especialistas no assunto insistem em alertar ao público de que as consequências da não adequação antes de sua entrada em vigor em 2020 podem ser desastrosas para a imagem e as finanças das empresas. Ainda assim, há muitos que acham que só empresas como Google e Facebook estariam na mira de autoridades, mas, ao meu ver, é melhor se adequar a tempo antes da entrada em vigor para não ser pego de surpresa.

Existem, por outro lado, aqueles que já entenderam tanto a importância como a complexidade do trabalho de conformidade à LGPD, que se encontram atordoados com o assunto e sem saber para onde direcionar energia, tempo e dinheiro. Com outras leis estrangeiras anteriores abordando o mesmo assunto – como EUA, União Européia e China – podemos ter uma base para prever o possível cenário brasileiro quando da entrada da LGPD em vigor.

Para alguns estrategistas, a globalização já aconteceu ha muito tempo, porém, a regulamentação ainda não. Tenho acompanhado o assunto que tem provocando diversos debates, a própria LGPD brasileira nesse sentido apresenta dois cenários. Um é positivo, porém, por outro lado, ela restringe a coleta de dados e, como vimos, os dados são o combustível para a IA, e portanto, se não tiver dados, não se tem IA. No futuro, tanto o governo quanto as empresas terão dificuldade para competir no cenário global, uma vez que outros países estão na vanguarda.

Portanto, esses são mais alguns dos desafios e assuntos que precisamos começar a trazer para a pauta, para que o Brasil passe a ter mais inserção no cenário competitivo global.

6.5. Iniciativa privada

Parece não haver mais dúvidas quanto aos benefícios, as oportunidades e ameaças que a transformação digital pode proporcionar. É bem verdade que as políticas públicas estão muito distantes quando comparadas a outros países, mas, felizmente, algumas empresas já começaram as suas iniciativas de transformação digital. Os estágios da transformação digital nas empresas brasileiras neste momento são bem diferentes, enquanto alguns setores apresentam um avanço maior, outros engatinham, e muitos ainda nem se deram conta.

Analisei três pesquisas de empresas distintas como forma de mapear e entender o desempenho do setor privado no Brasil de 2017 a 2019. A iniciativa da SAP (2017) chegou a números impressionantes e, na minha opinião, uma das mais bem embasadas e completas sobre o assunto, mostrando as expectativas de crescimento das organizações brasileiras em que 56% das empresas pretendiam alcançar um aumento de receita de 5,1% a 10% após a transformação digital, e 51% delas pretendem acelerar o mercado. Já quanto ao uso de ferramentas destacam-se Big Data e Analytics (63%), Plataformas de segurança (59%), Mobile (51%), Cloud computing (50%) e IoT (45%). Entretanto, até 2020 o cenário apresentará prioridade de investimento, sendo Big Data e Analytics (78%), Cloud computing (61%), plataformas de segurança (58%), IoT (53%), Mobile (44%) e Machine learning/IA (29%). Os maiores desafios foram de liderança (24%), falta de gerenciamento (19%) e de habilidades na força de trabalho (16%).

Já a IDC[157] (2018) apontou que muitas empresas que atuam no Brasil ainda não tinham acordado para a importânciu da digitalização dos negócios. Ao entrevistarem mais de 100 grandes companhias, praticamente um quarto das companhias (24,7%) não achava

---

157   http://br.idclatin.com/releases/news.aspx?id=2455: Acesso em 03 de jul. 2019

que a transformação digital era relevante, enquanto apenas 4% estão plenamente cientes da importância do assunto e o estavam tratando como grande prioridade. As empresas consultadas foram todas de grande porte, com pelo menos mil funcionários e distribuição setorial e regional semelhantes à do PIB brasileiro. E, ainda, somente 4% das empresas apresentaram a inovação como prioridade absoluta, embora 3/4 delas se encontram nos três níveis superiores – na prática, a história é outra. Menos da metade está de fato trabalhando, desenvolvendo e realizando a transformação digital em qualquer medida. Uma boa parte (42%) quer iniciar o processo nos próximos anos, entre 2019 e 2021; 10% das empresas não tinham qualquer plano de transformar digitalmente seus negócios, e mais da metade diz que vai usar apenas recursos próprios, o que é preocupante, dado que, em épocas de dificuldades econômicas, as equipes estão mais enxutas. Apenas 20% dizem que vão contratar uma empresa especializada em tecnologia, e 14% pretendem trazer uma consultoria de negócios para esse processo.

Na mais recente (2019), realizada pela Softex,[158] apenas 1 em cada 4 empresas do Brasil está pronta para a transformação digital. Dentre as empresas entrevistadas para o estudo, 73% admitiram estar iniciando o processo de transformação digital e 56% planejam utilizar recursos internos para liderar a jornada de transformação digital. A pesquisa também indica que para 46% a área de TI é líder desse processo. Em relação à motivação para a adoção da transformação digital, 44% admitem considerá-la para manter a sua competitividade, 38% para manterem-se na liderança nesta era hiperdigital, 6,9% por pressão de clientes e consumidores, 1% para otimizar os processos e a qualidade da prestação de serviços e 9% não sabem ou não informaram o motivador. A pesquisa foi realizada com CIOs de 101 empresas de todas as regiões do país.

Quanto à intenção de adoção de tecnologias emergentes no curto prazo, em um período de três a doze meses, os destaques ficaram por conta de IoT (23,8%), Computação em nuvem e Blockchain, ambas com 19,9%. Ao se ampliar o prazo de previsão de adoção para um ano e meio até três anos, surge com força o emprego da IA e da

---

158 https://softex.br/transformacao-digital-ainda-engatinha-no-brasil-aponta-pesquisa-softex/: Acesso em 03 de jul. 2019

aprendizagem de máquina com 34,7%. Uma constatação preocupante do levantamento é a de que apenas 4,6% das empresas consultadas entende inovação como algo importante, o que explica o baixíssimo nível de conscientização da oportunidade presente em uma *startup*, quando 71,3% das empresas ouvidas afirmou não manter nenhuma relação com uma empresa nascente de base tecnológica.

Essa é uma tendência que pode e deve ser revertida, pois a transformação digital abre um amplo leque de oportunidades para as empresas brasileiras de tecnologia, em particular, para as *startups* que já nascem com um mindset inovador e podem atuar como um dos grandes drivers para a transformação digital.

Ao concluir sobre esses três cenários, percebo de maneira holística um ambiente preocupante, uma vez que poucos gestores estão conscientes da importância da transformação digital e da sua urgência, mas vejo que os fatores dessa cegueira empresarial são impulsionadas pelo baixo conhecimento em inovação, baixo nível de maturidade digital e o principal, pelo velho jeito apegado de fazer e pensar que herdamos do século passado, a cultura da revolução industrial.

É necessário como nação que o país desenvolva e estimule a mudança de mindset industrial para o digital, bem como o aprendizado contínuo para adquirirmos competências digitais, ou novamente ficaremos muito aquém de outros países e com uma realidade muito distante em ascenção de posição no ranking de inovação, empreendedorismo e de melhor ambiente para se fazer negócios. Por outro lado, vejo isso tudo como oportunidade, uma vez que temos muito o que fazer.

A experiência do cliente deve ser o grande foco da transformação digital, fazendo o uso das metodologias e ferramentas (capítulo IV e V), que possibilitam passar a atender às reais necessidades e expectativas dos consumidores e realmente explorar essas oportunidades. Como já vimos, na era digital, os clientes compram experiências, sentimentos, bem-estar, conforto e conveniência, e a transformação digital é uma das formas para atender a essas expectativas.

Agilidade e flexibilidade são grandes ingredientes para a transformação digital. Muitas empresas querem que os fornecedores os ajudem a tornarem-se mais ágeis de várias maneiras, porém, a agilidade corporativa vai muito além do desenvolvimento de um software, alias, tem a ver com processos e cultura.

As empresas precisam atender com eficiência e rapidez às expectativas e exigências individuais do cliente, como custo, esforço ou interrupção não planejados para a empresa. Elas precisam de entrega contínua para se manterem competitivas.

O surgimento das plataformas como ecossistemas fortalecedores podem expandir os canais de vendas, visando criar novas ofertas, desenvolver novos mercados e aprimorar a experiência do cliente, onde co-criação e colaboração definem esse novo ecossistema.

As empresas que já realizaram a sua transformação digital são líderes em seus setores e possuem melhores margens de ganhos brutos e líquidos do que as empresas que ainda não investiram na transformação digital. Portanto e diante de tudo que vimos até aqui, é hora de iniciar a jornada da transformação digital do seu negócio, sem esperar para ver no que vai dar, ou achar que essa tal transformação digital é apenas um hype.

6.6. Estudos de casos inspiradores

Grande parte dos CEOs e diretores já entenderam a importância da transformação digital. Um plano para mudar o modelo de negócio, implementar metodologias ágeis, autonomia distribuída fornecer uma melhor experiência ao cliente. Porém, vimos que o lado do empresariamento que toca o negócio atual ao se deparar com a inovação requerendo investimentos altos para testar um produto novo, a disponibilidade começa a mudar, existe uma distância enorme para o "está aprovado!", especialmente quando a decisão envolve colocar a mão no bolso da empresa e tomar risco.

A maioria dos CEOs não consegue dar esse salto, evitando impactar o Ebitda e comprometer a distribuição de dividendos porque ainda seguem a lógica do mercado financeiro, criada no século passado, pois a regra do modelo industrial, crescer era construir ativos físicos. Diminuir custos para aumentar margens. Construir para ganhar eficiência operacional. Produzir mais hoje para ganhar muito amanhã. Acionistas compraram ações acreditando em certas premissas. Conselheiros assumiram para garantir os dividendos. E assim o ciclo se formou. O problema é que essa lógica não se sustenta mais. As empresas realmente inovadoras já estão provando que o caminho é outro.

Para uma análise mais detalhada de como essa mudança pode melhorar a qualidade do produto ou serviço oferecido, agilizar os processos de produção de uma empresa e ainda aproximar o cliente da marca, nada melhor do que analisar estudos de casos de transformação digital de grandes e conhecidas empresas ao redor do mundo.

A transformação digital é sem dúvida uma mudança profunda nas atividades de negócios, processos, competências e modelos para alavancar totalmente clientes em cada ponto de contato na experiência do cliente. Posso afirmar que as transformações digitais bem sucedidas tiraram o máximo de proveito dos seguintes fatores:

• Cliente: aproveitaram as redes de clientes e reinventaram o caminho para comprar de acordo com seus comportamentos reais;

• Competição: repensaram a concorrência e construíram plataformas que proporcionaram vantagem competitiva;

• Dados: transformaram dados em ativos que comprovaram resultados em tempo real;

• Inovação: inovaram por experimentação rápida.

• Valor: julgaram a mudança de como a transformação digital ajudou a criar o próximo negócio.

Como a transformação digital não acontece da noite para o dia, os estudos de casos a seguir podem encorajá-lo a buscar de pequenas vitórias de curto prazo a grandes vitórias ao longo do caminho.

Microsoft

A Microsoft quase se perdeu no começo deste século após o fracasso da estratégia na frente ao mobile, o Android pertenceria à mesma dona do Windows, onde tudo indicaria que muitos tivessem um celular da empresa de Bill Gates, mas ninguém tem. Esse movimento errado poderia ter custado caro e levado ao fim de uma longa e lucrativa história, mas a empresa conseguiu se reinventar sob a liderança de Satya Nadella. Em 2014 ao assumir a empresa, ele sacrificou o lucro no curto prazo, mudou o sistema de bonificações dos vendedores e traçou a estratégia para ganhar espaço na nuvem. Satya, um CEO que veio da área de produtos e não de vendas, já sabia que o negócio era fazer venda consultiva, feita sob medida, próxima ao cliente para garantir receita recorrente. E foi assim que o Pacote Office passou a ser vendido por assinatura, é devido a essa estratégia atualmente a única empresa do mundo a valer US $ 1 trilhão. Uma companhia cujo produto você provavelmente tem instalado no seu computador.

Adobe

Em 2012 a Adobe decidiu abrir mão dos picos de receita durante três anos ao perceber que não viveria muito tempo vendendo versões de Photoshop, InDesign e Acrobat a cada 18 meses. Em um momento no qual pouca gente falava em "economia de assinaturas", a Adobe decidiu transformar seu modelo de caixinha de software em um de assinaturas mensais na nuvem. No início dessa transição, ela publicou uma carta aos seus clientes, sendo transparente sobre as mudanças. A liderança sabia que sem a adesão daqueles usuários fiéis dificilmente teria êxito. Também informou seus stakeholders, enfrentando a desconfiança de investidores, foi um período bem difícil para a empresa, que logo de início recebeu uma petição com trinta mil assinaturas pedindo que abandonasse a transição. Em 2013, a receita da Adobe caiu 8%. No ano seguinte, ficou estável. Apesar disso, a liderança manteve a estratégia de reinvestir o orçamento em marketing, abrindo novos canais, frentes de atuação – como na área de vídeo – e fazendo ajustes, como as assinaturas mais baratas para os descontentes. Talvez a maior lição tenha sido a insistência na premissa de que você não pode simplesmente vender a mesma oferta de uma maneira diferente. Desde então, o valor de mercado da Adobe aumentou mais de 87% e a empresa se tornou referência no modelo de assinatura de nuvem.

Amazon

Na Amazon, Jeff Bezos reinveste todo o lucro na própria empresa há mais de uma década, uma política que causou arrepios nos acionistas, temerosos de perder seus dividendos, no entanto, desde 2008, a Amazon pagou apenas US $ 1,4 bilhão em impostos, já que o lucro final é pequeno – o Walmart a título de comparação, pagou US $ 64 bilhões. Nos últimos cinco anos, as ações da gigante do e-commerce saíram de cerca de US $ 300 para quase US $ 1.800.

Walmart (EUA)

A companhia remodelou o seu software e optou por uma plataforma personalizada que possui um novo mecanismo de busca, além de vários aplicativos em nuvem. Para aumentar sua competitividade no mercado, a plataforma adotada pelo Walmart para o comércio eletrônico foi construída com base no OpenStack. Parte da transformação digital desse grande varejista está relacionada à fonte aberta da plataforma OneOps, que permite aos programadores testar e alternar entre diferentes provedores de nuvens, uma questão importante, pois cada vez mais as empresas adotam modelos de nuvens híbridos.

Domino's (EUA)

A Domino's Pizza adquiriu a plataforma AnyWhere para permitir que os consumidores pudessem fazer seus pedidos de dispositivos eletrônicos dos mais variados modelos, como *smartphones*, smart watches e smartTVs. Agora, o desafio da empresa é desenvolver o Dom, um assistente virtual ativado por voz, para facilitar ainda mais o atendimento.

McDonald's (EUA)

Com a tecnologia, os clientes começaram a mudar o seu comportamento de consumo. Percebendo essa tendência, o McDonald's está tentando implantar a transformação digital nos processos da empresa e na forma de atendimento das lanchonetes, a fim de tornar o processo mais ágil e colaborativo. Um bom exemplo são os quiosques onde o cliente pode personalizar seu hambúrguer de forma rápida com o uso de tablets que foram disponibilizados nas lojas para que o cliente possa construir seu próprio lanche. Além disso, a empresa norte-americana é conhecida por sempre buscar *startups* com soluções inovadoras.

Disney (EUA)

Quando a taxa de satisfação dos usuários estava em declínio, a Disney investiu bilhões de dólares para melhorar a experiência do cliente. Para tanto, foi lançado o MyMagic+, um pacote de produtos composto por um site, um aplicativo móvel e uma pulseira. Através do site e do aplicativo móvel, é possível reservar e planejar o itinerário com antecedência na Disney. Garantida a reserva, os clientes recebem os MagicBands, que são as pulseiras com chip de identificação, que servem como chave do quarto de hotel, bilhete de entrada, carteira e um FastPass. A pulseira permitiu rastrear e analisar o comportamento do consumidor para que a Disney crie uma experiência personalizada e perfeita para os seus clientes. Por exemplo, por meio da pulseira, os personagens da Disney vão saber se uma criança está fazendo aniversário e, assim, poderão fazer uma saudação diferenciada. Além disso, o dispositivo pode identificar se o cliente está enfrentando uma fila muito longa. Nesses casos, alguns personagens são enviados para entreter os usuários ou até mesmo encaminhá-los para uma atividade menos lotada. Hoje, 90% dos visitantes classificam a experiência como "muito boa" ou "excelente".

Audi

A Audi mudou a maneira pela qual as empresas vendem veículos, com a introdução de um conceito inovador de showroom lançado em 2012 chamado Audi City, que proporcionou uma experiência de marca única e permite ainda que os visitantes explorem todo o catálogo da gama de modelos da Audi em lojas localizadas nos centros das cidades, onde grandes salas de exposição não são uma possibilidade. Na Audi City London, as vendas subiram 60% em relação ao showroom tradicional da Audi que, anteriormente, ocupava o site. Além disso, eles só estocam quatro carros, reduzindo o custo de ter que manter um grande volume de estoque que, muitas vezes, não corresponde aos critérios de um cliente.

Ford

Foi estruturada no início de 2006 como uma confederação flexível de centros de negócios regionais e silos de TI. A partir de 2006, avançaram com objetivos claros: simplificar a linha de produtos da empresa, concentrando-se em dados quantitativos e veículos de qualidade e unificando a empresa como um todo. Na frente de TI, a Ford reduziu o orçamento em 30%, seu objetivo no entanto, não era reduzir as despesas, mas sim captar recursos que estavam ligados à manutenção de sistemas legados fragmentados e complexos e liberá-los para uso em expansão e inovação. Foram todas essas medidas em conjunto que deram à Ford a agilidade e o capital para investir em projetos inovadores, como o muito elogiado Ford SYNC e My-Ford Touch.

General Electric

O parque eólico digital da GE é um ecossistema de energia eólica adaptável que combina turbinas com a infraestrutura digital para a indústria de energia eólica. A solução anterior da GE, a tecnologia Wind PowerUp já havia sido instalada em 4.000 unidades e melhorou a eficiência da turbina em até 5%, o que significa uma melhoria de até 20% na lucratividade de cada turbina. A nova tecnologia Digital Wind Farm prometeu 20% de melhorias de eficiência, o que poderia ajudar a gerar até US $ 50 bilhões em valor para o setor de energia.

Glassdoor

Cobriu mais de 450.000 empresas em mais de 190 países e territórios. Mais de 3.000 empresas pagam para usar as ferramentas de branding e recrutamento da empresa, e ainda mais de 55.000 contas de empregador são gratuitas. A Glassdoor usou seus dados para pesquisas de mercado de trabalho nos EUA, um portfólio das empresas "As Melhores Empresas para Trabalhar" da Fortune e superou o S&P 500 em 84,2%, enquanto um portfólio similar de "Melhores Empresas para Trabalhar" da Glassdoor superou o mercado geral em 115,6%.

Lego

Após um período de expansão (1970-1991), a Lego sofreu um declínio constante (1992-2004) e, em 2004, a LEGO estava perto da falência. Atingindo um ponto de inflexão, a Lego iniciou a reestruturação e a transformação digital com foco em novas fontes de receita provenientes de filmes, jogos para dispositivos móveis e aplicativos para dispositivos móveis. A Lego alcançou uma margem EBITDA de 37,1% em 2014, um aumento de 15% desde 2007. Em 2014, o primeiro filme da Lego alcançou uma receita de aproximadamente US $ 468 milhões com um orçamento de produção de apenas US $ 60 milhões.

McCormick e Company

Ao lançar o FlavorPrint, uma ferramenta on-line de recomendação de sabores que representa visualmente os gostos do consumidor, começaram com um questionário de 20 perguntas sobre hábitos alimentares e gostos e desgostos alimentares. O FlavorPrint obtém esses dados e gera sugestões personalizadas sobre receitas usando algoritmos. Foi apelidado de "o Netflix para alimentos" por sua capacidade de sugerir receitas com base no gosto do indivíduo. A FlavorPrint tem sido um sucesso tão grande que a McCormick se transformou em sua própria empresa de tecnologia chamada Vivanda.

Nespresso

Teve o desejo de sua transformação digital para conquistar novos clientes, obter uma compreensão mais profunda de seus clientes e gerenciar processos complexos de compra. Mas foi guiada pelo objetivo claro da empresa de fornecer aos clientes a experiência perfeita do café. As iniciativas da Nespresso são apoiadas por uma solução moderna de envolvimento do cliente baseada na nuvem com capacidade de rede. Sua solução em nuvem serve como uma plataforma de inovação com uma solução de vendas completa, capaz de lidar com todo o ciclo de compra, preços, cotações e pedidos. As iniciativas digitais da Nespresso provaram ser frutíferas, e seus benefícios incluem maior penetração em novos mercados, maiores vendas e adoção pelos usuários, melhor produtividade de vendas e melhor visibilidade em todo o ciclo de engajamento.

Under Armour

A Under Armour - UA queria tornar-se muito mais do que uma empresa de vestuário esportivo quando introduziu o "fitness conectado", uma plataforma para rastrear, analisar e compartilhar dados pessoais de saúde diretamente para os *smartphones* dos clientes. A visão foi estabelecida, mas a UA não tinha a tecnologia, exigindo que a UA repensasse completamente sua estratégia digital. Eles adquiriram várias empresas de fitness baseadas em tecnologia, como MapMyFitness, MyFitnessPal e o aplicativo de fitness europeu Endomondo por US $ 715 milhões. Essas empresas forneceram à UA a tecnologia e um grande banco de dados de clientes necessários para colocar seu aplicativo de fitness em funcionamento. Esse novo aplicativo fornece um fluxo de informações para a UA e permite que eles identifiquem imediatamente as tendências de condicionamento físico e saúde. Por exemplo, a UA, que tem sede em Baltimore, conseguiu reconhecer imediatamente uma tendência de caminhada que começou na Austrália, permitindo que eles implementassem esforços de marketing e distribuição localizados antes que seus concorrentes soubessem o que estava acontecendo. A Connected Fitness também criou uma experiência do cliente que é personalizada para cada consumidor individual, onde o tênis de corrida médio fica impróprio para uso depois de 400 milhas, o que aumenta a incidência de lesão. A UA notifica então seus clientes quando percorreram mais de 400 milhas e, depois, oferecem ao cliente novos produtos com base em seu comportamento e histórico de compras. Este conceito foi aplicado a outros produtos da UA, como botas de caminhada. "Se soubermos que alguém fez sete caminhadas no verão passado, eles podem querer olhar para nossos novos tênis de caminhada", disse o CEO Kevin Plank. A marca planeja continuar sua busca pelo desenvolvimento de novas tecnologias, querendo ser conhecida como o painel de todas as coisas relacionadas à saúde e à boa forma física, e acredita que suas tecnologias inovadoras fornecerão uma vantagem competitiva sustentável à medida que continuarem a desafiar a Nike e outras empresas líderes em vestuário de ginástica.

Michelin

A Michelin iniciou a transformação digital internamente, mas logo percebeu que, em algumas áreas críticas, como análise ou infra-estrutura de Big Data, precisavam fazer parceria com especialistas externos. A mudança cultural foi outro pré-requisito para gerenciar com sucesso a jornada de transformação digital. O risco de mudar o modelo de negócios foi mitigado, uma vez que a Michelin Solutions foi criada como uma entidade independente e a empresa decidiu testar a solução com o lançamento de vários projetos pilotos. Usando a IoT para ampliar o modelo de negócios tradicional e fornecer uma experiência de mobilidade mais holística para os clientes, ela fez uma mudança do modelo de negócios, da venda de pneus como produto para um serviço que garante desempenho, ajudando a alcançar maior satisfação do cliente, maior fidelidade e altas margens de EBITDA. A criação do EFFIFUEL incentiva o manuseio cuidadoso do caminhão, gerando economias extras para as empresas e uma possível duplicação dos lucros do veículo, além de uma redução no consumo de combustível de 2,5 litros a cada 100 km, representando uma economia anual de € 3,200 para o transporte de longa distância (pelo menos 2,1% de redução no custo total de propriedade e 8 toneladas em emissões de CO_2).

Airbus

A Airbus é uma divisão do Airbus Group que fabrica aeronaves civis, com sede em Blagnac, e emprega cerca de 63.000 pessoas em 16 locais diferentes. As receitas da Airbus aumentaram em 6,9%, de € 49 bilhões em 2011 para € 63 bilhões no ano até setembro de 2015, com as margens EBITDA aumentando em 1,3% durante o mesmo período de 6,3% para 7,6%. Em 2015, a Airbus usou mais de 1.000 peças impressas em 3D durante a construção do primeiro A350 XWB a ser entregue. O uso de peças impressas em 3D ajudou a Airbus a reduzir os prazos de produção, reduzir os requisitos de matéria-prima e aumentar a eficiência de suas aeronaves. A visão da Airbus de aplicar tecnologias inovadoras ao projeto e fabricação permitiu que eles usassem a impressão 3D para desenvolver peças de aeronaves melhoradas. Ela fez parcerias estratégicas com empresas que fornecem impressoras 3D como um serviço como Stratasys e Materialize, e montou uma "fábrica do futuro" em sua busca para explorar novas formas de fabricação. A impressão 3D ajudou a Airbus a alcançar uma mudança radical na redução de peso e na eficiência, produzindo peças para aeronaves que pesam de 30 a 55% a menos, enquanto reduzem as matérias-primas usadas em 90%. Em comparação com os métodos tradicionais, a impressão 3D diminuiu a energia total utilizada na produção em até 90%. A Airbus economizou, em média, 44 dias no lead time de fornecimento do suporte, os custos e o lead time de fornecimento nas ferramentas também caíram 70%, e as aeronaves são em média 6,4% mais eficientes em termos de combustível com a ajuda de peças impressas em 3D.

Ginger.IO

O Ginger.io usa aprendizado de máquina e mineração de dados para coletar e analisar passivamente sinais sutis de mudança de comportamento para melhor entender a saúde social, física e mental dos usuários. A plataforma usa as mais recentes pesquisas em dados e ciência comportamental do MIT Media Lab. Protege dados pessoais usando tecnologias avançadas e garante a conformidade com os padrões estabelecidos. O Ginger.io é um aplicativo móvel orientado por IA que ajuda a fornecer cuidados de saúde mental hiper-personalizados utilizando dados de sensores coletados pelo *smartphone* do paciente e informações autorrelatadas para rastrear atividades do paciente, o aplicativo pode identificar quando é necessária ajuda. Tem como objetivo gerar melhores resultados de saúde por meio de análises comportamentais reunidas com dispositivos móveis. Monitorando continuamente o usuário, o Ginger.io é mais eficaz em direcionar os cuidados para quando o paciente realmente precisa, do que as visitas regulares a uma clínica. O aplicativo móvel da Ginger. io usa com segurança dados do uso diário de um paciente (tempo gasto em chamadas, mensagens de texto enviadas) e atividade (distância percorrida, sono) para mapear o comportamento do paciente e detectar anormalidades. O aplicativo, em vários casos, pode prever sinais de depressão para pacientes individuais até dois dias antes que os sintomas externos se manifestem. Os dados da atividade podem ser automaticamente vinculados a prestadores de cuidados e membros da família para permitir a intervenção oportuna em caso de anormalidades ou emergência.

Rio Tinto

A Rio Tinto é uma das maiores empresas de mineração e metais, com receita de US $ 47 bilhões, possui mais de 66.000 funcionários em 40 países. Estabelecido em 2008, o programa "mina do futuro" da Rio Tinto visa equipar funcionários da linha de frente com ferramentas inteligentes que lhes permitam tomar decisões que melhorem o desempenho com base no conhecimento contextual. A Rio Tinto possui a maior frota de caminhões autônomos do mundo para fornecer cargas com mais eficiência, minimizando atrasos e uso de combustível. Os caminhões são controlados remotamente por operadores que exercem maior controle sobre seu ambiente e garantem maior segurança operacional. A Rio Tinto tem se concentrado na criação de um pipeline de inovações tecnológicas desde 2007 através de alianças com parceiros nos negócios, indústria, ciência e academia, por exemplo o IGAT - Imperial College London. A empresa estabeleceu um centro de operações onde, de um local, mais de 400 operadores analisam dados e sincronizam um sistema integrado em tempo real, gerenciando 15 minas, 31 pits, quatro terminais portuários e uma rede ferroviária de conexão de 1.600 km, levando a uma maior eficiência, confiabilidade e menor variabilidade. A Rio Tinto confia em pessoas e computadores trabalhando juntos, um aumentando o outro, em vez de ver humano e máquina como fontes de conhecimento mutuamente exclusivas. A Rio Tinto considera que a evolução tecnológica levará à substituição de alguns postos de trabalho, mas a criação de novas posições. Eles admitem que pessoas qualificadas sempre serão necessárias para supervisionar os sistemas autônomos, observando que a mudança tecnológica fornece aos funcionários a chance de desenvolver e usar melhor suas habilidades em novos ambientes de trabalho. A Rio Tinto capacita seus funcionários a operar de forma mais eficaz em solo, onde um software interpreta conjuntos de dados complexos e cria uma interface amigável. Visualização em 3D de uma mina que é fácil e rapidamente compreendida por controladores de poços, geólogos, equipes de perfuração, planejadores de minas e supervisores, permitindo que a empresa tome decisões informadas enquanto trabalha remotamente a partir das máquinas. A Rio Tinto teve como reduzir com segurança os custos de manutenção em cerca de US $ 200 milhões por ano entre 2015 e 2018.

BBVA

O BBVA é um grupo bancário espanhol diversificado fundado em 1857, está atualmente entre os 50 maiores bancos do mundo (por ativos sob gestão) e tem uma base de 138.000 colaboradores. As receitas do BBVA têm crescido de 9,3% desde 2012, passaram de € 13,3 bilhões para € 17,0 bilhões no ano até setembro de 2015, com lucro líquido de € 2,4 bilhões. Ele começou a construir a plataforma tecnológica que sustenta sua capacidade de capturar, armazenar e processar dados já em 2007. Desde então, dobrou seus investimentos em sistemas de 1,2 bilhão para 2,4 bilhões em 2013. Focado em atrair o talento digital certo, o BBVA investiu 40 milhões de euros por ano na seleção e treinamento de sua força de trabalho. Também construiu uma plataforma de e-learning que forneceu 3 milhões de horas de cursos. Agrupou os serviços bancários digitais na "Digital Banking Area", acelerando a transformação digital do BBVA. O fundo de € 100 milhões do BBVA Venture e sua estratégia de M&A focada em empresas Fintechs ajudaram o banco a acelerar seu processo de transformação digital. O BBVA está focado em fornecer aos seus clientes uma experiência de cliente nova e aprimorada com a ajuda da personalização orientada pelo conhecimento e da comunicação em linguagem clara e concisa. O banco foi reconhecido como um líder digital, criando uma plataforma de tecnologia de Big Data e processos totalmente reprojetados, promovendo uma cultura orientada para mudanças e desenvolvendo uma organização mais enxuta. O BBVA está se esforçando para se tornar o melhor banco baseado em conhecimento, usando análise de dados para desenvolver insights de clientes e atender às suas necessidades. Ele está em primeiro lugar em satisfação do cliente na Espanha, tanto em serviços bancários móveis quanto on-line. Os clientes digitais ativos cresceram de 5 milhões em dezembro de 2011 para mais de 13,3 milhões em meados de 2015, e os usuários ativos de tecnologia móvel aumentaram de 0,3 milhão para mais de 6,7 milhões no mesmo período. O BBVA conseguiu uma redução de 8% nos custos, economizando € 340 milhões para seu centro corporativo na Espanha. Sua plataforma digital permitiu aumentar as transações de 90 milhões por dia em 2006 para 250 milhões por dia em 2013.

EasyJet

A easyJet é a maior companhia aérea do Reino Unido em número de passageiros transportados, registrando receitas de £ 4,7 bilhões (até março de 2015) e crescimento de mais de 20% nos últimos 12 meses. A easyJet viu pela primeira vez a computação em nuvem como uma forma de minimizar os custos, mas depois percebeu que também fornecia um elemento crítico para suportar a agilidade dos negócios. Com base na reputação de oferecer um ótimo serviço a baixo custo, a companhia aérea queria melhorar a experiência do cliente sem adicionar pessoal ou infraestrutura de TI. O sistema legado de reservas da easyJet não pôde provisionar os assentos alocados, então a companhia aérea adicionou um recurso na nuvem em vez de depender da TI interna. Em vez de descarregar a TI no local enquanto ainda oferecia valor, a TI da easyJet executava os novos recursos na nuvem e a agregava à infraestrutura existente. A companhia aérea terceirizou sua infraestrutura de TI e operou com uma equipe enxuta de profissionais de TI própria. As soluções de nuvem híbrida ajudaram a easyJet a construir uma infraestrutura mais flexível e escalável que pode ser usada para introduzir novos recursos com rapidez e economia. Explorando a solução de plataforma como serviço, em vez de depender do seu sistema de TI interno, a easyJet concentrou-se numa combinação híbrida de soluções locais e na nuvem para entregar o projeto mais rapidamente. A solução permite flexibilidade para implementar novos recursos e aumentar a escalabilidade, aproveitando a infraestrutura existente. A easyJet agora pode lidar com cargas de trabalho flutuantes com mais facilidade. A empresa também diminuiu o tempo de lançamento no mercado, desenvolvendo novos aplicativos na nuvem. A solução de nuvem híbrida ajudou a easyJet a reduzir os custos de implementação e a simplificar o gerenciamento. A satisfação do cliente melhorou significativamente como resultado da entrega mais rápida de novos serviços mais rapidamente a taxas mais acessíveis. A implementação da solução de nuvem híbrida ajudou a aumentar a satisfação do cliente e também aumentou a escalabilidade das operações.

Magazine Luiza

De varejo tradicional para empresa digital, o Magazine Luiza vem se destacando quando o assunto é transformação e mentalidade digital. A empresa já é considerada um dos melhores exemplos de multicanalidade para atingir a liderança do mercado. As mudanças do Magazine Luiza começaram quando Eduardo Galanternick, que já havia sido diretor de e-commerce da empresa, foi chamado de volta por Frederico Trajano com o objetivo de recuperar o crescimento e dar início ao seu plano de transformação digital. O plano de Frederico era audacioso: consistia em deixar de ser uma empresa de varejo tradicional que tinha uma área digital para se tornar um negócio digital com espaços físicos e contato humano. A estratégia de Galanternick foi reforçar a equipe comercial, mudar processos de venda e investir em marketing digital focado em promoções. Para alcançar seus objetivos, ele desenvolveu um plano baseado em cinco pilares de transformação digital: 1. Inclusão digital: trazer os imigrantes digitais para o comércio eletrônico. 2. Digitalização das lojas físicas: melhorar a experiência dos clientes com ajuda da tecnologia. 3. Multicanalidade: conectar todos os pontos de contato da loja. 4. Marketplace: ser uma plataforma que conecta vendedores e compradores. 4. Cultura digital: deixar de ser um consumidor de tecnologia para ser um produtor.

Houve um reforço no calendário promocional, em que mensalmente eram incluídas ações de impacto que gerassem um tráfego considerável de novos clientes para o site. A palavra de ordem, a partir de então, passou a ser inovação. O marketing digital passou por mudanças estratégicas, como a mensuração dos resultados, que passou a ser feita por meio de um modelo de atribuição, visualizando o papel de todos os pontos de venda. Na sequência, passou para uma mensuração orientada a clientes. Por meio de uma plataforma de dados, definem-se os clientes com maior potencial de compra, rentabilidade e relevância. Após isso, esses clientes são procurados por meio de mídia programática, canais de vendas e listagem. Tudo isso sem deixar de investir no off-line, uma vez que a ideia é ser uma empresa com calor humano. Ações como patrocínio a eventos continuaram a ser realizadas para dar exposição à marca. Aplicativo e Marketplace; lançamento do aplicativo do Magazine Luiza; possibilidade de comprar no site e retirar na loja; e um marketplace que permite que outras lojas vendam por meio do site do Magazine.

Atualmente, mais da metade das visitas no site do Magazine Luiza é realizada por *smartphones*, que geram mais de 30% das vendas online, e a maior parte desse tráfego vem do aplicativo. As lojas físicas passaram a ser chamadas de lojas virtuais, que possuem um espaço físico menor, sem estoque ou mostruário, com exceção dos celulares. O objetivo dessas lojas é proporcionar ao consumidor exploração dos produtos e áreas de experiência. Os vendedores tornaram-se consultores e utilizam recursos multimídia para fazer toda a demonstração dos produtos. Para a transformação ser completa, o Magazine passou a desenvolver a própria tecnologia e conta atualmente com uma equipe de desenvolvedores e engenheiros de softwares com mais de 200 pessoas. Os resultados de todas essas mudanças são visíveis. A empresa já está colhendo seus frutos e os números provam que a transformação digital da companhia foi positiva. Em 2015, a empresa fechou o ano com resultados negativos; já no segundo trimestre de 2017, a companhia registrou o maior lucro líquido da sua história. Com um crescimento de quase 600% em comparação com o mesmo período de 2016, o resultado foi de R$ 72,4 milhões. O Magazine Luiza entrou na lista de empresas mais inovadoras da América Latina, elencada pela revista americana Fast Company[159] - 2018. A varejista é a única da lista que não é uma empresa nativa digital, comprovando o sucesso da empresa em se digitalizar.

A loja digital do McDonald's (Brasil)

Na corrida para acompanhar a transformação digital e como estratégia para voltar a crescer em relação a seus concorrentes, o McDonald's lançou, em julho de 2017, a sua primeira loja digital no Brasil. A loja mais movimentada do McDonald's no Brasil, localizada no cruzamento da Rua Henrique Schaumann com a Avenida Brasil, em São Paulo, foi a escolhida pela empresa para inaugurar a nova loja conceito da marca. A loja digital conta com máquinas de autoatendimento, totens e tablets nas mesas à disposição dos clientes. Esse novo conceito deve chegar às 904 unidades da marca no Brasil em até dois anos. Com o pedido digital, ficou mais fácil personalizar o lanche. No totem, localizado em um balcão especial, o cliente faz o pedido, retira ou inclui ingredientes e agiliza o pagamento. Além disso, o cliente aguarda seu pedido com uma senha, e não mais em uma fila. O ambiente ficou mais espaçoso e confortável para o cliente, e também mais tecnológico: estão disponíveis pela loja tablets e mesas interativas com jogos e aplicativos para que os clientes possam se divertir enquanto esperam. E, por fim, para deixar o serviço mais prático, o drive-thru também ganhou totens na área externa.

Coca-Cola (Brasil)

A Coca-Cola Brasil abriu a primeira área de transformação digital da companhia e nomeou, em setembro de 2017, Adriana Knackfuss para liderar a primeira área de transformação digital da empresa no mundo. O objetivo é usar dados obtidos por meio da interação com os consumidores para tomar decisões mais estratégicas.

---

159 https://ecommercenews.com.br/noticias/lancamentos/magazine-luiza: Acesso em 11 de jul. 2019

O consumo de Coca-Cola no Brasil chega a 12 bilhões de litros por ano. Uma pequena parte da receita é proveniente da loja virtual que, inicialmente, atendia apenas clientes da capital paulista. A loja virtual permite que os clientes comprem produtos exclusivos e personalizados, e uma das funções de Adriana na nova posição foi expandir as vendas pela internet para as demais capitais do Brasil. O intuito final era atender todo o país até o fim de 2017. O foco, no entanto, vai além de aumentar as vendas. O objetivo principal é conhecer melhor os clientes, saber quem são, entendê-los e, a partir daí, traçar os próximos passos da empresa no país. O incentivo para a nova área no Brasil veio de James Quincey, CEO global da companhia que, em uma conferência do Consumer Analyst Group of New York, anunciou a alteração da estratégia da Coca-Cola para se ajustar às mudanças nos hábitos de compra do consumidor. Adriana começou a área de transformação digital no Brasil liderando uma equipe de oito pessoas, formada por profissionais de marketing, operações e planejamento, mas conta com a ajuda do time de serviço de atendimento ao cliente para levantar informações sobre os consumidores.

Vivo (Brasil)

As receitas dos serviços de telefonia reduziram drasticamente em decorrência das novas tecnologias. Para se recuperar e voltar a crescer, as operadoras necessitam de novos modelos de negócios. Para dar início aos projetos de transformação digital, a empresa de telefonia Vivo adotou metodologias baseada em Lean e em Agile. Esse conceito de trabalho consiste em formar pequenas equipes multidisciplinares, com uma média de sete a doze funcionários. A meta é fazer com que até 80% dos processos da área sejam desenvolvidos dentro desse novo conceito de trabalho. Como resultado, o desenvolvimento de produtos digitais para os usuários vai ganhar maior produtividade, agilidade e eficiência. As áreas mais envolvidas com tecnologia e inovação foram as primeiras a testar a nova metodologia, já que se trata de uma mudança de mentalidade e cultura. Desenvolvimento de produtos e TI deram início à nova forma de trabalho. Uma nova cultura, definida pela área de Estratégia Digital da Vivo, sob o comando de Sanfelice, agrupou todas as iniciativas digitais da empresa, que antes estavam espalhadas por áreas diferentes. A nova vice-presidência definiu quatro pilares de atuação: 1. Um dos objetivos é fazer com que cada vez mais usuários se relacionem com a Vivo por meio dos canais digitais, sem recorrer ao call center ou às lojas. Para isso, é necessário entender o comportamento do consumidor e como ele se relaciona com as mídias sociais. Um dos exemplos nesse segmento é o app Meu Vivo, aplicativo no qual os usuários podem realizar atividades diversas, como checar a fatura, consultar o consumo de dados, recarregar e até agendar um atendimento em loja física. O app já tem mais de 11 milhões de downloads e cresceu 300% em volume mensal de acessos no período de um ano. 2. O time de BI e Big Data conta com mais de 120 pessoas para coletar e filtrar os dados dos clientes: formas de acesso, consumo e tempo. A partir desses dados, é possível fazer a análise do tráfego para saber onde e em que momento é necessário reforçar a rede. E, ainda, identifica-se o perfil de consumo do cliente, elemento especial para desenvolver novos serviços digitais e direcionar os canais digitais já existentes. 3. Chamados de "serviços de valor agregado", esses serviços digitais são a parte mais visível da nova estratégia da marca. São mais de 40 milhões de clientes, dos cerca de 80 aplicativos diferentes que oferecem serviços em áreas como saúde, educação, música e segurança. Juntos, geraram uma receita de R$ 1,9 bilhão em 2015 e apresentaram um crescimento de 15% no ano seguinte. 4. O pilar de inovação e empreendedorismo está subordinado ao setor de marketing e vendas, sob o comando de Christian Gebara, e diz respeito ao Telefônica Open Future, programa de incentivo ao empreendedorismo e inovação do grupo, presente em vários países. Como resultado, no Brasil o programa já acelerou mais de 50 *startups*. Ao menos sete aplicativos desenvolvidos por essas *startups* já fazem parte do catálogo de apps da Vivo. Entre os aplicativos bem-sucedidos está a atendente virtual Vivi, que realiza cerca de 500 mil atendimentos por mês, o que representa meio milhão de atendimentos a menos em contact centers. Outra estratégia da Vivo para dar continuidade ao processo de transformação digital e aumentar sua presença nas redes foi a compra do portal de notícias Terra. A possibilidade de gerar uma interação maior entre as marcas foi um dos principais motivos da compra do site pela Telefônica Vivo.

Uso de Blockchain

Os projetos de Blockchain são uma realidade e vários provedores de serviços provaram essa viabilidade tecnológica. As expectativas do mercado ainda são altas, no entanto, os provedores de serviços estão encontrando casos de uso que fazem sentido. No Brasil, o R3 Corda está sendo impulsionado e testado pelo Itaú Unibanco e pelo Bradesco, ambos parceiros do consórcio global R3. O Banco do Brasil, a Caixa Econômica Federal, o Santander Brasil, o Banrisul e a cooperativa de crédito Sicoob lideram outro projeto usando o IBM-Hyperledger. Além do interesse do setor bancário no blockchain, os casos de uso viáveis são comumente encontrados na cadeia de suprimentos, rastreamento, serviços de pagamento e processamento de documentos e contratos. Este estudo de caso retrata que os provedores de serviços estão prontos para implantar e operar blockchain em escala. Existem soluções em produção e um número importante de casos de uso que funcionam e são econômicos, mas carecem de interesse comercial na adoção. Talvez o blockchain não seja tão perturbador quanto o promovido, ou precisa ser desmistificado para ser mais bem aceito pelas empresas regulares.

Bradesco

O Bradesco em 2016 foi a primeira empresa no país a treinar a BIA (Bradesco Inteligência Artificial) no idioma português para que pudesse interagir, em linguagem natural, com os funcionários do banco e ajudá-los em suas atividades diárias. Com o passar do tempo e feedbacks dos funcionários do banco que treinavam o sistema, o Watson foi ficando mais inteligente e o projeto foi para uma segunda fase: ganhou os clientes do banco, que hoje podem tirar dúvidas e realizar serviços com sua ajuda. Cerca de 9 milhões de clientes já usaram a inteligência artificial da BIA e, em 2018, foram abertas 78 mil novas contas via app do Bradesco. Desde setembro de 2017, mais de 80% das avaliações dos usuários da BIA estão entre 3 e 5 estrelas. A BIA tem resposta para mais de 200 mil perguntas sobre mais de 59 produtos do Bradesco e detecta automaticamente vieses no momento em que os sistemas estão em execução.

ICC - Instituto do Câncer do Ceará

O Instituto do Câncer do Ceará atende, somente em casos do SUS, 70% da demanda do Estado, com atendimento também para pacientes de outras unidades da Federação. Com seis aceleradores lineares em operação, o ICC colocou o Ceará no patamar de segundo maior polo de Radioterapia do Norte-Nordeste, com a realização de técnicas como Arco Volumétrico Dinâmico e Radiocirurgia Intracraniana e Extracraniana. Na fronteira do conhecimento para o sucesso do paciente oncológico, os investimentos realizados no ICC permitem que os pacientes não precisem se deslocar para Estados mais distantes, como São Paulo e Rio de Janeiro, para a realização dessas técnicas de Radioterapia, trazendo mais qualidade e comodidade na assistência. Foi a primeira instituição a utilizar o modelo de Linha de Cuidado. O ICC potencializa a aplicação da Inteligência Artificial com a validação da tomada de decisão terapêutica por parte das equipes de saúde da instituição. Nos últimos 18 meses, o ICC utilizou o Watson for Oncology para suportar o tratamento de cerca de 300 pacientes por mês, ajudando a apresentar um tratamento mais assertivo para a população do sistema público de saúde de acordo com as melhores propostas terapêuticas globais e com a chancela do Memorial Sloan Kettering Cancer Center, instituição referência mundial no tratamento do câncer e que treina a solução Watson for Oncology, da IBM. O Watson for Oncology tem um impacto real, impulsionando as equipes de saúde a terem em mãos o suporte tecnológico das mais atualizadas referências em literatura oncológica. Otimizou a tomada de decisões baseadas em evidências, trazendo para o SUS a personalização e a assertividade, fundamentais para a terapêutica do câncer. A aplicação da tecnologia no Sistema Único de Saúde, que tem um grande volume em termos de demanda assistencial, traz para esse público, de forma pioneira, a assistência integral aliada da tecnologia de um Sistema Especialista como o Watson for Oncology.

Conclusões sobre os estudos de casos

Os estudos de casos que acabamos de ver, mostram que qualquer empresa de qualquer setor pode se reinventar de diversas formas. O comportamento e a forma de pensar e de consumir das pessoas mudou e, por isso, empresas valorizam tanto os dados gerados pelos usuários de tecnologia para traçarem suas estratégias. Mesmo uma marca tão forte quanto a Coca-Cola precisou se adaptar à nova realidade e se reinventar para não perder mercado e para acompanhar as novas formas de agir dos consumidores.

A transformação digital no Brasil ainda está lenta, mas podemos ver o movimento, inclusive governamental e de empresas que estão agindo. Com uma visão, um bom planejamento, as estratégias bem definidas e uma mentalidade digital absorvida por todos os departamentos da organização, é possível deixar de ser uma empresa analógica para se tornar uma empresa digital para não ficar parado no tempo de agora, pois no futuro não haverão muitos mercados analógicos e como já vimos, a não transformação digital pode causar algumas consequências até mesmo em empresas com uma longa trajetória de sucesso que simplesmente ignoraram essas forças e acabaram tendo um fim não muito positivo, ao qual podemos dar o nome de efeito Seneca (Kodak).

7 - AS CIDADES E A TRANSFORMAÇÃO DIGITAL

Anotações

Até o final deste século, 9 bilhões de pessoas habitarão nosso planeta, com cerca de 6.3 bilhões vivendo em cidades. Isso pode parecer um pesadelo, mas, com vontade política suficiente, visão e criatividade, juntamente com algumas mudanças políticas simples e práticas, podemos ser capazes de co-criar as cidades do futuro com a qual sonhamos.

As cidades sustentáveis, conectadas e otimizadas pelo uso da tecnologia, não são apenas um fenômeno global incontrolável, mas também a única solução para conter e reduzir as alarmantes repercussões ambientais e socioeconômicas que a urbanização terá em nosso planeta.

Todos os dias, mais de 180 mil pessoas se mudam do interior para cidade. A Organização para Cooperação e Desenvolvimento Econômico - OCDE, prevê que, até 2050, a população mundial atingirá os 9 bilhões de habitantes, dos quais 70% viverão em centros urbanos. Com as metrópoles já consumindo mais de 75% da produção mundial de energia e gerando 80% das emissões de gases de efeito estufa, muitas cidades optaram por reciclar e se transformar digitalmente, em resposta a alguns dos maiores desafios globais, como crescimento populacional, poluição, escassez de recursos, gestão da água e eficiência energética, tornando-se cidades inteligentes, as quais dependem de tecnologias de informação e comunicação e de Big Data para gerenciar de forma efetiva e sustentável tudo, desde transporte até uso de energia ou recursos hídricos, espaços públicos, comunicação com seus habitantes, e com objetivos únicos em reduzir o consumo de energia, reduzir as emissões de CO_2 e aumentar o bem-estar de seus habitantes.

Um dos principais pilares de uma cidade inteligente é o seu compromisso ambiental, além dos Objetivos de Desenvolvimento Sustentável - ODS,[160] aprovado pela ONU. Sensores em lâmpadas públicas para medir a qualidade do ar ou otimizar o consumo de

---

160   https://nacoesunidas.org/pos2015/agenda2030/: Acesso em 11 de jul. 2019

eletricidade, a instalação de painéis fotovoltaicos em semáforos ou sinais de trânsito, monitoramento digital de recipientes para melhorar a coleta de lixo, medidores inteligentes de água, eletricidade, a promoção de veículos elétricos e ciclovias são apenas algumas das medidas reais já tomadas para reduzir o consumo de recursos naturais.

Interessante vermos que nos últimos 100 anos adicionamos cerca de 6 bilhões de pessoas no planeta e, devido a essa migração mais da metade da população mundial hoje vive nesses centros urbanos. Essas regiões serão as primeiras a abrigarem uma série de tecnologias digitais, carros inteligentes, sensores dos mais diversos tipos, que mudarão fundamentalmente todos os aspectos da vida humana.

As cidades ao redor do mundo enfrentam muitos desafios, como a competição global por talentos e investimentos empresariais, crescimento rápido e envelhecimento populacional, aumento das preocupações com a mudança climática, desigualdade econômica e a divisão digital, além de não acompanharem as inovações tecnológicas que mudaram as expectativas dos residentes com serviços governamentais móveis.

Para abordar esses desafios complexos e sistêmicos, as cidades devem arquitetar iniciativas de cidades inteligentes para conectar diferentes operações e processos em silos, começando com projetos menores em alguns departamentos que estejam focados e se mantenham crescendo, passo a passo, para um ecossistema de cidade unificada.

O Japão foi o primeiro país do mundo a criar um plano de transformação social, saindo da indústria 4.0 para a sociedade 5.0. Enquanto o envelhecimento da população é um desafio para a maioria dos países, é particularmente assim para o Japão, que tem, de longe, a população "mais velha" com cerca de 26,3% dos habitantes com mais de 65 anos de idade.

A sociedade 5.0 no Japão tem como objetivo – além da questão da saúde e de outros aspectos da sociedade que são afetados pelo envelhecimento populacional, a mobilidade nas formas como vivemos na prática, moradia e assim por diante – enfrentar os desastres naturais e a poluição. Para conseguir isso, a Keidanren[161] - Japan

---

161   https:// www.keidanren.or.j p/en/

Business Federation, publicou um documento de visão no qual descreve que enfrentar os desafios da sociedade 5.0 exigirá a quebra de algumas barreiras.

Entretanto, assim como na Indústria 4.0 como a quarta revolução industrial, a "Society 5.0" também é descrita como uma evolução em cinco estágios sociais no papel de posição da Keidanren: 1. a sociedade de caça; 2. a sociedade agrária; 3. a sociedade industrial; 4. a sociedade da informação; e 5. a sociedade super-inteligente, também conhecida como Society 5.0.

Portanto as barreiras a serem quebradas pela sociedade 5.0, na visão do Japão são:

• Os muros dos ministérios e agências: com a necessidade de, uma "formulação de estratégias nacionais e integração do sistema de promoção do governo", incluindo a arquitetura de um "sistema IoT prático" e uma função de think-tank.

• O muro do sistema legal: por onde as leis precisam ser desenvolvidas para implementarem técnicas avançadas. Na prática, isso também significaria reformas regulatórias e um impulso de digitalização administrativa para todos os responsáveis pela captura de documentos e gerenciamento de informações.

• O muro das tecnologias: a busca pela formação da "base do conhecimento". É claro que os dados acionáveis têm um papel fundamental aqui, assim como todas as tecnologias/áreas para protegê-las e aproveitá-las, desde a segurança cibernética até a robótica, nano, biotecnologia e tecnologia de sistemas. O documento também menciona um sério compromisso de P&D em vários níveis.

• O muro dos recursos humanos: a reforma educacional, a alfabetização em TI e a ampliação dos recursos humanos disponíveis com especializações em habilidades digitais avançadas são apenas algumas delas.

• O muro da aceitação social: esse é o aspecto mais relacionado à sociedade de todos, onde o "esboço" da Keidanren não apenas enfatiza a necessidade de um consenso social, mas também de um exame completo das implicações sociais e até questões éticas, entre outras, no que diz respeito à relação homem-máquina e, como dito, até questões filosóficas, como definir o que a felicidade individual e a humanidade significam.

As cidades têm um grande impacto no desenvolvimento econômico e social das nações. Elas são verdadeiras plataformas onde as pessoas vivem e trabalham, onde as empresas realizam suas atividades e os serviços são fornecidos. Dado este cenário, as autoridades públicas devem levar em conta aspectos como a eficiência, o desenvolvimento sustentável, a qualidade de vida e a sábia gestão dos recursos públicos, bem como desenvolvimento de políticas para combater os desafios futuros que chegarão - assim como o Japão - que está saindo na frente, para criar uma sociedade super inteligente.

Tenho visitado, nos últimos dois anos, inúmeras cidades em diversos estados do Brasil, e confesso que a maioria das nossas instituições públicas enfrentam desafios como infraestrutura envelhecida, transporte inadequado e muitos processos burocráticos ineficientes, com um modelo de gestão do século XIX, atuando com ferramentas do século XX e tentando resolver problemas do século XXI.

Portanto, as cidades devem repensar de maneira urgente como operam suas infraestruturas e como prestam serviços aos seus cidadãos. Cidades que realizaram as suas transformações digitais organizaram agendas para, junto com a comunidade, reunir os principais desafios e, com base nisso, criarem suas agendas de transformação digital. Isso só será possível ao reunirem as pessoas e recorrerem às ferramentas digitais, atuando com os dados e sistemas legados conectados de forma mais inteligente e eficiente, além, é claro, da colaboração de seus agentes, departamentos e setores para colocarem em prática suas agendas.

Nossas cidades devem crescer de maneira mais inteligente, humana e sustentável, fornecendo aos cidadãos e às empresas melhores ambientes para impulsionar o crescimento econômico com foco total na melhoria da qualidade de vida das pessoas.

Neste capítulo, quero abordar como as cidades podem então aproveitar as tecnologias emergentes para implementar projetos e abraçar as plataformas em nuvem para contenção de gastos, segurança e obterem flexibilidade. Atualizar as práticas para otimizarem sua força de trabalho, permanecendo em conformidade e abordando questões de privacidade, acessibilidade e segurança cibernética.

Os estudos de caso a seguir tem como objetivo ajudar planejadores e gestores de cidades a se tornarem mais inteligentes, resilientes e inovadores, a fim de melhorar a resolutividade dos desafios atuais, implementando e buscando fazer parcerias com outras cidades e instituições. Novamente, trazendo o conceito de que não será apenas a escolha de tecnologias que farão as cidades inteligentes, e sim um conjunto de pessoas, uma cultura digital, de propósitos, uma visão de futuro e, portanto, as agendas que comportarem essa estrutura terão sucesso em suas transformações digitais.

7.1. Cidades como plataformas

As gestões municipais estão começando a se tornar digitais, tanto para processos internos de fluxo de trabalho quanto para novas formas de engajar seus cidadãos. Quando os municípios começaram a investir em computadores, no final da década de 1960, as cidades contavam com computadores para processar grandes quantidades de dados sobre impostos, custos de reparos de estradas etc, e a gerar relatórios em papel para os gestores interpretarem.

As cidades tradicionalmente criam ilhas de software que não conseguem se comunicar umas com as outras, e até mesmo as repartições públicas não se conectam, em muitos casos, tanto a esfera municipal, estadual e até federal.

Hoje, ao invés de ilhas separadas de sistemas que não se comunicam, as cidades devem imaginar uma plataforma que ofereça suporte e interconecte todas as funcionalidades digitais que a cidade precisa para atender aos requisitos operacionais internos e envolverem-se com seus cidadãos.

Para facilitar esse entendimento, são necessárias algumas regras, a serem adotadas pelas cidades que estejam considerando fazer grandes investimentos em sua infraestrutura de TI, como:

1. Identifique as principais interações e defina todos os principais usuários dos dados municipais, suas necessidades e intenções. Isso inclui departamentos da cidade, organizações sem fins lucrativos, empresas de serviços públicos, agências municipais, estaduais, federais, e cidadãos.

2. Defina os dados que alimentam essas interações e quais dados podem tornar as interações existentes mais eficientes.

3. Liste os requisitos de uma plataforma de software da cidade. Um sistema de software ou muitos? Fonte fechada ou código aberto? Círculo virtuoso ou estático? Os usuários serão os cidadãos ou apenas funcionários?

4. Liste as ferramentas de software necessárias para criar a plataforma que a cidade prevê para seus constituintes. Alguns programas de software atuais precisam ser arquivados ou reprojetados? Eles precisarão estar ligados uns aos outros e aos bancos de dados comuns? Quais novas ferramentas de software são necessárias?

5. Liste regras para projetar e operar um sistema de software de cidade. Quais são os princípios fundamentais que regem o investimento e o uso de software? Quem são os constituintes que se beneficiarão? Como o acesso será fornecido? Como a precisão será mantida? Como a privacidade será garantida?

6. Garanta a privacidade do usuário, a privacidade dos cidadãos e a segurança dos dados. Como isso será realizado? Quem será responsável? Quem terá supervisão do controle de qualidade?

7. Identifique os produtores de dados e dê uma olhada nos dados que você tem das operações da cidade, ambos diretamente relacionados às responsabilidades de coleta de dados da cidade e de outras agências que atendem à cidade.

8. Identifique os consumidores de dados como uma entidade governamental, já que as cidades têm requisitos legais, regulatórios e políticos a serem cumpridos.

9. Meça a utilidade, como melhorar a eficiência e a repetibilidade das principais interações, engajamento do cidadão, conformidade legal e regulamentar.

10. O objetivo final de uma nova cidade do século XXI como plataforma é que ela pode operar um ciclo de feedback virtuoso, em que os fornecedores de informações fornecem os dados necessários aos usuários de informações e em que esses usuários têm a oportunidade de interagir com elas de maneiras que atualizem e reformulem o fornecimento de dados que são fornecidos para que novas fontes e ferramentas de software evoluam para atender às novas necessidades dos usuários e de todos os *stakeholders*.

Ao olhar para as cidades como plataformas, os governos começam a perceber que a expertise não é centralizada, mas distribuída entre todos os olhos da cidade. A governança não significa apenas obter a maioria dos votos durante as eleições e atribuir tarefas às burocracias. Trata-se também de coletar e curar informações de forma eficiente, vindas de cidadãos e outros pontos de dados, a fim de enriquecer o processo decisório.

De fato, o *crowdsourcing* cívico, que nada mais é que a colaboração massiva que prestam indivíduos que não fazem parte de uma entidade ou instituição, está mudando drasticamente a relação entre as cidades e seus cidadãos no mundo todo. No sistema de governança tradicional, todo cidadão tem um único voto a cada período de tempo. Hoje, usando tecnologias digitais, é muito mais fácil expressar sua opinião como cidadão. Portanto, coletar as idéias em uma interface de fácil usabilidade para os cidadãos é um primeiro passo na direção certa para os municípios. Uma solução digital deve ser projetada de tal forma que, para um cidadão sugerir uma ideia, seja tão fácil quanto contar até três.

No entanto, os governos geralmente não possuem recursos internos para desenvolver o software. É por isso que as autoridades públicas estão cada vez mais buscando soluções de software em nuvem para ajudá-las a preencher a lacuna entre a cidade e seus habitantes.

Governos devem se concentrar em seu núcleo, que é servir o cidadão com serviços públicos otimizados. O poder do *crowdsourcing* participativo vai além de simplesmente coletar e curar ideias, fica ainda mais interessante quando as ideias são analisadas e pode-se derivar preferências entre os diversos grupos de cidadãos. Qual gestor de cidade não estaria interessado em descobrir o que cidadãos de diferentes bairros pensam sobre suas ideias ou preferências? Como as opiniões diferem entre os diferentes grupos de faixa etária? Os insights de dados ajudam as cidades a alcançarem uma tomada de decisão pública mais inclusiva e acertiva?

No conceito de cidade como plataforma, os dados estão abertos e tornam as prefeituras mais porosas, convidam à cooperação intersetorial e iniciam um engajamento aprimorado entre cidadãos e cidades. Um governo aberto, como um facilitador para inovações lideradas por cidadãos, é o ambiente preferido para criar cidades melhores.

Todos esses desafios de cidade como plataforma, (coletar dados, interface com cidadão e gestão de resolutividade) são atendidas em grande parte pelo CityOpen, uma plataforma orientada pela comunidade para governança urbana inteligente.

Governos precisam planejar, gerenciar e governar cidades de forma mais sustentável, já que maximizar as oportunidades econômicas e minimizar os danos ambientais são os grandes desafios que praticamente todos os países vão enfrentar neste novo século. Os recursos públicos precisam ter melhor utilização e os ativos naturais precisam ser explorados de forma consciente e responsável. Para gerenciar e melhorar as cidades, é preciso conhecer o que ocorre nelas, em suas diferentes regiões, e isso só é possível com mudanças nas estruturas de governo, nos processos de comunicação e participação dos diferentes atores que atuam em sua gestão e o mais importante, criar um ecossistema para que governos possam não só ouvir o cidadão, mas colaborar e compartilhar desafios e resolutividades.

A plataforma CityOpen busca conduzir as cidades para além do simples papel de prestador de serviços públicos, levando-a ao patamar de ser o grande animador da mobilização das comunidades através da criação de canais de comunicação e feedback com o cidadão, construindo políticas públicas consistentes com as demandas efetivas de cada comunidade e região. Outrossim, é importante aqui contextualizarmos quais os deveres e obrigações do poder público dos municípios, que possuem uma grande parcela de responsabilidade sobre a execução de políticas públicas. São os governos locais que, teoricamente, melhor conhecem as necessidades e anseios da população na última milha das esferas públicas.

O prefeito é a autoridade máxima na estrutura administrativa do Poder Executivo do município. No Brasil, tem o dever de cumprir atribuições previstas na Constituição Federal de 1988, definindo onde serão aplicados os recursos provenientes de impostos e demais verbas repassadas pelo Estado e pela União. A aplicação desses recursos públicos deve obedecer à Lei de Responsabilidade Fiscal (Lei Complementar nº 101/2000) e à Lei Complementar Federal 131/2009 (conhecida como Lei da Transparência), visando assegurar ao cidadão uma maior visibilidade das ações do governo municipal, através do acompanhamento da boa e correta aplicação dos recursos públicos, e ao que for fixado na lei orçamentária anual do município, proposta pelo prefeito e votada pelos vereadores, que representam o Poder Legislativo municipal. Além disso, cabe ao prefeito não apenas sancionar as leis aprovadas em votação pela câmara municipal, também chamada de câmara de vereadores, mas vetar e elaborar propostas de leis quando achar necessário.

Contudo, o prefeito não administra sozinho e, por isso, depende de apoio político dos vereadores, assim como de outras esferas governamentais, ou seja, dos governos Estadual e Federal. A ajuda destes dois últimos acontece por meio de repasses de verbas, convênios e auxílios de toda natureza para a realização de obras e implantação de programas sociais, os quais, principalmente no caso de prefeituras de pequenos municípios, tornam-se fundamentais para o atendimento das demandas locais. Outras atribuições são desempenhadas em parceria com os governos Estadual e Federal – por exemplo, a gestão da área da saúde. Na área de saneamento básico, as prefeituras atuam em parceria com os estados. Na educação, a obrigação do município é cuidar das creches e do ensino fundamental.

Para realizar suas tarefas, as prefeituras contam principalmente com o dinheiro arrecadado pelo Imposto Predial e Territorial Urbano - IPTU, e Imposto Sobre Serviços - ISS. Mas nem sempre essa verba é suficiente, podendo ser necessário um aporte do Governo Federal. Decidir onde vai ser aplicado o dinheiro arrecadado, portanto é uma tarefa do prefeito, que precisa ser aprovada pela câmara de vereadores. A população deve fiscalizar o trabalho do prefeito e, sempre que suspeitar de irregularidades, deve encaminhar denúncias ao Ministério Público ou à Câmara Municipal. Portanto, cabe então ao governo municipal:

• Desenvolver as funções sociais da cidade e garantir o bem estar dos seus habitantes;
• Organizar os serviços públicos de interesse local;
• Proteger o patrimônio histórico-cultural do município;
• Garantir o transporte público e a organização do trânsito;
• Atender à comunidade, ouvindo suas reivindicações e anseios;
• Pavimentar ruas, preservar e construir espaços públicos, como praças e parques;

- Promover o desenvolvimento urbano e o ordenamento territorial;
- Buscar convênios, benefícios e auxílios para o município que representa;
- Apresentar projetos de lei à câmara municipal, além de sancionar ou vetar;
- Intermediar politicamente com outras esferas do poder, sempre com intuito de beneficiar a população local;
- Zelar pelo meio ambiente, pela limpeza da cidade e pelo saneamento básico;
- Implementar e manter, em boas condições de funcionamento, postos de saúde, escolas e creches municipais, além de assumir o transporte escolar das crianças;
- Arrecadar, administrar e aplicar os impostos municipais da melhor forma;
- Planejar, comandar, coordenar e controlar, entre outras atividades relacionadas ao cargo.

Em nosso país, os acontecimentos políticos e sociais da década de 80, tendo como marco histórico a promulgação da carta magna de 1988, sobrelevaram os ideais republicanos do servir à coisa pública e da democracia social representativa, que estão sendo, desde então, gradativamente realizados.

O §3º do Artigo 37 da Constituição Federal, bem como o 2º do Artigo 4º do Decreto 3.507/2000, impuseram às instituições públicas a criação e implantação de mecanismos e/ou procedimentos de aferição e acompanhamento da medida de satisfação de seus usuários.

Vivenciamos o início de uma nova era, a da informação e conectividade em rede, e os chamados governos 2.0, que, no mundo da tecnologia cívica, é tudo sobre o usuário/cidadão. Governos precisam se reinventar, promover o redesenho dos governos atuais para um governo conectado e serviços digitais, com um foco aprimorado em uma experiência para seus usuários de melhor qualidade, o que vem sendo institucionalizado nos governos federais, como por exemplo, do Reino Unido, EUA, Estônia e Austrália, países estes na vanguarda do uso de tecnologias na administração pública.

A comunidade de tecnologia cívica está se reunindo em torno de um novo foco, na construção de soluções que sejam sensíveis às necessidades e orientadas pela comunidade, as chamadas plataformas digitais para democracia em rede.

A colaboração em rede é uma concepção emergente do processo de entrega de serviços que prevê o envolvimento direto dos cidadãos com agentes de serviços profissionais para resolução de problemas e desenvolvimento de projetos da cidade. Desta forma, a colaboração proposta tem o potencial de aumentar a qualidade e a eficiência dos serviços municipais.

7.2. Cidades inteligentes

As cidades estão sendo impulsionadas mais do que nunca pela tecnologia, porém, a transformação digital está apenas começando. Até 2050, como já vimos cerca de 70% das pessoas estarão vivendo em cidades, e elas deverão fazer mais pelos seus cidadãos. Uma cidade inteligente não é apenas uma tendência, mas um conceito para ser colocado em prática. Uma cidade conectada, ágil e inovadora utiliza amplamente a tecnologia digital, não apenas as tecnologias de informação e comunicação, mas também o potencial da IoT para abraçar os desafios de melhorar a qualidade de vida dos cidadãos nas cidades, além de impulsionar a atratividade econômica local, o que é fundamental.

Existem dezenas de conceitos de cidades inteligentes, porém vou trazer apenas dois:

a) Uma cidade inteligente é uma área urbana que usa diferentes tipos de sensores de IoT para coletar dados e usar esses dados para gerenciar ativos e recursos com eficiência.

b) Segundo a União Européia,[162] uma cidade inteligente é um lugar onde as redes e serviços tradicionais se tornam mais eficientes com o uso de tecnologias digitais e de telecomunicações para o benefício de seus habitantes e negócios.

Já na minha visão e entendimento "uma cidade inteligente parte da perspectiva de que a tecnologia é fator indispensável para que as cidades possam se modernizar e oferecer serviços para melho-

---

162   https://ec.europa.eu/info/eu-regional-and-urban-development/topics/cities: Acesso em 10 de jul. 2019

rar a qualidade de vida do cidadão. Em outras palavras, uma cidade pode ser considerada inteligente quando o ambiente conspira a favor do cidadão".

Desde a década de 80 nos Estados Unidos, devido a migração, começou-se a falar de cidades inteligentes. Nos últimos trinta anos, isso evoluiu muito, um pensamento que passou de tecnologia para outras variáveis, não só tendências, mas conceitos para se colocar em prática.

Os conceitos que mais tem se fundamentado e considerado fatores de sucesso para se construir cidades inteligentes está baseado em pelo menos três principais pilares. O primeiro é tecnologia, não apenas a tecnologia da informação e comunicação, mas a internet de todas as coisas; o segundo precisa estar orientado ao cidadão – na década de 80 era tecnologia por tecnologia, mas hoje precisamos usar a tecnologia para resolver o problema nas cidades; e em terceiro é utilizar as novas tecnologias para melhorar a qualidade de vida do cidadão nas cidades, melhorias no transporte, na saúde, educação, na infraestrutura básica como água e esgotamento sanitário, entre outros.

E uma pergunta que faço é: por que precisamos de cidades inteligentes? Bem, está muito claro que, primeiro, é para resolver os problemas da migração urbana. Segundo, porque a sociedade está mais inteligente; e terceiro porque os Millennials tem uma perspectiva de vida completamente diferente da Geração X, eles são conectados, são multi-telas, querem co-criar, compartilhar e colaborar nessa nova economia. Além disso, eles tem um sentimento de cidadão completamente diferente da Geração X.

Com isso, as cidades precisam se estruturar mais do que nunca. A demanda por serviços de qualidade, acessíveis a toda a população, só cresce, ao passo que a capacidade dos governos locais em atender às exigências é desafiada.

Mas, ao mesmo tempo que esse crescimento urbano ocorre, as tecnologias que temos à disposição também se tornam mais acessíveis, variadas, amplas, coletando dados por meio de sensores, por meio de softwares e aplicativos, e tudo isso pode ser utilizado nas cidades para otimizar serviços.

Chamamos de cidades inteligentes aquelas que utilizam essas tecnologias e outras estratégias a fim de melhorar a qualidade de vida e a eficiência no uso de recursos públicos. Pode não parecer, mas muitas já utilizam essa lógica. Porém, na prática, não é o que vemos. Mesmo assim, muitas pessoas ainda não acreditam viver em uma cidade inteligente, quando essa é anunciada em mídias e divulgações feitas. Mas, porque o cidadão ainda não percebe suas cidades como inteligentes? Bom, muitas vezes porque elas não são inteligentes para as pessoas. Arrisco afirmar que a coleta de dados não parece ser empregada para melhorar os serviços ao cidadão, mas para atender a interesses governamentais e até mesmo privados.

Governos têm visões diferentes sobre o que realmente é uma cidade inteligente. A verdade, porém, é que basta que existam projetos que envolvam tecnologia, dados e insights vindos dos feedbacks das pessoas que realmente sirvam para aumentar a qualidade de vida, só com isso, podemos considerar que a cidade está indo no caminho certo.

É necessário valorizar o ser humano e colocá-lo no centro das cidades inteligentes. Se os serviços não mudam para ele, a mudança não é efetiva. Indo ao encontro do conceito de inovação, que só é inovação quando percebida pelo mercado, precisamos pensar de maneira exponencial e passar a usar as novas tecnologias para resolver o problema do cidadão nas cidades.

Ao olhar para os desafios futuros, o crescimento global deve ser sustentável e equitativo. Precisaremos alterar o equilíbrio entre a rápida urbanização e o consumo incessante de recursos que ela alimenta. Este foi um dos principais objetivos apresentados na Conferência das Nações Unidas sobre Desenvolvimento Sustentável no Rio + 20 em janeiro de 2012, que já alertava para as pressões sem precedentes que o crescimento econômico irá impor nas próximas décadas em infraestrutura e especialmente em transporte, moradia, disposição de resíduos – em especial de substâncias perigosas e fontes de energia.

A batalha para manter as cidades do mundo em dinâmicas sustentáveis pode ser conquistada através do desenvolvimento de maneiras inovadoras de consumir nossos recursos limitados, sem diminuí-los ou degradar os sistemas ecológicos dos quais eles dependem e, para conseguirmos esse feito, o mundo precisará enfrentar grandes desafios, e quando falo de mundo, me refiro novamente as cidades, pois é nelas que as pessoas vivem, trabalham e se relacionam uns com os outros.

O ranking Smart City Strategy - SCSI 2019[163] apontou que apenas 153 cidades em todo o mundo têm uma estratégia oficial de cidade inteligente. Cidades inteligentes de sucesso tendem a ter uma coisa em comum, uma abordagem estratégica sólida. Isso garante a integração de diferentes vertentes e evita soluções paliativas. Por exemplo, os serviços de e-mobilidade são bastante simples de apresentar a uma cidade, mas uma cidade inteligente também precisa integrá-los em sistemas inteligentes de gerenciamento de tráfego e alimentá-los através de redes elétricas inteligentes. As estratégias também promovem soluções intersetoriais, como plataformas de dados, redes de sensores e integração de serviços. Além disso, eles ajudam a definir um cronograma e responsabilidades pela implementação.

Na avaliação do ranking, apenas 250 cidades possuem documentos relacionados à estratégia de cidades inteligentes acessíveis abertamente. Destas, 98 cidades (39%) tem menos de 500.000 habitantes, demonstrando uma dinâmica crescente entre cidades menores. Das 250 cidades, foram selecionadas apenas 153 que publicaram estratégias oficiais. Isso é quase o dobro do número no ranking do SCSI 2017. A participação igual das pequenas, médias e grandes cidades destaca que o tamanho não é um indicador da existência de uma estratégia, porém as análises seguem diversos critérios que são fundamentais para uma estratégia abrangente de cidade inteligente, em que seis deles estão relacionados a áreas concretas nas quais as soluções podem ser implementadas, tais como edifícios e mobilidade, chamados de campos de ação, e outros seis critérios são fatores que contribuem para a estrutura de atividades concretas de cidade inteligente, chamados de facilitadores.

Viena se firmou na comparação global de estratégias de cidades inteligentes contra 152 grandes cidades pela segunda vez consecutiva. O primeiro ranking em 2017 foi liderado por Viena, com

---

163   https://smartcity.wien.gv.at/site/en/smart-city-strategy-index-2019: Acesso em 11 de jul. 2019

Londres em segundo lugar e a cidade de St. Albert, no Canadá em terceiro lugar.

Populações em crescimento, congestionamento de tráfego e poluição do ar são desafios enfrentados por cidades de pequeno e grande porte em todo o mundo. Esses problemas poderiam ser resolvidos com tecnologias digitais incorporadas em uma estratégia de cidade inteligente a nível global.

Os centros urbanos, portanto, precisam pensar de forma integrada se quiserem vincular ações individuais a uma estratégia de cidade inteligente bem-sucedida. Essa foi uma das descobertas do segundo SCSI 2019.

Em 2019, Viena liderou novamente em primeiro lugar devido à sua estratégia de estrutura integrada e soluções inovadoras para mobilidade, meio ambiente, educação, saúde e administração pública, bem como um sistema para monitorar o progresso dos projetos individuais.

Interessante analisar o ranking de 2017 e 2019, no qual o número de cidades com uma estratégia de cidade inteligente quase duplicou nos últimos dois anos, passando de 87 para 153. No entanto, 90% dessas cidades ainda não possuem uma estratégia de cidade inteligente integrada e, mesmo assim, a estratégia é apenas o primeiro passo, é a implementação que realmente conta, a prática de tirar do papel e fazer acontecer.

Viena tem boas pontuações em suas ofertas avançadas de e-health, por exemplo, sendo a primeira cidade do mundo de língua alemã a oferecer dados públicos abertos. Londres está equipando postes e bancos com funções como wi-fi público, sensores de qualidade do ar e pontos de carregamento de veículos elétricos, e Cingapura, por sua vez, está executando um projeto piloto de identidade digital nacional na forma de seu sistema de autenticação SingPass[164] e também instalando iluminação inteligente, ônibus autônomos e soluções de telemedicina.

Percebo que, ao ler o relatório, ainda há muito trabalho a ser feito na implementação das estratégias. Muitas vezes, isso não é culpa das estratégias em si, mas sim porque as responsabilidades

---

164   https://www.singpass.gov.sg/spauth/login/loginpage?URL=%2F&TAM_OP=login: Acesso em 11 de jul. 2019

não são claras. Em muitos casos, não há uma função de coordenação equipada com o conhecimento adequado para impulsionar o projeto, daí a necessidade da busca pelas parcerias entendidas no assunto.

Entidades centrais de tomada de decisão, como um CDO - Chief Digital Officer, um diretor digital da cidade, como Londres e Viena possuem, são o que as cidades precisam criar. Estes profissionais possuem conhecimentos técnicos e gerenciam projetos de forma centralizada, além de coordenar os interesses divergentes da cidade, do governo e dos fornecedores de serviços e soluções. Portanto, coordenar todos os grupos envolvidos é uma das chaves para uma estratégia bem-sucedida para criar cidades inteligentes. Além disso, um quadro jurídico transparente também se faz muito importante, justamente para tratar da estrutura legal para proteger todos os dados reunidos e, como já é sabido, as cidades devem desenvolver infraestruturas que permitam realmente usar os dados.

Fica muito claro que o sucesso de uma cidade inteligente depende das ações de três principais grupos: os planejadores urbanos, provedores de soluções e autoridades do governo. Baseado na extensa pesquisa de benchmarking e know-how em soluções de tecnologias, que originam o desenvolvimento de uma plataforma como o CityOpen, sendo base para construir cidades mais inteligentes e inclusivas, trago algumas estratégias para implementação que podem servir como guia para iniciar projetos de cidades inteligentes.

7.3. Estratégias para projetos de cidades inteligentes

Para os gestores e planejadores

As próprias cidades desempenham o papel principal em "tornarem-se inteligentes". Porém, isso só será possível por meio de uma estrutura central com um bom planejamento e seu gerenciamento.

Uma estratégia para cidade inteligente apresenta a oportunidade perfeita para reavaliar o papel da cidade e definir seus serviços e portfólios de projetos, uma vez que também pode ser momento ideal para analisar o inventário de planos e projetos existentes.

Para garantir a adesão, todos os *stakeholders* (partes interessadas), incluindo os cidadãos residentes e terceiros, estes devem estar envolvidos em estratégias e implementações. Portanto, garantir as parcerias e o envolvimento dos cidadãos ajudará muito.

As cidades inteligentes contam com ações claramente definidas, sustentadas por habilitadores estratégicos sólidos em todas as áreas de digitalização. O setor privado é fundamental para fornecer expertise e financiamento. As empresas podem não apenas desenvolver novas tecnologias mas também contribuir com modelos de negócios para financiar novas soluções.

Não há um modelo para a cidade inteligente perfeita, então cidades não devem ter medo de incentivar empreendedores a tentarem novas soluções. Laboratórios de inovação e suporte financeiro podem ajudar muito.

Os dados são a força vital que hoje movem o mundo, e não poderia deixar de considerar esse cenário para cidades inteligentes. A maioria das soluções funcionam melhor quando os têm, ou seja, as plataformas de dados são fundamentais para construir projetos de cidades inteligentes, unindo a isso o desenvolvimento de políticas fortes de segurança cibernética.

Os planos de ação fazem com que as estratégias ganhem vida, definindo marcos de entregas, fontes de financiamento e implementação de atividades, e estes devem ser atualizados regularmente para acompanhar o desenvolvimento do projeto.

Estudo de caso - Planejadores e gestores da cidade de Xuhui em Shanghai - China

O distrito de Xuhui, em Xangai, enfatizou muito a integração em sua abrangente estratégia de cidade inteligente. Os planejadores integraram ideias para várias áreas-chave em uma visão geral, combinando aplicativos e soluções, como educação inteligente, medicina inteligente, transporte inteligente e turismo inteligente. Os planos são apoiados por infraestrutura de suporte, o desenvolvimento de clusters de negócios e uma estratégia de marketing de investimento.

Prestadores de serviços e soluções

Os provedores de soluções são essenciais para trazer soluções através do desenvolvimento de novas tecnologias e modelos de negócios. Inúmeras aspirantes em cidades inteligentes tem realizado por meio de hackathons, e eventos para empreendedores, onde compartilham desafios comuns e também problemas específicos que podem ter diferentes pontos de partida. Os provedores de soluções, portanto, precisam entender as necessidades particulares de uma cidade.

Atualmente, há um grande número de projetos de cidades inteligentes que variam em ambição e maturidade. Como tal, provedores precisam priorizar essas cidades e soluções com as melhores oportunidades para escalarem suas soluções.

Muitas vezes, as cidades concentram-se em projetos experimentais restritos, provas de conceitos, chamadas públicas em detrimento de soluções mais amplas entre setores. Isso significa que os fornecedores que oferecem soluções horizontais podem ganhar vantagem.

Seja holístico, com a falta de expertise digital entre as cidades, os provedores se beneficiarão oferecendo valor agregado por meio de abordagem consultiva que abrange várias soluções, do que apenas oferecer hardware. Poucos modelos de negócios para cidades inteligentes têm sido robustamente testados. Assim, enquanto os provedores podem subsidiar projetos para ganhar um apoio, eles devem ter a certeza de desenvolver modelos de negócios que possam gerar retornos para serem sustentáveis para ambos.

Com uma gama tão diversificada de atores em jogo, de empresas de serviços públicos a fornecedores de TI, estabelecer redes e ecossistemas de parceiros pode ser uma boa estratégia para implementar soluções holísticas.

Estudo de caso - Governo Nacional e Regional (Alemanha)

O governo alemão, por meio da iniciativa Stad.Land.Digital[165], está impulsionando o desenvolvimento de cidades inteligentes

---

165 https://www.de.digital/DIGITAL/Navigation/DE/Stadt-Land-Digital.html: Acesso em 11 de jul. 2019

por meio de uma iniciativa dedicada. Foi projetado para unir a comunidade de cidades inteligentes do país e apoiar os municípios no desenvolvimento de estratégias inteligentes. Oferecendo as melhores práticas em aconselhamento e workshops que facilitam o diálogo e o trabalho em rede de cidades inteligentes, publicando regularmente estudos e boletins informativos sobre tópicos de cidades inteligentes. Em 2018, realizou uma competição de cidades inteligentes com mais de 200 propostas.

Governos Municipal, Estadual e Federal

Os governos municipal, estadual e até federal podem atuar como facilitadores fornecendo incentivos e orientação para as projetos de cidades inteligentes, bem como suporte com soluções. As iniciativas de cidades inteligentes geralmente acontecem em vários níveis, do local ao internacional. O mapeamento poderá criar transparência sobre oportunidades e ajuda a demonstrar as melhores práticas.

As alianças nacionais de cidades inteligentes conectam planejadores urbanos, CDOs, empresas públicas e provedores de soluções, reunindo recursos por meio dessas plataformas de informação. As cidades podem ajudar a preparar e implementar estratégias. A China liderou o caminho, fornecendo orientação central usada por mais de 200 projetos piloto de cidades inteligentes.

Uma estrutura de coleta de dados nacional de cidades inteligentes pode servir de análise e intercâmbio a nível local, e também assegurar o cumprimento das leis nacionais. A infraestrutura de dados também pode ajudar a reunir essas informações.

Mobilizar e criar fundos relevantes como, por exemplo, o projeto cidades e comunidades inteligentes do programa Horizonte 2020 da UE, podem dar o pontapé inicial nos projetos e também cobrir as necessidades de financiamento dos países em desenvolvimento.

Executar competições e estabelecer desafios incentiva o desenvolvimento de novas idéias e soluções, e também pode estar vinculado a suporte financeiro e técnico. Iniciativas na Alemanha, nos EUA e na Índia realizaram competições bem-sucedidas de cidades inteligentes.

Promover o compartilhamento de conhecimento por meio de eventos e workshops regionais, nacionais e internacionais reúnem tomadores de decisão e profissionais para facilitar o aprendizado, promovem a troca de conhecimento e ajudam a construir capacidades.

Estudo de caso - Prestadores de serviços e soluções de Caisse Des Dépôts (França)

A instituição financeira estatal francesa Caisse Des Dépôts[166] conduziu uma análise completa do mercado e dos clientes para desenvolver modelos de financiamento para soluções de cidades inteligentes nas áreas de transporte e edificações. Primeiro, sistematicamente, avaliou o mercado de soluções urbanas para obter novas oportunidades de ofertas comerciais. Com base no uso de uma cidade inteligente com alta maturidade, ela selecionou as cidades para testar essas ofertas.

7.4. As cidades do futuro

Desafios e opções inteligentes

As cidades de futuro serão onde o mundo físico, a economia compartilhada e os ecossistemas digitais se cruzam para a maioria das pessoas do mundo e, por isso, precisamos adotar uma abordagem conectada. As cidades são motores do crescimento econômico e centros de comércio e, portanto, são essenciais para o desenvolvimento e o avanço nacional, regional e global.

O número de megacidades com uma população de mais de 10 milhões de habitantes triplicou desde 1990 e, até 2030, a previsão é que o mundo irá abrigar 43 megacidades, e mais pessoas nessas cidades precisarão de moradias, edifícios, ar limpo, água, energia, para não mencionar mobilidade, conveniência e bem-estar. Tecnologias emergentes, maior conectividade à Internet e dispositivos inteligentes nos ajudarão a lidar com esses desafios.

---

166   https://www.oecd-ilibrary.org/Caisse-Des-Depots: Acesso em 11 de jul. 2019

Poderemos desenvolver, melhorar e conectar infraestruturas para criar edifícios com zero de pegada de carbono, acabar com os engarrafamentos, reciclar e coletar água limpa, ar limpo, criar energia limpa e de baixo custo, aumentar a segurança e melhorar a qualidade de vida.

Portanto, como serão as cidades de futuro? Há algumas décadas, as pessoas imaginavam cidades futuras da era espacial com sistemas de transporte autônomos velozes e rápidos e "edifícios Flash Gordon", uma aventura em quadrinhos da ópera espacial. Embora ainda não vivamos nesses tipos de ambientes, algumas cidades têm um horizonte claramente futurista (por exemplo, Tóquio, Xangai, Dubai, Toronto) e, como já vimos também, carros voadores, veículos autônomos, drones e trens de alta velocidade já estão em desenvolvimento. Portanto, o futuro será, sim, muito diferente do que vemos hoje em nossas cidades.

Algumas mudanças na infraestrutura física já são necessárias, mas a maior diferença estará na maneira como interagimos em um ecossistema liderado por dados. A coleção secreta de dados, a análise rápida e a resposta em tempo real transformarão a vida da cidade no futuro.

Nossas futuras cidades inteligentes terão infraestrutura totalmente integrada, com serviços de transporte inteligentes, incluindo veículos autônomos, sistemas de internet e comunicação de alta velocidade, serviços inteligentes de água, redes elétricas, sistemas de segurança, sistemas conectados e unificados. Isso exigirá infraestrutura robusta para suprir os sistemas em toda a cidade com o poder computacional para processar grandes quantidades de dados.

À medida que a tecnologia se torna incorporada em mais e mais objetos cotidianos, por meio da IoT, a dinâmica dos sistemas urbanos e estilos de vida evoluirá de uma abordagem linear em camadas de coleta, análise e reação de dados, para uma troca em tempo real de detecção e resposta em todos os serviços e atividades de operações da cidade de forma exponencial, e aqui entra a teoria de Richard Hackathorn, o BI Watch[167] - tempo real para o valor. Ou seja, para aproveitar o valor real do evento, a tomada de ação pre-

---

167 https://www.researchgate.net/publication/228498840_The_BI: Acesso em 14 de jul. 2019

cisa ser on-line, em tempo real e, para que isso ocorra, tudo precisa estar conectado.

Usaremos cada vez mais algoritmos e plataformas digitais inteligentes conectadas para extrair dados da IoT e dos programas de IA para as cidades do futuro. A IoT, como já vimos, envolve a interligação de redes, dispositivos e dados, e é o poder coletivo desses elementos e as suas confluências que estão no coração das cidades inteligentes que nos permitirá conectar pessoas, coisas e lugares de novas maneiras e construir novos serviços, combinando ativos e locais para responder, melhorar a vida na cidade e compartilhar recursos. Além disso, nos ajudará a coordenar a previsão de transporte público e o acesso para aliviar o congestionamento, reduzir a poluição e aumentar a mobilidade.

A cidade inteligente do futuro precisará empregar programas de IA e algoritmos de aprendizado de máquina para processar as grandes quantidades de dados recebidos. Esses programas alavancarão melhorias rápidas em computação e redes neurais artificiais nas próximas décadas. Os sensores, câmeras, redes acústicas e outros sistemas sem fio, comunicarão informações sobre a saúde e o status da cidade e sua infraestrutura. Satélites e plataformas orbitais monitorarão a atmosfera da cidade, os níveis de poluição, os sistemas meteorológicos e o meio ambiente local, com especial atenção às ameaças potenciais de desastres naturais.

A energia suficiente para abastecer nossas cidades inteligentes será gerada a partir de fontes limpas e renováveis, como eólica, solar, geotérmica, hidrelétrica, e talvez até mesmo de fusão. Um dos principais desafios será criar sistemas redundantes de infraestrutura e tecnologia, com vários backups caso um sistema falhe, e a capacidade de isolar falhas e impedi-las de se espalhar. Isso será crucial para limitar os danos causados por desastres naturais e atividades humanas mal-intencionadas, como guerra, terrorismo, ataques cibernéticos, etc. Infelizmente, uma cidade mais conectada é também mais vulnerável a ataques, um desafio crescente para fabricantes de tecnologias no futuro.

As cidades são sobre as pessoas, por isso, precisamos garantir que nossas cidades inteligentes sejam locais ecológicos, agradáveis, saudáveis e convenientes para se viver. E, para fazer isso, precisamos entender o comportamento e os desejos das pessoas. Tais estudos necessitam de embasamento filosófico, psicológico e ético, uma consideração primordial no planejamento e projeto de nossas futuras cidades.

Como a população de nossas cidades continua aumentando, alimentá-los exigirá mais e mais terras. A agricultura vertical é uma solução para o crescimento sustentável nas cidades, as fazendas verticais urbanas usarão espaço de construção para produzir alimentos em camadas empilhadas verticalmente ou outras estruturas, como um armazém ou um arranha-céu. Os Emirados Árabes Unidos, anunciaram a construção da maior fazenda vertical do mundo em junho de 2018, contendo 900 acres para produzir cerca de três toneladas de frutas e verduras sem herbicidas e livres de pesticidas, usando 99% menos água do que os campos ao ar livre, que serão consumidas dentro do maior aeroporto internacional do planeta, o Al Maktoum no Dubai World Central nos Emirados Arabes Unidos.

Nossas cidades do futuro exigirão um tremendo investimento em infraestrutura e tecnologia. Construir cidades inteligentes como a Masdar em Abu Dhabi ou NEOM na Arábia Saudita é uma coisa, mas, em cidades antigas e estabelecidas em países em desenvolvimento, onde a maior parte do crescimento é prevista, as mudanças e inovações necessárias são ainda mais desafiadoras devido a restrições de espaço, tráfego congestionado, problemas ambientais, energéticos e hídricos, problemas de segurança, governança e planejamento urbano deficientes. As cidades urbanas em crescimento nos países em desenvolvimento precisarão do financiamento adequado, da governança urbana e dos compromissos estabelecidos para resolver esses desafios.

Estamos vendo cada vez mais compromissos de governos, bancos multilaterais de desenvolvimento e instituições financeiras internacionais para ajudar a financiar os investimentos necessários. Por exemplo, o recente compromisso do Asian Infrastructure Investment Bank[168], ao financiar a infraestrutura para o desenvolvimento sustentável das cidades da Ásia. Seu objetivo é apoiar as cidades asiáticas a serem econômica, ambiental e socialmente sustentáveis, sendo verdes, resilientes, eficientes, acessíveis e prósperas. Até (julho

---

168   https://www.aiib.org/en/index.html: Acesso em 11 de jul. 2019

de 2019), o AIIB já havia investido mais de US $ 8 bilhões de dólares em 40 projetos em 16 países.

No entanto, o investimento e desenvolvimento de infraestrutura convencional para apoiar este rápido crescimento urbano não conseguem acompanhar a demanda e precisamos de abordagens inovadoras de financiamento, como financiamento por captura de valor da terra, por meio do qual os benefícios dos projetos de infraestrutura são capitalizados em valores de terra para financiar a respectiva infraestrutura. Além disso, os fundos de pensão, títulos, setor privado e financiamento combinado serão necessários para ajudar a financiar futuros investimentos.

O futuro é instigante e desafiador. Cidades inteligentes serão onde a economia do compartilhamento se encontram com o mundo digital e físico, simultaneamente e de forma sustentável.

Mais do que nunca, todos nós precisamos nos tornar mestres em conectar infraestrutura, pessoas, processos, dados sólidos e complexos para criar locais inteligentes e ótimos para se viver.

7.5. Cidades inspiradas pela transformação digital

Viena (Áustria)

A capital austríaca lidera em razão de sua estratégia integrada e soluções inovadoras para mobilidade, meio ambiente, educação, saúde e administração, como também do sistema que monitora o progresso de todos os projetos individualmente.

Estratégias integradas para mobilidade, bem-estar e sustentabilidade dão a Viena o primeiro lugar na lista de cidades inteligentes. A estratégia de Viena é garantir qualidade de vida para os cidadãos e equilíbrio social, garantindo o uso de recursos de maneira sustentável e utilizando soluções inovadoras. A agência de Smart City Vienna, unidade que integra ações da administração da capital austríaca às áreas de pesquisa, negócios e indústria, criou um plano de longo prazo para a cidade, definindo 38 objetivos para 2025, 2030 e 2050.

Algumas das principais metas da cidade para as próximas décadas incluem a área da educação, com o fortalecimento de escolas integrais de alta qualidade para crianças e jovens, e incentivo para que os cidadãos continuem em instituições de ensino mesmo depois de encerrarem o período de educação obrigatória. Até 2050, a cidade pretende se transformar em um dos cinco maiores polos europeus de pesquisa e inovação.

No quesito administrativo, Viena quer se tornar a cidade europeia mais progressista em relação à transparência governamental até o próximo ano. Outros objetivos importantes são manter um sistema de saúde público, forte e socialmente equitativo; preservar as áreas verdes mesmo com o crescimento da cidade e fortalecer o transporte público, incentivando a caminhada e o ciclismo e diminuindo o tráfego individual motorizado na cidade para 20% até 2025, 15% até 2030 e menos de 15% até 2050.

Viena também quer garantir que todas as pessoas na cidade tenham boas condições de vida, vizinhança e segurança, independentemente de sua origem, condição física e psicológica, orientação sexual e identidade de gênero. Para isso, a Smart City Vienna ressalta em seu plano os objetivos de oferecer habitações de qualidade a preços acessíveis para toda a população e de garantir que os trabalhadores sejam remunerados de maneira adequada, de forma que tenham acesso a todas as necessidades básicas da vida.

Cingapura (Ásia)

Cingapura conseguiu implementar algumas medidas de ponta, como soluções inteligentes de controle de tráfego, com um sistema que permite aos motoristas economizar até 60 horas por ano; táxis autônomos, sem motorista; vigilância por vídeo para detectar atividades criminosas; o Smart Health TeleRehab, um programa que permite que todos os idosos tenham dispositivos especiais que permitem consultas médicas a qualquer momento. Considerada uma das cidades mais sustentáveis da Ásia e a segunda do mundo em geral, ao estimar que a população ultrapassará 6 milhões de habitantes em

2030, o governo se concentrou em melhorar a mobilidade e a conectividade dentro da cidade. Além disso, definiu o objetivo ambicioso de tornar pelo menos 80% de seus edifícios "verdes" até essa data. Ela ocupa a posição 7 no ranking geral do CIMI - Cities in Motion Index 2019, e é a cidade no topo em sua região e na dimensão tecnológica, bem como ocupando posição 4 em alcance internacional. Em Cingapura, tudo gira em torno da tecnologia, tem uma rede de fibra ótica no comprimento e largura da ilha e até três celulares para cada dois moradores, além de hospitais robóticos (com humanos e robôs), táxis autônomos sem motoristas, jardins verticais e fazendas que regulam a temperatura, absorvendo e dispersando o calor enquanto coleta a água da chuva. Nesta cidade, as autoridades têm um compromisso com a inovação. Dizem que a tecnologia triunfa sobre a política. Algumas das iniciativas lançadas no âmbito da cidade inteligente estão levando a maior parte do governo para o mundo digital e implementando serviços de governo eletrônico, lançando um sistema de código QR unificado, implementando legislação e infraestrutura para veículos autônomos.

Londres (Reino Unido)

Capital e a cidade mais populosa do Reino Unido, Londres constitui a maior área urbana do país e ocupa o primeiro lugar na classificação geral. A capital britânica acolhe mais novas empresas e programadores do que quase qualquer outra cidade do mundo e tem uma plataforma de dados abertos, a London Datastore, que é usada por mais de 50.000 pessoas, empresas, pesquisadores e desenvolvedores todos os meses. Sua inovação em relação ao transporte levou-o a instalar sensores de solo que funcionam como meio de trânsito para se conectar com o Aeroporto de Heathrow, um dos mais movimentados do planeta. Seu investimento em transporte público está buscando ser um dos maiores projetos de construção da Europa, o projeto Crossrail, que adicionará 10 novas linhas de trem à cidade para se conectar com 30 estações existentes até o final de 2019. Londres é uma cidade bem localizada em quase todas as dimensões. Obteve o primeiro lugar para capital humano e alcance internacional e está no top 10 das dimensões de mobilidade e transporte, governança, tecnologia e planejamento urbano. Um exemplo de tecnologia inteligente utilizada em St. Albert são os seus semáforos. Em 2018, foram instalados sistemas inteligentes de transporte para melhorar o fluxo de tráfego da cidade, que funcionam a partir da coleta de dados e monitoramento das vias. Essas informações são usadas para que os sinais de trânsito funcionem de maneira personalizada a fim de evitar a formação de congestionamentos.

Nova York (Estados Unidos)

É uma das maiores e mais populosas aglomerações urbanas no mundo e é a segunda cidade mais densamente povoada na América do Norte depois da Cidade do México. Em 2019, ficou em segundo lugar no ranking geral do CIMI, atrás de Londres, mas goza da posição de liderança na dimensão da economia. É o centro econômico mais importante do mundo e é a cidade como maior PIB. A "Big Apple" possui quase 7.000 empresas de alta tecnologia e se destaca pelos serviços de tecnologia integrada, como o serviço gratuito de Wi-Fi LinkNYC. Tem um bom desempenho geral que é demonstrado nas diferentes dimensões do CIMI desde então, além de liderar a dimensão da economia, conseguiu ser entre os principais lugares, o 3º em capital humano, 2º em planejamento urbano, 8º em alcance internacional, 11º em tecnologia e o 5º em mobilidade e transporte. Nova York está combinando o 5G, a automação, a IoT, entre outras tecnologias, para melhorar a cidade, resolver problemas na comunidade e tornar-se um exemplo para outras cidades. O NYCx, por exemplo, é um projeto em que residentes podem propor ideias arrojadas que resolvam as reais necessidades urbanas, uma espécie de mural de desafios e um laboratório para aplicar as soluções a esses desafios em Nova York. Ela é parte do plano OneNYC para usar a tecnologia para melhorar a maneira como os nova-iorquinos vivem, apoiar uma economia próspera e criar empregos bem remunerados. A diversidade da cidade impulsiona sua transformação digital, indo desde as inovações tecnológicas dos drones, da IA à blockchain, que terão um impacto significativo sobre como os nova-iorquinos trabalham, vivem e se divertem.

Santiago (Chile)

Ocupa a posição 66 no ranking geral do CIMI, é a líder em sua região e se destaca nas dimensões urbanas em planejamento e meio ambiente. Juntamente com Buenos Aires, é a cidade mais inovadora da América Latina. O Smart City Santiago é o primeiro protótipo do Chile de uma cidade inteligente, projetado em resposta à urbanização não planejada e à necessidade de melhorar a qualidade de vida dos habitantes. O futuro é forjado com base em projetos que têm a máxima inspiração em inovação, serviços, sustentabilidade e cuidado do espaço público.

O plano para tornar Santiago uma cidade inteligente inclui os grandes e os pequenos. Algumas coisas são simples, como digitalizar as luzes e os níveis de energia nos edifícios do governo para se ajustar aos níveis de demanda. À medida que a cidade se torna cada vez mais conectada, esses processos se tornarão a norma, transformando a cidade em um ecossistema equilibrado, capaz de resolver seus próprios objetivos. As autoridades querem, por exemplo, garantir que a rede elétrica de Santiago possa detectar terremotos e desligar quando eles acertarem, e então reinicializar-se automaticamente depois que a ameaça passar. Eles querem luzes de rua que possam se adaptar às condições de tráfego e que os cidadãos possam usar o celular para ver quais estacionamentos têm vagas e potencialmente reservar um lugar para quando chegarem, uma hora depois.

Executivos que estão à frente do projeto afirmam que o setor privado é a chave para tudo isso, e tem como componente crítico mostrar aos líderes que eles não podem simplesmente tentar acompanhar as últimas e maiores tendências de tecnologia, mas que eles devem usar as novas ferramentas para promover a missão de suas empresas. A ideia é realmente alinhar as estratégias corporativas com as capacidades reais dentro das empresas em um nível executivo. À medida que mais e mais empresas começam a realmente entender o que é essa transformação digital, isso estará ajudando Santiago a se tornar mais o tipo de cidade moderna e inteligente que o governo quer ver.

Barcelona (Espanha)

Cidade que está na 28º posição na classificação no CIMI, e em segunda melhor colocada da Espanha. Ela executa bem quase todas as dimensões de cidades inteligentes, especialmente em governança urbana e planejamento, alcance internacional, tecnologia, mobilidade e transporte, e dimensões, em que está entre o Top 30. Barcelona é digna de suas notas por sua crescente população de designers e seu uso proeminente de *smartphones*, sendo pioneira no gerenciamento de tráfego usando Big Data. Considerada uma das 25 cidades mais tecnológicas do mundo, de acordo com a Business Insider e a 2thinknow, está realizando o projeto C-MobILE (Aceleração da Inovação e Depoimento de Mobilidade), implementando sistemas de transporte inteligente cooperativo (C-ITS) e serviços projetados para lidar com desafios específicos de mobilidade em toda a Europa.

O projeto também visa ajudar as autoridades locais a implantar os serviços C-ITS de que precisam e aumentar a conscientização sobre os benefícios potenciais para todos os usuários da estrada. Um total de oito cidades e regiões equipadas com C-ITS estão envolvidas no projeto, e todas elas foram locais piloto de pesquisa para implantação em grande escala de serviços sustentáveis no passado. Essa abordagem comum garante que a interoperabilidade e a disponibilidade perfeita do serviço sejam priorizadas e tenham um custo aceitável para os usuários finais.

O C-MobILE está envolvido com partes interessadas públicas e privadas, incluindo usuários finais, para aprimorar os serviços de C-ITS e estabelecer parcerias funcionais além do projeto. Também está realizando análises de custo-benefício e desenvolvendo modelos de negócios, particularmente da perspectiva do usuário final, para garantir que os serviços de C-ITS façam seu trabalho corretamente.

O sistema de navegação pode emitir um alerta se uma ambulância, a polícia ou um carro de bombeiros estiver chegando, se os semáforos estiverem prestes a ficar vermelhos ou se houver um pedestre na calçada que vai atravessar.

Buenos Aires (Argentina)

Capital e a cidade mais populosa da Argentina, Buenos Aires é a cidade mais visitada da América do Sul. Tem o segundo maior número de arranha-céus na região e é a cidade latino-americana mais bem posicionada no Índice de Liviedade Global - The Economist Intelligence Unit. Buenos Aires está em 25º lugar no ranking mundial de cidades para escolher estudar, segundo o QS Best Student Cities 2018. Em 2019, conseguiu ser a favorita entre as cidades de língua espanhola. Está na posição 77 no ranking geral e em segundo na sua região, atrás de Santiago (Chile). Destaca-se, no nível regional, nas dimensões do meio ambiente, governança, planejamento urbano e alcance internacional. Além disso, está realizando projetos de planejamento urbano para melhorar o sistema viário, a fim de conectar diferentes áreas e aliviar os problemas atuais de tráfego.

Oslo (Noruega)

Esta cidade escandinava ocupa a posição 14 do ranking global e é oitavo no ambiente dimensão. É uma das cidades do CIMI com o crescimento mais rápido no período de 2016 a 2018, uma evolução que não surpreende, já que pretende se tornar a mais inteligente, mais ecológica, mais inclusiva e mais criativa, uma cidade para todos os seus moradores. Alguns de seus projetos vão desde o teste de ônibus elétricos, locais de construção com emissões zero e a remodelação de prédios existentes até o desenvolvimento de sistemas de gerenciamento de resíduos e energia verde baseada em círculos. Qualquer serviço orientado para os residentes que pode ser digitalizado será digitalizado, e as necessidades do público são os princípios orientadores para o desenvolvimento da cidade.

Oslo é a terceira melhor cidade portuária do mundo. É forte em finanças, leis e tecnologia marítimas. Oslo está equipada para a transformação digital, esperando que a digitalização seja um dos principais impulsionadores para o desenvolvimento do setor marítimo no futuro. Os especialistas marítimos preveem que Oslo, Copenhague, Londres e Cingapura sejam as cidades portuárias melhor preparadas para a mudança digital. O foco de Oslo é modernizar e digitalizar as operações portuárias e, em cooperação com operadores portuários, adotar novas tecnologias. O porto de Oslo tem, entre outras coisas, um dos terminais de contêineres mais modernos do mundo, com sistemas avançados de logística e alguns dos guindastes elétricos com emissão zero mais silenciosos do mundo.

Autoridades de Oslo afirmam que a digitalização pode resultar em maior transparência e em processos democráticos mais fortes, e que as novas tecnologias oferecem enormes oportunidades para disseminar conhecimento e informação a grupos marginalizados e, assim, encorajar o aumento da participação e engajamento político, além de afirmar que não alcançará os Objetivos de Desenvolvimento Sustentável da ONU até 2030 sem a aplicação de ferramentas digitais.

Madri (Espanha)

Capital da Espanha e a mais populosa do país, é também a primeira cidade espanhola no ranking geral, onde ocupa a posição 24. Destaca-se nas dimensões de mobilidade e transporte 9º lugar, e em alcance internacional 17º lugar. Está comprometida com o desenvolvimento de uma cidade sustentável. Iniciado em 2014 e lançado em abril de 2015, o projeto "MiNT, Madrid Inteligente" tem como objetivo gerenciar serviços da cidade de forma eficiente, com o foco em criar a base para uma plataforma de cidade inteligente que possibilitará transformar os serviços digitalmente, fornecendo um conjunto de recursos que são fundamentais para o modelo de serviços da cidade. Este tem três pilares fundamentais: qualidade, participação e integração.

O modelo baseia-se na qualidade e transparência e na avaliação dos serviços. Cada serviço fornecido é avaliado usando indicadores de qualidade que são usados para pagar por eles. Sua avaliação é um processo complexo que utiliza dados de sensores (IoT), inspeções e opinião pública para determinar o cumprimento de sua função.

A participação coordenada das diferentes partes é outra característica distintiva. A cidade planeja serviços baseados em informações internas e solicitações dos cidadãos. O último pode ser feito através de múltiplos canais e, mais particularmente, através de dispositivos móveis. Funcionários municipais e empresas com concessões para os serviços executam o trabalho planejado e relatam seus resultados. Por fim, a integração das informações possibilita o acompanhamento completo dos elementos do inventário e das atividades realizadas. Essa comunicação é compartilhada por todas as partes e possibilita o gerenciamento baseado em informações.

Além disso, a cidade também conta com a plataforma de participação cidadã Decide Madrid, lançada para contribuir com a democracia direta na gestão da cidade. A plataforma permite que os residentes decidam sobre uma ampla gama de questões relacionadas à cidade e serviu de modelo para outras cidades na Europa. O projeto teve um orçamento de 15 milhões de euros no período 2014-2018.

Tóquio (Japão)

Capital do Japão, a aglomeração urbana mais populosa do mundo e uma das cidades com maior taxa de produtividade do trabalho, Tóquio é considerada a cidade mais inovadora do mundo, segundo o ranking do Business Insider e 2thinknow, e estava no top 10 do Índice Global de Centros Financeiros (Z/Yen) em 2018. No CIMI, é o 6º no ranking geral, liderando a região asiática. Destaca-se particularmente em 3º na economia, 9º em capital humano e 6º em meio ambiente. Além disso, está no top 30 para as dimensões de planejamento urbano, tecnologia, mobilidade e transporte.

Por exemplo, com a Robótica, as colaborações entre humanos e robôs podem aumentar o trabalho, a saúde e a vida social nas cidades inteligentes do futuro. A integração de robôs em espaços urbanos está transformando rapidamente algumas das cidades tecnologicamente mais avançadas no significado de cidades inteligentes. Cidades como Dubai, Tóquio e Cingapura são exemplos de como os robôs no mundo real podem conviver com humanos.

Em 2020, o Japão vai introduzir táxis robóticos para os turistas que viajam ao país para os Jogos Olímpicos. Cadeiras inteligentes estarão prontas no aeroporto para os atletas paraolímpicos. E os robôs sociais vão interagir com humanos em 20 idiomas diferentes. Robôs com a função de tradutores sociais vão ajudar os estrangeiros a se comunicarem com os locais em japonês. Isso pode parecer parte de um filme de ficção científica, no entanto, é uma realidade que, em breve, será experimentada por muitos visitantes em Tóquio.

Além disso, Tóquio está adotando oito medidas de revitalização que estão sendo o "driver" para a transformação digital, como uma "Mini-Japão", indo desde a descentralização de funções centralizadas em Tóquio para as demais regiões, o teletrabalho como solução para baixa taxa de natalidade e envelhecimento da sociedade, uso do PHR para melhorar a medicina preventiva e a longevidade, a mudança para a criação de políticas baseadas em evidências (Open & Big Data Analytics), atração de empresas de alto valor agregado e *startups* de suporte, o aprimoramento estratégico do turismo e da agricultura, a mudança para energia renovável e economia de energia, a promoção de talentos altamente qualificados através da colaboração do governo, academia, iniciativa privada e as *startups* junto com a promoção da colaboração entre finanças, mão-de-obra e mídias.

Toronto (Canadá)

Ocupa a posição 18 no ranking geral CIMI, e é a principal cidade para o planejamento urbano. É uma cidade que, em seu compromisso com o planejamento urbano e a tecnologia, abriga 30% das empresas de tecnologia do Canadá, a maioria com menos de 50 funcionários. Em fevereiro de 2016, a Junta de Comércio da Região de Toronto (TRBOT) formou em conjunto um Grupo de Trabalho de Cidades Inteligentes (SCWG) com a cidade de Toronto. O SCWG engloba mais de 50 membros do setor público-privado do Comitê de Padrões de Desempenho Municipal do TRBOT e inclui a associação de Desenvolvimento Econômico, Cultura, Informação, Tecnologia e o Escritório Chefe de Transformação. O SCWG foi criado para aumentar a conscientização sobre os desenvolvimentos locais e internacionais das Cidades Inteligentes, desenvolver uma visão e um roteiro do que "Smarter" poderia significar para Toronto e estabelecer um fórum colaborativo para alavancar o conhecimento local das Cidades Inteligentes.

Desde 2017, vem desenvolvendo um projeto de planejamento urbano com o qual pretende criar novas casas em edifícios multifamiliares, projetados para adaptar melhor as famílias com crianças e adolescentes. Em Toronto, as autoridades consideram que uma cidade de sucesso é frequentemente medida pela sua diversidade e, nesse contexto, o número de crianças é mostrado como uma medida de sucesso. Se for construída uma cidade que permita que crianças e jovens prosperem e se desenvolvam com segurança, ela será uma cidade inclusiva e sustentável para todos que a estão construindo. Além disso, a cidade está trabalhando para converter áreas em desuso em minimetrópolis cheias de vida. O projeto de cidade inteligente que está sendo preparado pela Sidewalk Labs, uma empresa ligada ao Google, que busca desenvolver um distrito inteligente na parte leste da cidade canadense, às margens do Lago Ontário. Esse projeto é interessante, mas vem enfrentando dificuldades na implementação, pois a comunidade está preocupada com o investimento, com a privacidade e se Toronto está entregando muito poder sobre a vida cívica a um gigante de tecnologia americana com fins lucrativos. O projeto original Quayside vai desde implantar semáforos adaptativos que detectariam quando pedestres e ciclistas estão em uma faixa para garantir que eles tenham prioridade para atravessar, sensores que detectariam quando os bancos precisam ser consertados, quando as lixeiras precisavam ser esvaziadas e quando as ciclovias deveriam ser transformadas em passarelas para pedestres, ou vice-versa. Há, ainda, a possível implementação de "sensores de saúde", um sistema de identificação digital que permitiria que residentes e trabalhadores tivessem acesso a serviços.

O objetivo do projeto de tecnologia é transformar Toronto em um modelo de cidade sustentável em que os planos de construção ecológica desempenhem o papel principal. Porém, com todos os indícios de privacidade sobre os residentes, houve até a criação de um movimento chamado de #BlockSidewalk por parte da desilusão que resultou da enxurrada de cobertura sobre como as empresas de tecnologia, incluindo o Google, lidam com os dados pessoais de seus clientes.

8 - PROFISSÕES E HABILIDADES DO FUTURO

Anotações

Perceba que, entre a maioria das profissões citadas, a maior parte envolve algum nível de criatividade, inteligência e sensibilidade. Servem, especialmente, para criar relações ou estabelecer formas mais humanizadas de vida, seja com outras pessoas seja com o planeta.

Por isso, é importante direcionar seu rumo profissional para funções que criem experiências de vida para outras pessoas e impactem positivamente no mundo. Essa é a tendência de futuro, segundo a OCDE. Imagine a vida sem artistas, bons cozinheiros, chefes inspiradores ou professores? Eles são fundamentais e resistirão à tecnologia. Muitas profissões serão extintas e outras continuarão porque simplesmente é impossível viver sem elas. E, mesmo com todas as adaptações, o mercado continuará aberto para todos aqueles que sentirem-se capazes de fluirem com os acontecimentos.

Tecnologias modernas requerem evolução do trabalho, para acompanhar as últimas décadas, a economia moderna mudou rapidamente devido a avanços significativos das confluências tecnológicas. A tecnologia moderna tende a tornar nosso mundo mais conveniente, no entanto, irá tornar-se mais exigente também. O aprendizado contínuo (lifelong learning) e a aquisição de novas habilidades serão imprescindíveis.

Diante da confluência das tecnologias, surgem as novas profissões, e as que se destacam ainda mais. Mas quais são essas novas profissões, as habilidades necessárias e os desafios que elas terão? Como nos preparamos para o futuro?

Diante de inúmeras previsões apontadas sobre o futuro das profissões, como temos visto ao longo dos capítulos anteriores, e de um futuro exponencial, enfatizando a pesquisa encomendada pela Dell Technologies para o Institute for the Future - IFTF,[169] revelando que 85% dos trabalhos que existirão em 2030 ainda não foram inven-

---

169   www.iftf.org/home: Acesso em 11 de jul. 2019

tados. Isso significa que, dos trabalhos, da forma como você conhece agora, apenas 15% permanecerão.

Uma coisa é certa, o profissional do futuro exigirá que cada um de nós atualize se continuamente, e aí vem o termo *lifelong learning,* a maior das habilidades, algo que ganhará cada vez mais ênfase. A competitividade esta ligada diretamente a aprendizagem. A transformação digital esta fazendo surgir novos modelos de negócios a todo instante, portanto se faz necessário essa busca em aprender constantemente para esse novo mundo, conhecimento e habilidades técnicas e especificas. Não dá pra parar no tempo e usar as técnicas que aprendemos no passado, não serve mais para o mundo de hoje. A educação não é mais tão linear como antigamente, quando a pessoa se formava e tinha uma vida inteira pra usar o conhecimento, agora as habilidades têm prazos de validade. Yuval Noah Harari visto como Guru por diversos líderes do mundo moderno, recomendado por Barack Obama, Bill Gates e Mark Zuckerberg, autor de Sapiens (2014), disse: "A sobrevivência profissional depende da atualização constante". Em breve, chegaremos em um cenário no qual a maior parte das pessoas escolherá como, quando e com qual empresa quer trabalhar, e não o contrário.

Vamos a elas.

8.1. Cem profissões para o futuro

Mesmo com a extinção de muitas das tradicionais carreiras, inúmeras outras estão e serão criadas para suprir as novas necessidades desse mundo novo.

1.Desenvolvedores de softwares: são e ainda serão, por muito tempo, profissionais valorizados no mercado, pois fazem parte do grupo que cria os novos sistemas que automatizam processos, coisas e aceleram a transformação digital.

2. Especialistas em UX: existem algumas variações para esse profissional no mercado, como Customer Success ou na tradução literal, Sucesso do Cliente. A função desse profissional é fazer com que o cliente tenha toda a assessoria necessária de algum produto/serviço contratado. Já é comum encontrar esses profissionais em empresas de e-commerces e outras plataformas, que prezam pelo resultado e experiência positiva do cliente.

3. Creators: esses profissionais já estão em alta e prometem ficar nos próximos anos. São aquelas pessoas que vivem de produzir conteúdo para a internet, também conhecidos como digital influencers.

4. Assessor de creators: já existem agências/profissionais que cuidam das carreiras de influenciadores digitais e a tendência é que esse número aumente à medida que novos creators apareçam.

5. Professor online: o ensino EAD tende a se expandir nos próximos anos e os professores começaram a enxergar o modelo de sala de aula virtual, que possibilita maior alcance de alunos. Essa é uma grande aposta para escalar os ganhos dos profissionais que vivem de transmitir conhecimento. O mercado de criação de cursos online está cada vez mais especializado e disseminado.

6. Coaching profissional e Coach de atividade física: o coaching é o profissional que ajuda outras pessoas a evoluírem em diversas áreas de suas vidas, mas, principalmente, em suas carreiras. O modo como as redes sociais têm gerado um culto ao corpo ainda mais enfático do que antigamente vai influenciar também na demanda de pessoas que desejam um acompanhamento quase diário para manter o corpo em dia.

7.Profissional de marketing digital: apesar do marketing ser uma carreira antiga, esse profissional vem se fortalecendo cada vez mais no meio on-line, criando uma especialização de carreira cada vez mais voltada para a internet.

8. Analista de big data: é o profissional que analisa todas as informações provenientes de um sistema que circula na internet e que pode influenciar em um negócio/empresa.

9. Gestor de comunidade: esse profissional é responsável por lidar com consumidores e comunidades ao redor de uma empresa, a fim de recolher opiniões para melhorar o negócio e o posicionamento da empresa com essas pessoas. Alguns negócios já possuem profissionais focados nessa função e, ao que tudo indica, irá se expandir nos próximos anos.

10. Arquiteto e Engenheiro 3D: no setor de engenharia, (arquitetura e urbanismo), será possível projetar ambientes em 3D e, por isso, os profissionais deverão se especializar nesse ramo para entregar uma experiência cada vez mais real ao seu cliente.

11. Desenvolvedor de dispositivos wearables: em uma tradução livre, "weareable" significa "vestível". São óculos, lentes, relógios e outros equipamentos que tenham algum tipo de tecnologia que facilite a vida das pessoas. E os profissionais capazes de desenvolver esses dispositivos estarão entre os mais procurados nos próximos anos.

12. Consultor de imagem: como o Coach focado em atividades físicas, o consultor de imagem vem para dar os melhores conselhos para qualquer pessoa que deseja trabalhar melhor sua aparência. E isso vale tanto para o pessoal quanto para o profissional e pode envolver desde o modo como você corta seu cabelo até a maneira como se veste.

13. Gestor de inovação: por mais que possa parecer um termo genérico, já é possível encontrar empresas que oferecem essa vaga. Esse profissional será responsável por repensar as estratégias de uma empresa, em seu core business ou para alguma área específica, com o intuito de melhorar seu modelo de negócio.

14. Geneticista: já é uma profissão atual que atuará com ainda mais força nos próximos anos. Dentre as muitas funções de um geneticista, será cada vez mais possível identificar as prováveis doenças que uma pessoa tende a ter no futuro e agir na prevenção antes mesmo de aparecerem sintomas.

15. Gestor de talentos: gerir talentos vai um pouco além da função que hoje o setor de Recursos Humanos exerce. É preciso identificar e atuar com maior eficácia nos pontos fortes e fracos das pessoas, para capacitá-las a serem sempre melhores profissionais em suas carreiras.

16. Especialista em e-commerce: o e-commerce já é um modelo de negócio trivial na vida das pessoas. Porém, com tantas lojas virtuais concorrendo na internet, será preciso se destacar cada vez mais para atrair clientes. Por isso, o profissional especialista em e-commerce ainda tem um tempo longo de vida garantido.

17. Profissionais de saúde mental: as profissões que envolvam cuidados da mente (terapeutas e psiquiatras, por exemplo) ainda estarão em alta. E a explicação é simples: ainda é muito pouco provável que as máquinas substituam o cuidado personalizado que esses profissionais têm com seus pacientes.

18. Especialista em energias renováveis/alternativas: não é de hoje que a preocupação com o ambiente é crescente e não será nos próximos anos que ela se acabará. Pelo contrário. A tendência é que seja cada vez mais necessário pensar em recursos alternativos que não gerem impacto no meio ambiente. Por isso, esse profissional é de suma importância para os próximos anos.

19. Engenheiro hospitalar: inovação e tecnologia caminham lado a lado com a medicina e a saúde. Por isso, profissionais altamente capacitados para lidar com equipamentos hospitalares serão muito solicitados no futuro.

20. Bioinformacionista: esse será o profissional ligado à técnicas de produção de medicamentos que mesclam informações genéticas com técnicas clínicas. Um cientista a serviço da população.

21. Técnico em telemedicina: o técnico em telemedicina é o profissional que integra uma equipe médica de diagnóstico e tratamento à distância. Uma alternativa muito eficaz para suprir a demanda por profissionais, especialmente nas áreas mais remotas do país.

22. Conselheiro de aposentadoria: o aumento da expectativa de vida fará surgir no mercado de trabalho profissionais que auxiliem as pessoas a planejarem a aposentadoria. Com conhecimentos em contabilidade, finanças e gestão de carreira, o conselheiro será responsável por traçar um plano de aposentadoria que contemple tanto o aspecto financeiro quanto aqueles ligados à saúde. Esse profissional também auxiliará seus clientes a planejarem uma nova ocupação pós-aposentadoria.

23. Gestor de qualidade de vida: a preocupação com a qualidade de vida no trabalho já existe nas empresas atualmente. Mas, no futuro, estará ainda mais em evidência. Para atender essa nova demanda do mercado, o setor de recursos humanos precisará contar com um Gestor de Qualidade de Vida. Um profissional dedicado a mapear riscos de problemas de saúde que os funcionários possam desenvolver e contribuir com melhorias no ambiente de trabalho.

24. Coordenador para o desenvolvimento do conhecimento: esse profissional também estará presente nas corporações. O foco dessa profissão será oferecer aconselhamentos de educação continuada aos funcionários. Será responsável por indicar cursos, leituras e viagens que contemplem tanto a educação formal quanto a educação complementar. Esse profissional vem para suprir a necessidade de manter funcionários sempre atualizados em sua área de atuação.

25. Geomicrobiologista: o papel do geomicrobiologista será incorporar as micro características positivas de bactérias e micro organismos na rotina da indústria e de setores como a medicina, nutrição e bem-estar.

26. Condutor de drones: no futuro, guias de drones serão profissionais muito requisitados. A demanda por drones (aviões não tripulados) em áreas como varejo, logística, segurança e monitoramento certamente precisará de pessoal qualificado para a função.

27. Conselheiro pessoal de compras alimentares: os consultores alimentares serão aqueles profissionais que ajudarão outras pessoas a adequarem a alimentação mediante sua necessidade profissional e estrutura de DNA. Resultado de um futuro cada vez mais comprometido com a saúde e o bem-estar.

28. Conselheiro de produtividade: a preocupação em melhorar a produtividade combinada à saúde, bem-estar, gestão de tempo e aconselhamento de carreira impulsionarão a carreira desse novo profissional.

29. Tutor de curiosidade: esse profissional será aquele que irá contrariar os modelos atuais de ensino que focam em situações prédefinidas e não exploram o campo das possibilidades. Será um conselheiro para fornecer inspiração, conteúdo e despertar a curiosidade. Característica muito importante para todos aqueles que desejarem estar acima das máquinas.

30. Mestre de edge computing: este profissional do futuro faz, cria, mantém e protege o ambiente de edge computing, ou computação na "borda" (trata-se do limite da rede de computação em nuvem, perto da fonte de dados). Seu desafio será arquitetar e projetar ambientes de computação em nuvem ou edge computing. As habilidades desse profissional serão doutorado na área ou em áreas relacionadas, experiência com segurança e protocolo de internet das coisas (IoT), entre outros assuntos.

31. Especialista em desintoxicação digital: pode soar estranho nos dias de hoje, mas, no futuro, a demanda por esse profissional tende a surgir. Ele ajudará pessoas a se desintoxicarem do mundo virtual e a viver uma vida mais saudável.

32. Especialista em crowdfunding: profissional capacitado para promover e obter fundos para projetos de financiamento coletivo. Uma tendência que aumenta a cada dia.

33. Consultor de novas habilidades: será função desse profissional ajudar seus clientes a desenvolverem e adquirirem novas habilidades para ocuparem cargos inéditos nas empresas.

34. Gestor de ecorrelações: esse profissional mediará as relações de sustentabilidade da empresa. Conhecimentos técnicos ambientais juntamente com conhecimento da legislação ambiental e boa comunicação farão um bom gestor de ecorrelações.

35. Engenheiro ambiental 4.0: o meio ambiente tem sofrido alterações drásticas nos últimos anos e esse profissional será cada vez mais essencial entre as profissões do futuro. A profissão já existe e tende a crescer significativamente nos próximos anos, dada a importância de ações e políticas voltadas à preservação do meio-ambiente.

36. Biotecnólogo: o biotecnólogo trabalha com a manipulação de material biológico para melhorar a qualidade dos alimentos, produzir remédios e encontrar formas mais eficazes para o tratamento de doenças. É um dos profissionais mais importantes no processo de aliar desenvolvimento e sustentabilidade. Seu papel deve ser ainda mais importante nas indústrias, centros de pesquisa e laboratórios.

37. Controlador de nuvens: profissional responsável por mapear e antecipar alterações atmosféricas, propondo a melhor estratégia para ajustar a realidade empresarial ao clima em áreas como aviação e agricultura, por exemplo.

38. Gestor de desenvolvimento de negócios de inteligência artificial: este profissional do futuro define, desenvolve e implementa programas eficazes para acelerar vendas e negócios de inteligência artificial (IA). Necessitará de habilidades e experiência com vendas e desenvolvimento de negócios em grandes organizações, além de experiência corporativa com plataformas de IA, machine learning e computação em nuvem.

39. Arquiteto de águas: a arquitetura de águas foi apontada no novo estudo da cognizant, apresentado no Fórum Econômico Mundial de 2019, como umas das 21 profissões mais promissoras para os próximos cinco anos, sendo a água um dos maiores desafios no futuro, que passará pelo enfrentamento do contexto urbano.

40. Gestor de trendsinnovation: este profissional será o responsável por um novo departamento que, em breve, estará em todas as empresas: o departamento de tendências e inovações. Atualmente, quem gerencia a área de inovação é o setor de marketing. No futuro (próximo), o gestor de trendsinnovation terá como missão buscar novas formas de fazer as coisas com o objetivo de reduzir custos e tornar os processos mais eficientes.

41. Gestor de marketing para e-commerce: o setor de e-commerce cresce a cada dia, impulsionado pela melhoria constante na facilidade da compra e na segurança nas transações. Com isso, as vagas de emprego na área aumentam, especialmente aquelas ligadas ao marketing.

42. Gestor de comunidades digitais: o papel de um gestor de comunidades digitais é fazer a comunicação com consumidores em redes sociais, fóruns e blogs, medindo as tendências de consumo e controlando as críticas à empresa. Também será de função desse profissional analisar o posicionamento da marca, monitorar a concorrência, além de identificar as oportunidades de negócio. O cargo já existe, mas deve ganhar muito destaque em breve.

43. Especialista em cloud computing: a área de Tecnologia da Informação deve crescer significativamente nos próximos anos e a figura de um especialista em cloud computing é facilitar o acesso às informações por meio do armazenamento de dados em nuvem. Este profissional irá garantir a agilidade e disponibilidade de acesso à conteúdo onde quer que a pessoa esteja.

44. Gestor de big data: lidar com o grande volume de informações que circula pela internet é um desafio. Cabe ao gestor de Big Data armazenar, identificar e analisar o conteúdo das informações e direcioná-lo para os diferentes departamentos da empresa.

45. Consultor de design e segurança de avatares: esse profissional permitirá à pessoas e empresas a exposição segura na internet. Para tanto, muitos recorrem ao uso de identidades virtuais (avatares) em vez de identidades reais conhecidas. Esses especialistas estarão no mercado para fazer a ponte entre o mundo real e o mundo virtual.

46. Mecânico de robôs pessoais: o uso de robôs para cumprir o papel de profissionais como faxineiros, seguranças, motoristas e babás crescerá nos próximos anos. Com isso, abre-se um novo campo de trabalho, o de mecânico de robôs pessoais.

47. Profissional 3D: este é o profissional especializado em impressão 3D. Ele oferece, por meio dessa nova tecnologia, tudo o que uma pessoa pode precisar, como roupa, alimentos, medicamentos ou peças de decoração.

48. Catalisador de soluções urbanas: hoje, mais da metade dos seres humanos vivem em cidades, e esse número tende aumentar para cerca de 70% em 2050. Esse profissional será responsável por reconstruir sistemas urbanos com lógica mais orgânica, facilitando a criação do espaço e do sujeito urbano.

49. Criador de comunidades físicas: esse profissional terá como desafio unir pessoas em torno de um assunto ou propósito comum, algo realmente relevante para quem faz parte. Irá promover o engajamento de pessoas e indivíduos.

50. Segurança da informação: será uma das profissões mais importantes para empresas e governos, por ser o profissional responsável por cuidar da segurança de dados, a cibersegurança. Hoje, essa profissão já conta com déficit muito grande de profissionais.

51. Head de inovação em escritório de advocacia: a grande necessidade de mudança no mundo jurídico e a tradicional mentalidade jurídica avessa às mudanças rápidas faz surgir a necessidade do profissional jurídico que saiba dialogar entre inovação e modelos tradicionais, com uma ampla gama de conhecimentos relacionados à tecnologia, legal design, futurismo, marketing, growth hacking, modelos educacionais, comportamento, entre outras habilidades tipicamente não jurídicas. É trabalho desse profissional introduzir nos escritórios a semente de uma nova cultura necessária para o sucesso no mundo data driven, bem como auxiliar na ampliação da gama de clientes (sobretudo aqueles relacionados à tecnologia, inovação e *startups*).

52. Empreendedor em lawtechs/legaltechs: as crescentes mudanças no mundo jurídico têm gerado muitas oportunidades para os profissionais que desejam criar e empreender por meio de Lawtechs, seja criando soluções para as demandas jurídicas, seja melhorando o trabalho dos profissionais do Direito. O crescimento em Lawtechs no ano de 2018 foi de incríveis 718%. Neste contexto, é importante desenvolver diversas competências típicas a um empreendedor, como senso de oportunidade, dominância, poder de realização, autoconfiança, otimismo, dinamismo, independência, persistência, flexibilidade e resistência a frustrações, criatividade, propensão ao risco, liderança carismática, habilidade de equilibrar sonho e realidade, habilidade de relacionamentos, dentre outras. Perceba aqui o grande enfoque às Soft Skills (habilidades humanas) e menos às Hard Skills (habilidades técnicas), tendência já abordada pelo Fórum Econômico Mundial.

53. Desenvolvedor de negócios em lawtechs: o profissional jurídico que trabalha como desenvolvedor de negócios em *startups* Jurídicas possui responsabilidades que podem envolver o mapeamento e gestão do relacionamento com clientes, capacidade de negociação e visão empreendedora, compreensão dos conceitos da indústria 4.0, capacidade de utilização das ferramentas relacionadas, capacidade de performar como um Business Data Analyst Developer (BDAD), visualizando oportunidades de integração, análise e visualização de dados, tendo uma lente de insights em Inteligência Artificial (IA), dentre outras habilidades humanas (soft skills) e tecnológicas. Muitas das habilidades típicas ao empreendedor serão importantes aqui também.

54. Gerente de privacidade: o Regulamento Geral de Proteção de Dados UE (GDPR) e no BR a (LGPD) causou uma corrida para contratar profissionais de privacidade, mas as empresas descobriram que a especialização necessária era e ainda é rara no mercado. Assim, essa tem sido uma grande oportunidade para quem tem estudado proteção de dados, com preparação para departamentos de privacidade corporativa, onde os profissionais possam assumir a responsabilidade de compilar e utilizar as leis de privacidade e garantir que as equipes de desenvolvimento de produtos planejem privacidade desde o início (by design) e por padrão (by default). Estes profissionais podem trabalhar também em empresas que consultam e aconselham outras empresas sobre programas de privacidades.

55. Operações jurídicas: o trabalho em operações legais, "legal ops", é uma tendência no mundo da carreira profissional. Estes profissionais ajudam os departamentos jurídicos internos a construírem a infraestrutura técnica para administrar melhor esta área. Por exemplo, eles podem desenvolver um sistema de software para processar faturas externas enquanto coletam e analisam dados sobre faturamento que podem ajudar o departamento a economizar dinheiro.

56. Arquiteto de soluções jurídicas: escritórios de advocacia e organizações de assistência jurídica também estão apostando em "operações legais", mas eles usam uma "linguagem" diferente. O arquiteto jurídico é o profissional capaz de trabalhar e entender os processos e dados envolvidos no problema de um cliente, para, a partir dos dados coletados, pensar soluções a serem implementadas em conjunto com um engenheiro jurídico.

57. Engenheiro jurídico: o engenheiro jurídico é o profissional do direito capaz de criar conteúdo lógico-jurídico. Ele é capaz de "ensinar" ao computador quais são as regras, princípios e soluções lógicas. É a fusão do advogado com o programador, sendo sua função ajudar os clientes a criarem sistemas jurídicos especializados.

58. Analista de dados jurídicos: o Big Data, ou seja, a análise de enormes quantidades de dados, entrou no mundo jurídico com força total. O trabalho do analista de dados é usar os dados judiciais e informações de casos semelhantes, por exemplo, em sistemas de aprendizado de máquina e de inteligência artificial, para ajudar os operadores do direito a preverem os resultados de questões jurídicas. O profissional jurídico com habilidades de analista de dados, que tenha conhecimento de propriedade intelectual e industrial possui grandes oportunidades pela frente.

59. Profissional de segurança cibernética: anúncios embaraçosos de empresas sobre violações de segurança cibernética tornaram-se comuns e a ameaça não desaparecerá tão cedo. Isso está criando oportunidades de carreira para graduados em faculdades de direito que podem ajudar empresas a lidarem com vulnerabilidades, responderem a falhas de segurança, lidarem com preocupações de consumidores, trabalharem com reguladores do governo e garantirem que recursos de segurança adequados sejam projetados para os produtos das empresas.

60. Conformidade com código aberto: os profissionais jurídicos estão encontrando carreiras em empresas de software, usando ferramentas eletrônicas para escanear novos aplicativos para códigos open source (códigos abertos) e garantindo que a empresa esteja cumprindo as licenças e os direitos de distribuição para esse código.

61. Gerente de projetos para tecnologia: grandes empresas de tecnologia têm grandes departamentos jurídicos que frequentemente contratam graduados em direito como gerentes de projeto. Esses gerentes de projeto negociam, mantêm e renovam contratos, bem como garantem que a empresa cumpra com os termos do contrato.

62. Compliance pro: a tecnologia está ajudando imensamente os graduados em Direito que realizam trabalhos em Compliance, "conformidade". Esses funcionários usam software para ajudar a rastrear questões como a conformidade da cadeia de suprimentos, o que garante que os materiais usados na fabricação sejam provenientes de fontes legais e que os fornecedores cumpram os requisitos contratuais. E veja, será cada vez mais fácil rastrear, já que a tecnologia blockchain está desenvolvendo muito essa questão.

63. Gerente de conhecimento: grandes escritórios de advocacia contratam gerentes de conhecimento para desenvolverem bancos de dados internos, kits de ferramentas de prática e outros recursos, além de criarem sistemas para tornar as informações facilmente acessíveis a todos na empresa.

64. Gerente de risco: os clientes corporativos passam toneladas de dados confidenciais para seus escritórios de advocacia, mas, o que acontece quando os crackers têm como alvo os sistemas de TI das empresas? Os escritórios de advocacia começaram a contratar gerentes de risco, ou agentes de proteção de privacidade de dados, para ajudá-los a avaliar riscos, obter seguros para violações e reforçar a segurança em seus sistemas internos. O papel requer um alto nível de conhecimento tecnológico, e ser graduado em Direito ajuda muito a entender os reais riscos do tratamento de dados.

65. Oficial de transferência de tecnologia: grandes empresas de tecnologia têm inúmeras preocupações no campo da propriedade intelectual, sendo uma delas como comercializar seus esforços de pesquisa e desenvolvimento. Elas contratam agentes de transferência de tecnologia, ou profissionais de comercialização de tecnologia, para proteger a propriedade intelectual de suas inovações no cenário mundial e para identificar possíveis compradores ou licenciados da tecnologia. Esses profissionais também monitoram as licenças e os usos.

66. Especialista em proteção de propriedade intelectual na indústria da moda: você já pensou que as impressoras 3D pudessem atrapalhar a indústria da moda? Ocorre que qualquer um que tenha uma impressora 3D pode baixar um projeto e imprimir uma cópia. Com essa situação, os litígios pelo mundo envolvendo violações de propriedade intelectual estão aumentando e as empresas de moda estão contratando especialistas em proteção de propriedade intelectual que conheçam a tecnologia de impressão 3D.

67. Proteção de ativos digitais: os ativos digitais são itens como contas bancárias on-line, propriedade intelectual, documentos comerciais, informações financeiras e contas de mídia social. Muitas empresas hoje têm muito valor em ativos digitais, por isso, estão contratando funcionários que se concentram exclusivamente na proteção desses ativos.

68. Profissional de apoio a litígios: contencioso em grande escala vem com grandes volumes de dados. Graduados em Direito com conhecimento em tecnologia podem ajudar advogados executando bancos de dados para obter informações, oferecer suporte e treinamento em sistemas de software, coordenar atividades com fornecedores de tecnologia e até mesmo ajudar a administrar a tecnologia nos tribunais.

69. Consultor de eDiscovey: cada vez mais atividades de negócios são divulgadas on-line, seja por meio de e-mail ou em mídias sociais. A quantidade de dados e evidências "deixadas para trás", ou seja, disponíveis na internet, parece nunca terminar. Não é de admirar que a eDiscovery, a "descoberta eletrônica", esteja cada vez mais complexa e cara, dando origem a diversas soluções tecnológicas e a várias empresas em busca de resolver a questão. Como um consultor de descoberta eletrônica, uma pessoa com experiência em direito pode determinar rapidamente quais informações são relevantes para os advogados e seus casos.

70. Engenheiro de energia: à medida que o suprimento mundial de combustíveis fósseis começar a se esgotar e a se tornar anti-econômico, fontes alternativas de energia precisarão ser encontradas. Isso se tornará uma indústria sempre crescente no futuro e um lugar propício para futuros empregos. De energias renováveis a outras fontes de energia ainda a serem descobertas, a energia alternativa será literalmente o futuro. É aqui que um engenheiro de energia alternativa fará sua parte. Esses engenheiros se especializarão nesse campo e serão responsáveis por todas as energias, de locais únicos a escalas urbanas. Eles serão obrigados a avaliarem e projetarem as melhores fontes de energia sustentável para a comunidade em geral.

71. Terapeuta do terremoto: os terremotos parecem estar se tornando mais comuns ao longo do tempo, especialmente os grandes. Com algumas grandes cidades, como San Francisco, haverá uma necessidade crescente de alguém prevê-lo com precisão. Isso exigirá mapas precisos do núcleo e da crosta da Terra e o desenvolvimento de planos e estratégias para ajudar a prevê-los com bastante antecedência para salvar vidas. Tal carreira exigirá fortes habilidades em STEM e conhecimentos em Geociência, Física, Matemática e Ciência da Computação.

72. Engenheiro de resíduos: os seres humanos produzem cerca de 2,6 bilhões de quilos de lixo todos os anos. A maior parte disso é simplesmente enterrada no subsolo, mas há uma indústria crescente para reutilizar, reciclar ou transformar e gerar energia. Claramente, apenas enterrá-lo é muito dispendioso e não é particularmente sustentável a longo prazo. Os humanos terão uma necessidade cada vez maior de serem mais engenhosos com toda essa massa desperdiçada. Esta será provavelmente uma área onde os engenheiros do futuro poderão fazer uma diferença real. Você poderia descobrir como gerar energia ou usar para fazer outros materiais para construção. Esta poderia ser uma escolha de carreira muito interessante e recompensadora do futuro. Obviamente, o cargo pode precisar de algum trabalho. Atualmente, algumas instituições oferecem cursos similares nesse campo. Provavelmente será uma subdisciplina de cursos de engenharia existentes, como engenharia civil ou química.

73. Organ/Body part creator: a necessidade de substituição de órgãos é crescente a cada dia. Estima-se que um novo doador seja adicionado às listas de espera para transplantes a cada 12 minutos ou mais. Embora hoje isso exija que alguém seja um doador de órgãos viável, no futuro poderemos simplesmente imprimi-los ou cultivá-los sob demanda. Futuros criadores de órgãos devem ser capazes de criar novos órgãos e partes do corpo a partir de células-tronco de pacientes e outros materiais ainda a serem descobertos. Esta pode ser uma das escolhas de carreira mais interessantes e recompensadoras no futuro próximo. Claramente, os candidatos precisarão de um forte conhecimento em STEM com ênfase específica em biologia, genética e engenharia biomédica. Várias instituições ao redor do mundo são líderes mundiais nessa área.

74. Consultor de reparo de segurança da IoT pessoal: chamar encanadores ou outros reparadores quando algo dá errado com seus eletrodomésticos é uma prática comum hoje em dia. Mas, à medida que nossas casas se tornam progressivamente "mais inteligentes", o que faremos quando nossos dispositivos da IoT derem problema ou forem hackeados? Talvez um reparador de IoT se torne um trabalho real do futuro. Hackers estão se tornando uma preocupação diária real, e é aí que esses reparadores entram. Como um IoT Security Repair Person, você estará encarregado de impedir que hackers causem danos e consertem qualquer dano que você não consiga evitar. Os candidatos precisarão de um forte conhecimento em STEM, pensamento crítico e TI. As disciplinas atuais mais relevantes se sobrepõem entre ciência da computação, engenharia da computação e engenharia mecânica.

75. Instrutores de voo em vôo de carro: embora os instrutores de voo já existam, se a revolução dos veículos voadores estiver atrasada, alguém precisará ensinar os outros a voarem. Eles provavelmente vão se encaixar no papel dos instrutores de hoje e precisarão ser especialistas na área. As aulas cobrirão os conceitos básicos de operação de veículos voadores, mas também poderão incluir instruções sobre navegação e segurança de vôo, entre outras habilidades. Isso precisará claramente de um histórico em STEM, pensamento crítico, habilidades de pessoas e outros tópicos relacionados. Provavelmente também exigirá experiência em coisas como comunicação, física, ciência da computação e, claro, pilotagem.

76. Piloto espacial comercial: enquanto visionários como Elon Musk, Jeff Bezos e Richard Branson avançam com seus programas espaciais comerciais, o transporte espacial civil pode realmente se tornar uma realidade muito em breve. Mas os pilotos desses veículos espaciais comerciais vão precisar de treinamento e instrução especializada antes de permitir que indivíduos aventureiros saiam para o espaço. Os candidatos provavelmente precisarão passar por treinamento semelhante aos astronautas, mas também precisarão de outras habilidades de treinamento de voo, como os pilotos de aeronaves comerciais atuais. Esta provavelmente será uma carreira incrivelmente difícil e recompensadora, e uma que literalmente sairá deste mundo. Nós simplesmente não podemos esperar. Esse tipo de profissão exigirá que os candidatos tenham históricos fortes em STEM. Eles provavelmente precisarão de cursos de graduação em coisas como engenharia aeroespacial, física e ciência da computação.

77. Desmaterializador: a transformação digital é um processo que está vindo com força. Para Peter Diamandis, a desmaterialização é constatada em um dos seis pilares para tornar a empresa exponencial. Há um mundo de coisas físicas e de processos que podem ser desmaterializados para que ocorram no ambiente digital, diminuindo nossa dependência de recursos físicos, trazendo alguns benefícios como: redução de custos, escala, fluidez e fácil acesso, facilidade no compartilhamento, segurança e privacidade, e sustentabilidade ambiental.

78. Cuidadores paliativos: a partir de 2030 haverão mais pessoas acima de 65 anos do que crianças. As taxas de demência e de doenças crônicas progressivas terão aumentado drasticamente. Os avanços médicos e desenvolvimentos tecnológicos também terão implicações significativas para uma demanda crescente de cuidadores paliativos. As oportunidades de se conectar mais com o lado humano da medicina, além da crescente adoção da inteligência artificial para trabalhos de rotina, significam que trabalhos mais sutis e emocionalmente complexos começarão a se destacar como carreiras mais promissoras. O descompasso entre a demanda crescente e a oferta relativamente restrita de profissionais qualificados proporcionará melhores oportunidades e melhores salários.

79. Especialista em blockchain: já está no topo de algumas das melhores habilidades do mercado de TI. Os salários são os mais altos do que em outras áreas de especialização, mas há escassez muito grande ainda de profissionais. Esse especialista irá desenvolver aplicações no distributed ledgers. Reinventará serviços e modelos de negócios com potencial de mudar a vida de milhões de pessoas, principalmente em países em desenvolvimento, facilitando o acesso a servidos básicos como bancos, seguros de saúde, pensões etc.

80. Humanizador de marcas: os consumidores cada vez mais querem um contato humanizado e personalizado. Essa será a melhor forma de fortalecer o relacionamento com eles. O futuro das marcas é com propósito, onde será preciso que a razão da existência da empresa esteja clara para todos. Uma marca pode interferir em seu ecossistema e gerar impacto em escala. Esse profissional irá estimular a conexão e o sentimento de pertencimento entre os colaboradores, incluindo aqueles remotos, criar conexão emocional com comunidades e re-humanizar o atendimento aos clientes.

81. Estrategista digital: a transformação digital tende a acelerar ainda mais nos próximos anos. Uma tendência cada vez mais forte é de as marcas usarem dados que a internet pode oferecer para desenvolverem estratégias digitais de marketing/branding. Esse profissional criará estratégias e campanhas de marketing digital para atingir metas, trabalhando no posicionamento da marca. Criará diálogos com diferentes públicos, entendendo necessidades e desejos e, ainda, analisará diariamente se o que está sendo feito está gerando impacto e mudando a estratégia/mensagem de acordo com os cenários.

82. Expert em sinais fracos: na era digital, quando cenários e ambientes competitivos podem ser transformados em um piscar de olhos, as empresas e profissionais, começam a ser pressionados para detectar os sinais fracos do mercado e a respondê-los da forma mais rápida possível. Esse profissional irá perceber, interpretar e avaliar os impactos dos sinais, que tem potencial de disrupção e não são percebidos por estarem em circunstância marginal, fora do radar.

Uma empresa que consegue enxergar sinais fracos com antecendência suficiente para agir terá vantagem sobre as outras.

83. Especialista em diversidade: duas tendências ampliam as relevâncias do especialista em diversidade. Uma é a das políticas públicas sendo implementadas para promoverem a inclusão social de minorias, e a outra é o movimento das empresas de tornarem-se mais inclusivas e de formar equipes mais diversificadas. Esse profissional tende a promover a inclusão da pluralidade de gênero, credo, raça, etnia, faixa etária e de pessoas com deficiências nas organizações, o que torna esta profissão um dos pilares da promoção da justiça social.

84. Criador de sentidos: na era do Big Data, do volume gigantesco de dados, do excesso de informação e de cenários complexos, a habilidade de criar sentido pode virar uma atividade bem específica, com profissionais dedicados exclusivamente a ela. Um dos grandes desafios das organizações é conectar os pontos e criar insights significativos para entender eventos novos e inesperados. Esse profissional auxilia empresas a tomarem decisões assertivas e a criarem soluções para problemas cada vez mais complexos.

85. Curador de memórias pessoais: as pessoas estão vivendo mais, no entanto, o processo de envelhecimento ainda leva às doenças neurodegenerativas que afetam o cérebro, ocasionando, dentre outros sintomas, a perda de memória, e, portanto, esse profissional ajudará a combater a perda de memória fazendo uma curadoria das melhores lembranças, mantendo apenas o necessário e o agradável para o cérebro, utilizando as tecnologias como realidade virtual e aumentada, e experiências multi-projetadas.

86. Modern Farmers: fruto do movimento do campo à mesa, que valoriza o contato direto com o produtor dos alimentos de preferência locais e sazonais, cresce o interesse de gente da cidade para colocar a mão na terra. A agricultura urbana é uma tendência mundial, que soluciona o problema de transporte de alimentos por grandes distâncias, hoje umas das principais causas das perdas pós-colheita, contribuindo ainda para a pegada de carbono na agricultura.

87. Especialista em love economy: é possível construir uma economia que não seja baseada na ganância? Sim, estamos vivendo uma transição, entrando na era da economia do amor, um movimento "fazer o bem" nos negócios. Empresas estão começando a construir seus modelos de negócios com base na inclusão, impacto na comunidade, redistribuição de recursos, criando uma prosperidade compartilhada e durável para todos. A profissão parte da necessidade de empresas tornarem-se mais humanas e empáticas, com as pessoas valorizando cada vez mais as relações, o cuidado e o amor.

88. Estatístico: esse profissional dá sentido e orienta estratégias em um mundo cada vez mais abarrotado de números e dados. Instituições de todos os tipos, portes e setores precisam desse apoio na era do Big Data. Esse profissional vai atuar com programação, modelagem estatística, conhecimento de negócios, comunicação, visualização de dados, capacidade analítica, criatividade e trabalho em equipe.

89. Planejador de propósitos: esse profissional ajudará seus clientes a definirem e articularem suas contribuições para a sociedade e seus propósitos para consumidores e funcionários. Transformar ideias em metas e planos alcançáveis. O mercado de trabalho para essa profissão deve se ampliar muito nos próximos anos pois foi apontada no novo estudo da cognizant, apresentada no Fórum Econômico Mundial em Davos (2019).

90. Especialista em e-learnig: os principais serviços de e-learning são cursos, conteúdos personalizados e plataformas de serviço de aprendizado. As empresas começam a buscar gerentes de treinamentos que possam ser responsáveis pela administração da universidade online da empresa, contratando cursos de outras instituições de ensino, ou elaborando um portfólio próprio.

91. Especialista em combate ao envelhecimento e em rejuvenescimento: no futuro, será possível viver muito mais tempo do que vivemos hoje (e com saúde) graças aos avanços da Medicina Regenerativa e da Biotecnologia. O biogerontologista Aubrey de Grey, um dos mais conhecidos especialistas em rejuvenescimento, diz que já é possível reparar os danos do envelhecimento, revertendo-os e evitando doenças relacionadas a esse processo.

92. Especialista em saúde pública: educadores em saúde pública estão em 6º lugar entre os melhores empregos na área de educação nos Estados Unidos. A área de atuação é ampla, gestão de instituições de saúde pública ou privada, epidemiologia, nutrição, saneamento ambiental, sustentabilidade, justiça social e ética, sistemas e instituições internacionais de saúde, pesquisa, educação entre outros. A biomedicina tem papel de total relevância na saúde pública. Os biomédicos podem contribuir para o estudo e a solução de eventos adversos que comprometem a população, tornando-se essenciais aos programas de vigilância em saúde. A investigação epidemiológica depende diretamente do trabalho desses profissionais.

93. Farmacogeneticista: já bastante difundida em países desenvolvidos, vem ganhando espaço no Brasil, e pode modificar significativamente a relação dos pacientes com o medicamento, o médico e o farmacêutico. A especialidade tende a se tornar umas das grandes carreiras do futuro com o advento de novas tecnologias e da medicina de precisão. Esse profissional terá potencial de individualizar ou personalizar o tratamento farmacológico e de descobrir novos alvos terapêuticos para o desenvolvimento de novas classes de drogas (nootrópicos). Outro aspecto importante é a possibilidade de usar a evolução genômica para a identificação de novos genes que são regulados por drogas.

94. Especialista em microbioma: o estudo do microbiana humano é um campo recente com grandes promessas para o tratamento de doenças, o que vem impulsionando diversas pesquisas. A indústria cosmética considera o microbioma uma das mais fortes tendências globais para o desenvolvimento de formulações. Sabe-se que certos microorganismos são essenciais para a saúde, enquanto outros podem causar diversos tipos de doenças, podendo afetar tratamentos médicos. Acredita-se que a oncologia tem o maior potencial dentre os diversos outros campos de atuação.

95. Arquiteto de saúde ou Healthcare architecture: é um conceito em alta, focado na experiência do paciente, na sua segurança e recuperação, podendo ser aplicado em consultório, clínica, pequeno posto de saúde ou hospital de grande porte. A humanização desses ambientes será primordial. De forma proativa, arquitetos podem auxiliar estrategicamente seus clientes na avaliação de oportunidades que poderiam melhorar a eficiência operacional, melhorar a utilização dos espaços e aumentar a produtividade, além de adaptação contínua para atender regulamentações complexas, reduzir despesas operacionais, lidar com orçamentos limitados e integrar tecnologias emergentes.

96. Bioética e biodireito: com a tecnologia cada vez mais inserida nas atividades da medicina e com o avanço biotecnológico, a sociedade começa a exigir respostas diante das profundas e significativas mudanças nela ocorridas. O direito tradicional mostra-se incapaz de responder juridicamente os dilemas dos novos tempos, abrindo espaço para o Biodireito e a Bioética. Habilidades e conhecimentos desse profissional serão o direito, ética, bioética, biodireito, direito civil, direito penal, saúde pública, filosofia, empatia, pensamento crítico-reflexivo, argumentação lógica, multidisciplinaridade, interdisciplinaridade, transdiciplinaridade, trabalho em equipe e cooperação.

97. Fusionista: estamos entrando na era da colaboração onde o papel do fusionista será atuar como o furor entre arte, pesquisa, ciência e engenharia, também promovendo a diversidade e a inclusão. Os desafios globais que temos pela frente só podem ser resolvidos com a colaboração de mentes, de vocações e uma diversidade de pontos de vista. O fusionista tem a oportunidade de lidar com coisas realmente difíceis como mudanças climáticas e impactos ambientais, unindo várias disciplinas técnicas e científicas para criar soluções. A arte infundida em todo o projeto é o que conecta a tecnologia à humanas de maneira significativa.

98. Nostalista: os idosos do futuro poderão decidir se preferem ser arrastados pelos ventos da mudança ou se permanecem na época em que foram mais felizes. Eles poderão frequentar espaços personalizados e reviver memórias felizes todos os dias. Essa profissão pode combinar conhecimento em diversas áreas como arquitetura, design de interiores, história, psicologia, literatura, jornalismo, computação, etc. O nostalgia poderá por exemplo recriar ambientes para experiência do passado, reais ou virtuais ajudando inclusive pessoas que sofrem de demência a se sentirem mais seguros e felizes. E as oportunidades vão desde atuar na área de projetos de consultoria, produção de conteúdos ou trabalhar em empresas no resgate do passado para conexão com o público nostálgico.

99. Walker talker: comparável as famosas damas de companhia comum em cortes de tempos remotos o walker talker será uma grande tendência entre as profissões de futuro. Sua principal atividade será fazer companhia a pessoas solitárias, prestar atenção no que elas dizem, compreender seus sentimentos e traduzir seus anseios para familiares, empresas e profissionais de DevOps. Será um profissional autônomo, assim como motorista do Uber, também poderá usar aplicativos para agendamento de visitas ou plataformas on-line para conversar com seus clientes.

100. Designer de experiência multisetorial: o avanço da ciência e da tecnologia está possibilitando que diversos mercados comecem a criar experiencias multisetoriais de forma estratégica para despertar emoções, sentimentos e sensações, criando uma maior conexão entre o público e a mensagem que se quer transmitir. Esses profissionais serão responsáveis por criarem experiencias aprimoradas de consumo, de entretenimento ou de aprendizagem, desencadeando reações de múltiplos sentidos e evocando uma reposta intuitiva.

8.2. Novas habilidades do profissional do futuro

Os trabalhos modernos precisam de novos conjuntos de habilidades que não eram necessários no passado. De fato, muitas profissões que existem hoje nós nunca tínhamos ouvido falar há dez anos.

Mas acalme-se, porque haverá oportunidades de emprego no futuro e os robôs não dominarão o planeta Terra (pelo menos por enquanto), porém estar pronto para o futuro não significa somente adquirir conhecimento técnico, mas em desenvolver habilidades que podem ser aplicadas a qualquer trabalho. Habilidades estas inerentes aos humanos, pois são elas que nos diferenciarão das máquinas.

Nesse sentido, a educação precisa se modificar completamente e urgentemente para não ficar ainda mais obsoleta do que já está. Não fará mais sentido o conhecimento em cuixinhas. A missão será desenvolver o campo pessoal da aprendizagem ativa, onde o "aprender a reaprender" será indispensável para todo profissional. Pensando nisso, a National Research Council, uma organização norte-americana que faz pesquisas sobre temas importantes da sociedade para ajudar governos a desenharem políticas públicas, reuniu especialistas para definirem quais são essas competências. Após um ano de pesquisa, um comitê formado por educadores, psicólogos e economistas definiu o que seriam as habilidades do século XXI. Inspirados nesta pesquisa, e um extenso estudo sobre o assunto, trago aqui algumas das principais habilidades para os profissionais manterem-se na constante da evolução e prosperar neste novo mundo e ambiente de trabalho moderno.

Portanto será necessário que esse novo profissional do futuro adquira e desenvolva habilidades importantes como:

1.**Inteligência emocional (EQ):** uma das habilidades mais requisitadas do presente e do futuro é a inteligência emocional. Diante de um mundo onde tudo muda cada vez mais rápido, onde crises econômicas e crises de valores assolam a sociedade, um profissional capaz de manter-se emocionalmente forte, constante e focado é, sem dúvidas, o que as empresas mais desejam. A autorregulação, a autoconsciência, a motivação e as habilidades sociais são habilidades frequentemente encontradas em funcionários excelentes e altamente eficientes. Deixo aqui uma dica do TEDx, da psicanalista Amy Morin, chamada "Como manter-se emocionalmente forte."

2. **Aprender a reaprender:** uma das habilidades necessárias, quando falamos em educação no século XXI, é a de aprender a reaprender. Ou seja, de maneira autônoma, é preciso saber não só o que, mas também como estudar. Para isso, é preciso ter disciplina, foco e precisão. Neste processo de autoaprendizagem, o aprendiz estabelece seu próprio tempo para alcançar seu objetivo de estudo. Alvin Toffler disse: "o analfabeto do século XXI não será mais aquele que não sabe ler e escrever, mas sim aquele que não souber desaprender, aprender e reaprender."

3. **Empatia:** como vimos aqui, o que nos diferenciará no futuro são nossas habilidades humanas e, entre essas habilidades, está o relacionamento com outro, principalmente em um mundo cada vez mais polarizado. Não importa o objetivo, gerenciar pessoas, criar produtos e serviços para elas, ter melhores relacionamentos ou causar impacto social, o fato é que precisamos entender verdadeiramente o outro e criar conexões. É aí que entra a empatia, uma palavra com a qual cada vez mais esbarramos por aí, mas ainda cercada

de mistério. Afinal, o que é empatia? Poderíamos definir empatia como a habilidade de compreender o outro, colocar-se no lugar do outro, viver na pele do outro. À primeira vista pode parecer fácil, mas, considerando que temos o comportamento natural de julgar tudo à nossa volta, esse julgamento pode nos levar a criar estereótipos e preconceitos, nos impedindo de criar relações de qualidade e tornando o exercício da empatia um desafio dos mais árduos.

4. Elasticidade mental e criatividade: avanços tecnológicos adicionais provavelmente trarão novos desafios. Isso exigirá a capacidade de pensar fora da caixa, criar conteúdo original e encontrar soluções inovadoras. Pessoas criativas conseguem visualizar formas de pensar e agir que sejam mais ricas em detalhes, visionárias e interessantes. A criatividade, quando aplicada ao ambiente de trabalho, é uma verdadeira força que pode ser usada para gerar inovação e resolver problemas. É por isso que cada vez mais essa habilidade é requisitada no mercado. Considerando esse conceito, você se acha uma pessoa criativa? Se disse não, uma correção: não existe gente sem criatividade. Na verdade, há pessoas pouco estimuladas. Assim como uma árvore frutífera, a criatividade, se não regada, para de florescer e de dar bons frutos. Regar as ideias significa dar estímulos. Estamos falando de um exercício contínuo, que é provocar sua mente a se expandir incessantemente.

5. Comunicação: muitas das habilidades levantadas estão ligadas às habilidades interpessoais, ou seja, à Inteligência Social para estabelecer relações de colaboração. Por isso, a capacidade de comunicar-se bem, tanto oralmente quanto na escrita, é essencial. Um bom conteúdo pode ser obtido no livro "Aprenda a se comunicar com habilidade e clareza", da autora Lani Arredondo, publicado pela Você S/A (2007).

6. Multidisciplinaridade: foi-se o tempo em que as pessoas mais valorizadas eram aquelas que sabiam só uma coisa e eram especialistas nisso. Ter uma especialidade é importante, mas além disso, é mais significativo ainda ser um profissional multidisciplinar. O conceito T-Shaped[170] é um modelo corporativo que busca por pessoas capazes de atender à demanda da empresa de maneira criativa, envolvendo diversas visões disciplinares. Pode-se observar o crescimen-

---

170   https://en.wikipedia.org/wiki/T-shaped_skills: Acesso em 14 de jul. 2019

to do perfil "T" desde a escola, as atividades interdisciplinares, que antes eram eventos excepcionais, têm se tornado muito comuns no currículo das crianças e jovens. Pense na forma da letra "T", ela tem um tronco vertical e uma parte horizontal. Agora, pense em uma empresa: se as pessoas tivessem um perfil "T", ao estarem lado a lado, elas conseguiriam fazer com que a parte horizontal conversasse uma com a outra. Para o modelo T-Shaped, a parte vertical é aquilo que você sabe bem, aquilo no que você é especialista. A parte horizontal são todos aqueles temas que você conhece e sabe falar a respeito, as experiências pelas quais você passou e fez com que você adquirisse conhecimento.

7.Liderança: o estilo de liderança do futuro é sobre empoderar pessoas e humanizar organizações – empatia está no cerne do pensamento. Para explicar isso melhor, vamos nos basear no conceito da ópera-jazz "Vencer a Crise!", uma apresentação criada pelo consultor de estratégia e inovação Ricardo Neves[171] e o maestro Marcelo Torres.[172] A ideia é basicamente a seguinte: o melhor modelo de gestão de liderança para navegar na complexidade dos dias atuais deve se inspirar em uma banda de jazz, pois ela reúne elementos fundamentais que o gestor deve prestar atenção, alternância de liderança, interdependência e complementariedade. Todos os instrumentos têm sua vez de solar e, enquanto um deles sola, os outros fazem a base para que ele possa ter o melhor resultado. Para os momentos de crise, a capacidade de improvisar e construir colaborativamente é fundamental para entregarem juntos uma verdadeira obra de arte. A apresentação destaca ainda conceitos de liderança aplicados por Peter Drucker, Winston Churchill e Steve Jobs. A característica de liderança de Drucker que vale a pena ser destacada é a sua visão estratégica, capaz de abrir caminhos na diversidade criada pela economia do conhecimento. De Churchill, a resiliência, a perseverança e a necessidade de unificar em torno de um propósito para se alcançar o objetivo. E de Jobs, a integração de talentos para produzir inovação, sem se deixar "amarrar" pela tecnologia, mas fazendo uso dela.

---

171   https://www.youtube.com/channel/UCtvWspkHwcfRf3sY1eslvwg: Acesso em 14 de jul. 2019
172   https://epoca.globo.com/colunas-e-blogs/ricardo-neves/noticia/2015/12/vencer-crise.html: Acesso em 14 de jul. 2019

8. Alfabetização tecnológica e especialização em alta tecnologia: hoje, os empregos de alto nível exigem especialização em alta tecnologia. Assim, os trabalhadores que desejam atuar nesses campos devem atualizar continuamente seu conhecimento tecnológico. Eles têm que participar de conferências e seminários profissionais, e manterem-se atualizados com os últimos desenvolvimentos no campo. A tecnologia moderna abrange muitos aspectos de nossas vidas diárias. Assim, as empresas precisam de trabalhadores que possam projetar, programar e testar essas tecnologias.

9. Habilidades de atendimento ao cliente: muitos trabalhos modernos envolvem a venda de um produto ou serviço. Portanto, as habilidades avançadas de atendimento ao cliente são um ótimo recurso. Quer você trabalhe como um escritor freelancer, um motorista da Uber ou um especialista em geração Millenium, suas habilidades interpessoais irão beneficiá-lo em sua profissão. Eles incluem atenção, paciência, linguagem positiva e comunicação, bem como o conhecimento de um produto/serviço.

10. Habilidades de gerenciamento de tempo: empregos modernos não estão mais restritos a espaços de trabalho ou horas tradicionais. Portanto, muitas pessoas hoje têm a liberdade de controlar seus horários e ambientes de trabalho. No entanto, essa independência pode facilmente se tornar uma armadilha de tempo perdido com pouca ou nenhuma produtividade. Então, você precisa construir suas habilidades de gerenciamento de tempo para prosperar.

11. Pensamento crítico: trabalhos futuros precisarão de trabalhadores para analisarem continuamente várias situações e possíveis soluções. Por isso, esses profissionais terão que tomar decisões com base na lógica e no raciocínio. O pensamento crítico nada mais é do que a capacidade de analisar um problema de forma distante e racional. Isso só é possível quando você deixa de lado as suas crenças e o seu modo de pensar. Ele também é muito útil para distinguir a informação que é confiável, habilidade fundamental em um mundo onde a informação é tão abundante. Praticar esse pensamento é um exercício que deve ser realizado constantemente.

12. STEAM e SMAC: à medida que a tecnologia se desenvolve, a ciência, a tecnologia, a engenharia e as artes, os trabalhos matemáticos também continuarão evoluindo. STEAM[173] é um acrônimo em inglês para as disciplinas Science, Technology, Engineering, Arts e Mathematics. É considerada uma metodologia integrada e baseada em projetos, que tem o objetivo de formar pessoas com diversos conhecimentos, desenvolver valores juntamente com os conteúdos abordados e preparar alunos e cidadãos para os desafios do futuro. O processo de STEAM está baseado em cinco etapas básicas, 1 – Investigar; 2 – Descobrir; 3 – Conectar; 4 – Criar, e 5 – Refletir

SMAC é um acrônimo em inglês para as disciplinas (Social, Mobile, Analytics e Cloud), é um conceito de que a convergência de quatro tecnologias está atualmente impulsionando a inovação nos negócios e também será vital para trabalhos futuros. Ambiente de trabalho de rápido desenvolvimento requer uma habilidade contínua e aquisição de conhecimento das tecnologias. O SMAC é a base de um ecossistema que permite que uma empresa faça a transição de negócios convencionais para negócios digitais. As quatro tecnologias aprimoram as operações comerciais e ajudam as empresas a se aproximar do cliente com sobrecarga mínima e alcance máximo como já vimos, a proliferação de dados estruturados e não estruturados criados por dispositivos móveis, tecnologia vestível, dispositivos conectados, sensores, mídias sociais, programas de cartões de fidelidade e navegação no site estão criando novos modelos de negócios baseados em dados gerados por clientes. Nenhuma das quatro tecnologias pode ser uma reflexão tardia, porque é a integração social, móvel, analítica e nuvem que cria uma vantagem competitiva e novas oportunidades de negócios.

---

173   https://www.positivoteceduc.com.br/blog-inovacao-e-tendencias/steam: Acesso em 11 de jul. 2019

CONSIDERAÇÕES FINAIS

Se você não está transformando seu negócio em um verdadeiro centro de dados matemáticos, você terá sérios problemas no futuro breve. Vimos que todos os setores da indústria, cidades, governos e sociedade em geral serão conduzidos pela digitalização, e para se manter competitivo e sustentável será necessário não só utilizar algoritmos para moldar todas as etapas da experiência do cliente, usuários e indivíduos, mas realizar a transformação digital por completo, desde o mindset à cultura. Qualquer vantagem que você tenha agora será insignificante em comparação com um grande conjunto de algoritmos que tornem a experiência do cliente diferenciada. Os algoritmos é que criarão valor para o negócio, para os indivíduos e até para os governos.

Não se trata de adivinhações e futurologia. Sensores, a nuvem, a computação móvel a rede 5G chegando, além da IoT, da IA, dentre outras tecnologias emergentes, estão aumentando o fluxo de informação digitalizada de maneira exponencial e não mais linear. Algoritmos executados em computadores cada vez mais rápidos podem fazer coisas incríveis com base em dados repletos de centenas de informações, desde detectar padrões e fazer previsões até resolver problemas complexos, da biotecnologia à medicina avançada.

Além disso, os algoritmos podem até mesmo modificar a si mesmos, à medida que novas informações surgem e novas confluências tecnológicas se fundem. Nas mãos de um catalisador, como Jeff Bezos, Larry Page, Sergey Brin, Mark Zuckerberg, Mark Andreessen ou o memorável Steve Jobs, algoritmos podem alterar radicalmente a experiência dos consumidores e do nosso modo de conviver como sociedade.

Catalisadores assim entram na briga todos os dias – vimos, por exemplo, a batalha dos dados e IA entre Estados Unidos e China. Capitalistas de risco estão com os radares ligados e oferecem fartos recursos para que esses catalisadores cresçam de forma exponencial e global. O resultado é a destruição ou reconstituição de setores, a criação de novos espaços de mercado, e o remodelamento de ecossistemas de negócios antigos inteiros impactando diretamente nosso modo de ver, perceber, consumir e viver.

Alguns líderes vão ignorar essas tendências, como aconteceu com a Nokia, a BlackBarry, a BlockBuster, a Kodak e a Iridium; ou ainda permanecerem na defensiva, como deu a entender o atraso na resposta do Walmart à Amazon, ao lançar o Amazon Go. Mas outros sabem que o tempo não pára e que não têm outra escolha a não ser abraçar a transformação digital.

Essa percepção cria mais ansiedade do que insight sobre o que fazer. Uma sugestão é que líderes busquem compreender quem tomou determinadas iniciativas, e quais funcionaram para modelarem as iniciativas e as considerem em seus projetos de transformação digital. Como vimos, é possível sim que todos os setores tenham condições de realmente se transformarem num centro de inteligência em dados, e realizar mudanças na velocidade necessária.

É possível transformar grandes organizações começando pequeno. Até mesmo uma empresa com mais de 300 anos de vida conseguiu se tornar a startup mais velha do mundo (Husqvarna). A GE como único membro sobrevivente do Índice Dow Jones, original de 1896, também está reafirmando sua proeminência ao se reinventar no contexto do espaço digital emergente, moldando o novo jogo de negócios industriais a nível mundial e mostrando a outras empresas como proceder, independentemente de sua dimensão, complexidade ou história.

A revolução digital mal está começando. Com o fluxo incessante de novas tecnologias e com o potencial imensurável resultante, é impossível prever como o futuro digital impactará a sua empresa, o seu mercado, a sua indústria ou o seu setor. Se, porém, você for capaz de perceber rapidamente as coisas mais sutis, além de demonstrar agilidade e estar aberto a mudanças, você, sua empresa, seu negócio, governos e a sociedade podem surfar cada nova onda de mudança como sucessivas oportunidades para criar novo valor para os clientes, para sua empresa, para seus colaboradores, para seus acionistas, para a comunidade e para um mundo melhor.

As possibilidades no futuro são imensas, e tudo isso está diante dos nossos olhos e a um clique. Gostaria de estender a minha gratidão à você, leitor. Espero que, o conteúdo deste livro, tenha fornecido evidências de que a transformação digital está, de fato, transformando o nosso mundo em caminhos significativamente emocionantes. Mas, algo que ela não muda, ou seja, o objetivo final, é que a tecnologia, as empresas, todo o sistema econômico, a sociedade e até mesmo governos, necessitam entender que a mudança está e vai acontecer, quer queira quer não ela está seguindo seu curso.

Penso que o propósito de todas essas confluências humanas e fenômenos, deveria ser a liberação do potencial individual e a construção de uma sociedade em que todos tenham a oportunidade de desfrutar de uma vida mais tranquila, serena, plena, criativa e repleta de significado. Dependerá de cada um de nós, como líderes, empresários, profissionais, empreendedores, autônomos, governantes e educadores, fazermos nossa parte para garantir que a transformação digital nos aproxime desses objetivos.

FONTES E INSPIRAÇÕES

CAPÍTULO I
ENTENDENDO A TRANSFORMAÇÃO DIGITAL

1.https://www.pwc.com.br/pt/estudos/preocupacoes-ceos/ceo_survey.html
2.https://home.kpmg/ie/en/home/insights/2018/06/tech-disruptors.html
3.https://www.softwareadvice.com/resources/small-business-tech-nology-disruptors-2018/
4.https://www.forbes.com/sites/forbesagencycouncil2018/01/15/industries-poised-to-be-the-next-digital-disruptors/#12dcef371690
5.https://hbrbr.uol.com.br/inovacao-diruptiva-e-radical/
6.https://www.researchgate.net/figure/Figura-I-Evolucao-do-cus-to-desequenciamento-do-genoma-Fonte-US-National-Human-Genome_fig1_303381821
7.https://futuroexponencial.com/6-ds-tecnologias-exponenciais/
8.http://socialismocriativo.com.br/a-era-do-iot-internet-of-things/
9.http://www.gilgiardelli.com.br/site/
10.https://www.novacana.com/n/combatecarro-eletrico/carros-ele-tricos-mundo-impactos-revolucao-160916
11.https://www1.folha.uol.com.br/ilustrissima/2018/07/era-dos-ro-bos-es-ta-chegando-e-vai-eliminar-milhoes-de-empregos.shtml
12.https://pt.slideshare.net/AnaCoutoBranding/vuca-brands-construindo-marcas-fortes-para-um-mundo-lquido
13.https://pt.wikipedia.org/wikiInd%C3%BAstria_4.0

CAPÍTULO II
CRIANDO UMA VISÃO

1.https://www.imd.org/research-knowledge/articles/digital-vortex-in-2017/
2.https://www.imd.org/research/publications/upload/50-Digital-Transfor-mation-Evolve-or-be-disrupted.pdf
3.https://www.thestreet.com/story/13070686/1/heres-proof-airbnb-is-shaking-up-the-global-hospitality-industry.html
4.https://www.footprintnetwork.org/
5.https://sicnoticias.sapo.pt/mundo/2016-08-09-Humanidade-esgotou-or-camento-anual-de-recursos-renovaveis-da-Terra
6.http://www.ibrc.indiana.edu/ibr/2011/spring/article2.html

7.https://congressousp.fipecafi.org/anais/Anais2018/Artigos-Download/583.pdf

8.https://www.slideshare.net/KasperskyLabUSA/kaspersky-os

9.http://cio.com.br/gestao/2018/08/31/fugindo-do-efeito-kodak/

10.https://extra.globo.com/emprego/no-brasil-cerca-de-90-estao-infelizes-no-trabalho-22780430.html

11.https://designculture.com.br/primeira-casa-impressa-em-3d-habitavel-do-mundo

12.https://casavogue.globo.com/Arquitetura/Cidade/noticia/2017/01/inaugurada-primeira-ponte-do-mundo-construida-com-impressao-3d.html

13.www.gartner.com/newsroom/id/3072017

14.https://yourstory.com/2015/01/loyal-customers/

15.https://www.accenture.comus-en/insight-digital-disconnect-customer-engagement

16.www2.deloitte.com/us/en/pages/operations/articles/2013-global-contact-center-survey.html

17.www.walkerinfo.com/customers2020/

18.https://www.forrester.com72+Of+Businesses+Name+Improving+Customer+Experience+Their+Top+Priority/-/E-PRE9109

19.www.returnonbehavior.com/2010/10/50-facts-about-customer-experience-for-2011/

20.www.bain.com/infographics/five-disciplines/

21.https://content.octadesk.com/lp-cxtrends-2017

22.https://www.octadesk.com

23.https://mindminers.com/

24.https://tracksale.co/

25.https://www.superoffice.com/

26.https://transformacaodigital.com/experiencia-do-consumidor/

27.https://satisfacaodeclientes.com/tendencias-de-customer-succes-s-para-2018/

28.https://transformacaodigital.com/marketing-na-transformacao-digital/

29.blog.mercafacil.me/inspire-se-5-marcas-que-apostam-na-fidelizacao-dos-clientes/

30.https://blog.keeplearning.school/conteudos/como-criar-um mindsetexponencial

31.https://www.cisco.com/c/dam/en_us/solutions/industries/retail/retail-digital-transformation-readiness.pdf

32.http://idgnow.com.br/ti-corporativa/2018/08/22/google-apple-e-ibm-nao-exigem-mais-diploma-universitario-de-funcionarios/

33.https://www.accenture.com/br-pt/insight-technology-trends-2016

34.https://ofuturodascoisas.com/o-futuro-nao-e-mais-como-era-antiga-mente/

35.https://www.strategy-business.com/article/10-Principles-for-Lea-ding-theNext-Industrial-Revolution

36.https://www.ecommercebrasil.com.br/artigos/cresce-investimento-em-computacao-em-nuvem-no-brasil/

37.http://www.oifuturo.org.br/noticias/tecnologias-exponenciais-como-so-lucao-para-desafios-globais/

38.https://www.bbc.com/portuguese-noticias-2015/03/150305_dez_tecno-logias_promissoras_rb

39.https://www.footprintnetwork.org/2017/06/27/earth-overshoot-day-2017-2/

40.http://blog.phonetrack.com.br/transformacao-digital-como-serao -marketing-e-vendas-no-futuro-ou-sera-no-presente/

41.https://www.mckinsey.com/mgi/overview

42.https://slack.com/intl/en-in/

43.https://zoom.us/

44.https://www.webex.co.in/

45.https://www.forbes.com/sites/janeclairehervey/2018/02/18/is-working-from-home-better-for-you/#66b7c3b22bc8

46.https://www.inc.com/sonya-mann/wework-company-year-2017.html

47.https://stories.starbucks.com/stories/2018/no-office-no-problem-meet-me-at-starbucks/

48.http://idgnow.com.br/blog/tecnologia/2014/07/08/a-transformacao-digital-ja-esta-por-toda-parte/

49.https://transformacaodigital.com/o-papel-do-cio-na-transformacao-digital

50.https://transformacaodigital.com/o-que-faz-um-cio-de-uma-empresa/

51.https://transformacaodigital.com/comecar-a-transformacao-digital/

52.https://transformacaodigital.com/o-que-e-transformacao-digital/

53.https://www.forbes.com/sites/briansolis/2016/10/17/who-owns-digital-transformation-according-to-a-new-survey-its-the-cmo/#aa6f-33c67b52

54.https://transformacaodigital.com/transformacao-digital-nos-negocios/

55.https://transformacaodigital.com/agile-marketing/

56.https://transformacaodigital.com/transformacao-digital-na-cultura -organizacional/

57.http://conteudo.introduceti.com.br/ebook-5-dicas-incriveis-para-ser -um-cio-de-sucesso

58.https://transformacaodigital.com/o-papel-do-cmo-na-transformacao-digital/

59.https://hbrbr.uol.com.br/ceo-da-cisco-fala-como-ficar-a-frente-das
-mudancas-tecnologicas-grafico/
60.http://www.eaton.com.br/ecm/groups/public/@pub/@eatonbr/docu-
ments/content/pct_1213739.pdf
61.https://hbrbr.uol.com.br/edicoes-anteriores/setembro-2017/
62.https://hbrbr.uol.com.br/como-transformar-um-gigante-tradicional
-em-um-digital/
63.https://hbrbr.uol.com.br/libere-o-poder-do-marketing/

CAPÍTULO III
CRIANDO UMA ESTRATÉGIA

1.https://www.mckinsey.com/mgi/overviewepocanegocios.globo.com/pa-
lavrachave/pwc/
2.epocanegocios.globo.com/palavrachave/pib/
3.epocanegocios.globo.com/palavrachave/airbnb/
4.https://experience.hsm.com.br/entity/577572
5.https://inteligencia.rockcontent.com/transformacao-di-
gital/?_hstc=125963474.49cb0a182dd92c4b000aeeabc78
72bab1516643813523.1516643813523.1516643813523.1&_
hssc=125963474.1.1516643813524&_hsfp=2091919579
6.https://marketingdeconteudo.com/fanpage/
7.https://marketing-deconteudo.com-como-criar-um-blog/
8.https://marketingdeconteudo.com/como-criar-um-blog/
9.ecommercenews.com.br/artigos/cases/entendendo-a-economia-colabo-
rativa-e-compartilhada
10.https://www.greenme.com.br/locomover-se/transportes/934-aplicati-
vos-que-facilitam-a-vida-nas-grandes-cidades
11.www.forbes.com/fdc/welcome_mjx.shtml
12.https://www.bloomberg.com/news/articles/2018-11-13/waymo-to-start-
first-driverless-car-service-next-month
13.https://arbache.com/blog/estrategia-de-negocios-em-plataforma-mul-
tifacetada/
14.HAGIU, A.; ALTMAN, E. Descubra uma plataforma no seu produto.
Harvard Business Review. São Paulo, v. 94, n. 7, jul.2017.
15.OSTERWALDER, A. Business model generation: inovação em modelos
de negócios. Rio de Janeiro: Alta Books, 2011.
16.REDAÇÃO LINK. Carro sem motorista do Google será testado por
público nos EUA. Disponível em: <http://link.estadao.com.br/noticias-i-
novacao,carro-sem-motorista-do-google-sera-testado-por-motoristas-re-
ais-nos-eua,70001751466 Acesso em: 19 nov. 2017

17.VALLONE, Giuliana. Google cria nova empresa, Alphabet, para separar negócios de internet. Disponível em:http://www1.folha.uol. com. br/mercado/2015/08/1666918-google-cria-nova-empresa-alphabet-para-separar-negocios-de-internet.shtml. Acesso em: 19 nov. 2017.

18.https://exame.abril.com.br/economia/o-novo-negocio-das-plataformas

19.https://en.wikipedia.org/wiki/Sangeet_Paul_Choudary

20.https://medium.com/west-stringfellow/platform-scale-summary-and -review-d3af5ecd8c46

21.https://tecnoblog.net/233493/microsoft-prejuizo-q4-2017

22.https://quickbooks.intuit.com/br/sobre-intuit/

23.http://theforumathleticclub.com/

24.https://whatnowatlanta.com/cyc-fitness-opening-studio-inside-forum/

25.http://www.ipcdigital.com/nacional/lojas-de-conveniencia-da-rede -lawson-em-kyoto-comecarao-a-oferecer-exames-de-cancer/

26.https://connect.garmin.com/en-US/

27.https://www.blizzard.com/pt-br/

28.https://pt.wikipedia.org/wiki/Blizzard_Entertainment

29.https://cardsagainsthumanity.com/

30.https://www.blackbox.cool/

31.https://www.transunion.com/

32.https://www.equifax.com/personal/

33.https://www.experian.com/

34.https://www.creditkarma.com/

35.https://www.lendio.com/

36.https://www.nielsen.com/br/pt.html

37.https://pt.shopify.com/

38.https://pt.wikipedia.org/wikiLei_Geral_de_Prote%C3%A7%C3%A3o_de_ Dados_Pessoais

39.http://www.planalto.gov.br/ccivil_03/_Ato2015-2018/2018/Lei/L13709. htm

40.https://www.forbes.com/sites/brookmanville/2016/02/14/are-platform -businesses-eating-the-world/#7a7de60c61a2

41.https://www.mckinsey.com/business-functions/operations/our-insights/ bringing-agile-to-customer-care

42.https://www.mitcio.com/panel/platform-shift-how-new-busi-ness-mo-dels-are-changing-the-shape-of-industry-and-the-role-of-cios/

43.https://biznology.com/2016/12/11-inspiring-case-studies-digital-trans-formation/

44.https://www.mckinsey.com/business-functions/organization/our-insi-ghts/the-five-trademarks-of-agile-organizations

45.https://www.digital.nsw.gov.au/digital-design-system/guides/plan-project/lead-agile-culture/agile-practices
46.https://br.clear.sale/blog/post/o-que-e-a-economia-da-api

CAPÍTULO IV
CRIANDO UMA ESTRUTURA

1.https://www.amazon.com/b?node=16008589011
2.https://comunidade.rockcontent.com/transformacao-digital/
3.https://madeby.google.com/home/
4.https://www.publicitarioscriativos.com/subway-comeca-processo-de-reposicionamento-com-nova-identidade-para-seus-restaurantes/
5.https://12min.com.br/service-design
6.https://www.capgemini-consulting.com/sites/default/files/experience-page/1475686/pdf/Digital_Transformation_Review_9.pdf
7.https://www.ge.com/digital/predix
8.https://www.ge.com/digital/blog/pitney-bowes-embraces-in-dustrial-internet
9.https://www.gesoftware.com/solutions/aviation
10.https://renewables.gepower.com/wind-energy/overview/digital-wind-farm.html
11.www.stc.com.sa/wps/wcm/connect/arabic/individual/individual
12.https://www.jawwy.sa/en
13.www.fiercewireless.com/europe/stc-launches-jawwy-brand-it-son-to-disrupt-saudi-mobile-market
14.lippincott.com/work/jawwy-from-stc/
15.https://www.forbes.com/sites/sarahcaldicott/2014/06/25/why-fords-alan-mulally-is-an-innovation-ceo-for-the-record-books/#6e-03821779bb
16.www.success.com/article/engineering-a-comeback
17.digitalfactory.scotiabank.com/
18.https://hbr.org/2017/01/to-lead-a-digital-transformation-ceos-must-prioritize
19.saiadolugar.com.br/transformacao-digital/
20.pesquisas.rockcontent.com/redes-sociais/
21.https://inteligencia.rockcontent.com/transformacao-digital/
22.https://hbrbr.uol.com.br/organizando-se-para-competir-no-mundo-digital-i/
23.https://professorannibal.com.br/2018/07/03/modelos-organizacionais-para-a-era-digital/
24.https://hbrbr.uol.com.br/as-quatro-formas-principais-de-inovar-na-economia-digital/

25.https://www.dell.com/learn/us/en/uscorp1/diversity

26.https://core.ac.uk/download/pdf/55610280.pdf

27.https://www.devopsdigest.com/embracing-agile-methodology-for-suc-cessful-digital-transformation-2

28.https://www.devopsdigest.com/embracing-agile-methodology-for-suc-cessful-digital-transformation-1

29.https://www.tricentis.com/resources/forrester-devops/?utm_source=-DevOpsDigest_Banner&utm_medium=Whitepaper&utm_cam-paign=De-vOpsDigest&utm_content=ForresterDevOps

30.https://www.dataversity.net/integrations-key-technology-enablers-di-gital-transformation/#

31. https://inteligencia.rockcontent.com/estrategia-de-transformacao-di-gital/

CAPÍTULO V
COMEÇANDO A TRANSFORMAÇÃO DIGITAL

1.http://www.mctic.gov.br/mctic/opencms/salaImprensa/noticias/arqui-vos/2017/10/Novo_secretario_de_Politica_de_Informatica_vai_manter_agenda_digital_implantada_pelo_MCTIC.html

2.http://www.administradores.com.br/artigos/marketing/gestao-estrate-gica-de-pessoas-nas-organizacoes-do-conhecimento/26264/

3.http://fbcconsultoria.com.br/o-que-ninguem-acerta-na-gestao- de-mu-danca/

4.https://www.cnbc.com/2018/02/15/jc-penney-to-close-8-stores-in-2018-heres-where-they-are.html

5.https://www.bloomberg.com/quote/NSG:NO

6.https://www.groupm.com/

7.https://endeavor.org.br/estrategia-e-gestao/lego-mentalidade-fundador/

8.https://epocanegocios.globo.com/Informacao/Acao/noticia/2015/07/apos-quase-falir-lego-se-reinventa-e-conquista-o-maior-lucro-de-sua-his-toria.html

9.https://noticias.bol.uol.com.br/ultimas-noticias/economia/2017/12/04/groupm-investimentos-globais-em-anuncios-vao-crescer-43-em-2018-seis-paises-vao-impelir-68-dos-investimentos-incrementais.htm

10.http://www.fgv.br/rae/artigos/revista-rae-vol-41-num-2-ano-2001-nid-45983/

11.https://hbrbr.uol.com.br/mudanca-organizacional-sem-fim/

12.https://www.sbcoaching.com.br/blog/avaliacoesdiagnosticos-e-assess-ments/feedback/

13.https://www.ey.com/br/pt/services/advisory/strategy

14.https://cultureiq.com/

15.https://www.oecd-ilibrary.org/docserver/9789264273528-9-en.pdfexpires=1562870798&id=id&accname=guest&checksum=5FA89FCE-49C1655A61FB27D7D72BC4BA

16.https://www.revistadigital.com.br/2018/04/a-natureza-da-lideranca-deve-mudar-quanto-mais-decisoes-a-ia-tomar/

17.http://www.zalando.com/

18.http://ztalk.proboards.com/

19.https://www.dci.com.br/colunistas/o-rh-e-a-transformac-o-digital-1.739676

121. https://www2.deloitte.com/content/dam/Deloitte/global/Documents/About-Deloitte/central-europe/ce-global-human-capital-trends.pdf

20.https://ledr.us/

21.https://www.change-logic.com/

22.https://transformacaodigital.com/transformacao-digital-empresa/

23.https://transformacaodigital.com/transformacao-digital-empresa

24.http://www.eweek.com/cloud/how-walmart-is-embracing-the-open-source-openstack-model

25.https://techcrunch.com/2016/01/26/walmart-launches-oneops-an-open-source-cloud-and-application-lifecycle-management-platform/

26.https://anyware.dominos.com/

27.https://www.tripsavvy.com/mymagic-fastpass-and-my-disney-experience-3226780

28.https://transformacaodigital.com/desafios-para-comecar-a-transformacao-digital/

29.https://transformacaodigital.com/formacao-de-times-multidisciplinares/

30.https://www.linkedin.com/in/adrianaknackfuss/

31.https://transformacaodigital.com/transformacao-digital-no-brasil/

32.https://transformacaodigital.com/nuconta-conta-corrente-on-line/

33.Anna Kahn é sócia da EY's People Advisory Services. Mary Elizabeth Porray é sócia/diretora da Ernst & Young LLP EY's People Advisory Services.

34.Andy Binnsé o diretor administrativo da Change Logic, firma de consultoria em Boston.

35.https://www.idc.com/getdoc.jsp?containerId=prUS43979618

36.https://stories.platformdesigntoolkit.com/the-3-social-layers-of-platform-design-eb09c81e8a2e

37.https://www.ibm.com/downloads/cas/Y9JBRJ8A

38.https://www.digitalistmag.com/executive-research/algorithms-the-new-means-of-production

39.https://stratechery.com/2015/aggregation-theory/
40.https://itforum365.com.br/ibm-empenho-afiado-reinvencao-digital-e-cossistema/
41.https://www.cio.com/article/3309938/the-journey-to-digital-transformation-in-4-steps.html
42.https://balaguntipalli.com/blogs/5-steps-to-effectively-handle-digital-transformation-and-business-disruption-a-framework-for-digitalization/
43.https://www.forbes.com/sites/brookmanville/2016/02/14/are-platform-businesses-eating-the-world/#293a000561a2
44.https://www.rapidvaluesolutions.com/brave-framework-digital-transformation/
45.https://digitalmarketinginstitute.com/blog/13-12-17-the-future-of-digital-transformation-what-does-it-look-like
46.https://www.mckinsey.com/business-functions/digital-mckin-sey/our-insights/digital-transformation-the-three-steps-to-success
47.https://www.cmswire.com/digital-experience/how-to-start-your-digital-transformation/

CAPÍTULO VI
A MUDANÇA QUE DEVE ACONTECER NO BRASIL

1.https://www.capgemini.com/br-pt/news/pesquisa-conduzida-pela-capgemini-revela-que-metade-das-empresas-brasileiras-estao/
2.https://www.internetsociety.org/about-internet-society/
3.https://pt.wikipedia.org/wiki/Cibern%C3%A9tica
4.https://www.incibe.es/agenda/idc-ciberseguridad
5.https://www.sap.com/dmc/exp/4-ways-leaders-set-themselves-apart/index.html
6.http://br.idclatin.com/releases/news.aspx?id=2455
7.https://inteligencia.rockcontent.com/dominos-empresa-de-tecnologia/
8.https://time.com/3623893/mcdonalds-tablets-ordering/
9.https://www.shopdisney.com/collections/magicband
10.http://reports.weforum.org/digital-transformation/amazon-business/
11.http://reports.weforum.org/digital-transformation-of-indus-tries/audi/:
12.http://reports.weforum.org/digital-transformation/general-e-lectric/
13.http://reports.weforum.org/digital-transformation-of-industries/glass-door/:
14.http://reports.weforum.org/digital-transformation-of-industries/lego-group/:
15.http://www.datumstrategy.com/blog/best-examples-of-digital-transformation-information-governance

16.https://www.underarmour.com/en-us/
17.https://www.michelin.com/en/press-releases/effifuel-from-michelin-solutions-delivers-fuel-savings/
18.https://www.airbus.com/
19.https://www.ginger.io/
20.https://www.riotinto.com/
21.http://reports.weforum.org/digital-transformation/easyjet/
22.ʿhttp://www.simi.org.br/noticia/McDonald-s-inaugura-sua-1a-loja-digital-e-com-pedidos-personalizados
23.https://exame.abril.com.br/negocios/coca-cola-cria-uma-divisao-de-transformacao-digital-no-brasil/
24.https://www.gazetadopovo.com.br/economia/estrategia-de-transformacao-digital-da-vivo-inclui-roupas-startups-e-ate-parceria-com-rivais-d8ipbt6fwd4ro5v2z5ng362u1/
25.https://br.cointelegraph.com/news/r3-reveals-that-it-has-been-developing-a-blockchain-platform-in-brazil-with-bradesco-itau-and-the-stock-exchange-b
26.https://www.ibm.com/blogs/ibm-comunica/com-bia-bradesco-e-ibm-transformam-o-atendimento-de-milhoes-de-usuarios/
27.https://www.icc.org.br/instituto-do-cancer-do-ceara-icc-e-ibm-anunciam-amanha-15-utilizacao-inedita-do-watson-for-oncology/
28.https://go.forrester.com/what-it-means/ep59-nespresso-digital-transformation/
29.https://blog.renovatiocloud.com/blog/3-real-world-examples-of-digital-transformation-success
30.https://www.eweek.com/cloud/how-walmart-is-embracing-the-open-source-openstack-model
31.https://softex.br/transformacao-digital-ainda-engatinha-no-brasil-aponta-pesquisa-softex/
32.https://www.whitehouse.gov/wp-content/uploads/2018/09/National-Cyber-Strategy.pdf:
33.http://alpha-dna.com/?reqp=1&reqr=
34.https://hbrbr.uol.com.br/treine-para-pensar-como-hacker/
35.http://ptcomputador.com/Networking/other-computer-networking/79465.html
36.https://canaltech.com.br/seguranca/o-papel-da-seguranca-da-informacao-na-transformacao-digital-60113/
37.https://g1.globo.com/economia/negocios/noticia/com-alta-de-55-nas-vendas-do-e-commerce-magazine-luiza-tem-maior-lucro-da-historia.ghtml

38.https://www.capgemini.com/br-pt/news/pesquisa-conduzida-pela-cap-gemini-revela-que-metade-das-empresas-brasileiras-estao/
39.http://www.tibahia.com/tecnologia_informacao/conteudo_unico.as-px?c=ART_TECH&fb=B_FULL&hb=B_CENTRA&bl=LA-T1&r=ART_TE-CH&nid=39024
40.https://www.computerworld.com.pt/2014/09/12/hp-compra-a-eucalyp-tus/
41.https://hbrbr.uol.com.br/por-que-transformacoes-digitais-falham/
42.https://meiobit.com/285238/nike-nega-rumores-sobre-fim-do-fuel-band/
43.https://gereportsbrasil.com.br/transforma%C3%A7%C3%A3o-digital-como-jeff-immelt-reinventou-a-ge-8f28d0a930e3
44.https://oglobo.globo.com/economia/nike-demite-equipe-por-tras-da-pulseira-inteligente-fuelband-12244320
45.https://pt.scribd.com/document/376516560/pensando-fora-da-caixa
46.https://www.dinheirovivo.pt/buzz/genio-das-gabardinas-quando-assu-mi-a-burberry-a-marca-estava-a-deixar-de-ser-luxuosa/
47.https://epocanegocios.globo.com/Empresa/noticia/2018/07/marca-de-luxo-queima-28-milhoes-em-estoque-para-evitar-distribuicao-indevida.html

CAPÍTULO VII
AS CIDADES E A TRANSFORMAÇÃO DIGITAL

1.https://nacoesunidas.org/pos2015/agenda2030/200
2.https://conceito.de/conceito-de-crowdsourcing
3.https://news.un.org/pt/story/2019/02/1660701:
4.https://en.wikipedia.org/wiki/Smart_city:
5.https://ec.europa.eu/info/eu-regional-and-urban-development/topics/cities:
6.https://sustainabledevelopment.un.org/rio20.html
7.https://smartcity.wien.gv.at/site/en/smart-city-strategy-index-2019-vienna-leads-the-worldwide-ranking/
8.https://smartcity.wien.gv.at/site/en/e-health-2/
9.https://en.wikipedia.org/wiki/CDO
10.https://en.wikipedia.org/wiki/Benchmarking
11.https://www.cityopen.com.br/
12.http://www.shanghai.gov.cn/shanghai/node27118/node27973u22ai70898.html
13.https://en.wikipedia.org/wiki/Hackathon

14.https://www.de.digital/DIGITAL/Navigation/DE/Stadt-Land-Digital/
stadt-land-digital.html
15.https://ec.europa.eu/programmes/horizon2020/en
16.https://smartcitiescouncil.com/category-news
17.https://en.wikipedia.org/wiki/Flash_Gordon
18.https://masdar.ae/en/masdar-city
19.https://www.neom.com/
20.https://www.aiib.org/en/index.html
21.https://www.ihis.com.sg/telerehab
22.https://data.london.gov.uk/
23.http://infraestruturaurbana17.pini.com.br/solucoes-tecnicas/36/proje-
to-ferroviario-crossrail-307657-1.aspx
24.https://www.link.nyc/
25.http://www.sesantiago.cl/
26.https://www.railway-technology.com/projects/grand-paris-express/
27.https://www.wien.gv.at/english/politics/international/comparison/sus-
tainability-ranking.html
28.https://www.mercer.com/newsroom/2018-quality-of-living-survey.html
29.https://www.businessinsider.com/most-innovative-cities-in-the-world
-in-2018-2018-11
30.http://www.eiu.com/home.aspx
31.https://www.topuniversities.com/best-student-cities
32.https://www.madridforyou.es/mint-madrid-inteligente
33.https://www.zyen.com/
34.https://www.sidewalklabs.com/

CAPÍTULO VIII
PROFISSÕES E HABILIDADES DO FUTURO

1.https://www.delltechnologies.com/pt-br/index.htm
2.http://www.iftf.org/home:
3.https://www.forbes.com/sites/valentinpivovarov/2019/01/15legaltechin-
vestment2018/#7505a6c67c2b:
4.https://exame.abril.com.br/carreira/10-competencias-que-todo-profes-
sional-vai-precisar-ate-2020/:
5.https://interestingengineering.com/7-of-the-most-in-demand-enginee-
ring-jobs-for-2019:
6.https://www.crimsoneducation.org/ru/blog/jobs-of-the-future:
7.https://interestingengineering.com/medical-team-creates-or-gans-that
-have-lower-chances-of-being-rejected:

8.https://interestingengineering.com/future-of-the-smart-home-11-inno-vations-that-could-change-the-way-we-live:

9.https://interestingengineering.com/5-companies-manufacturing-flying-cars

10.https://interestingengineering.com/what-is-the-future-of-commercial-space-flight:

11.https://www.builtbyme.com/programs/subjects-programs/:

12.https://en.wikipedia.org/wiki/Insight

2020

———

1ª impressão

Este livro foi publicado pela Editora Areia com as tipografias da família
Cormorant Infant e Montserrat bold.

www.editoraareia.com.br
editora@editoraareia.com.br

Made in the USA
Columbia, SC
21 November 2022

71135479R00202